한눈에 알아보는
편의점 창업 A to Z

한눈에 알아보는 편의점 창업 A to Z

발행	2023년 01월 03일
저자	김병우
펴낸이	한건희
펴낸곳	주식회사 부크크
출판사등록	2014.07.15.(제2014-16호)
주소	서울특별시 금천구 가산디지털1로 119 SK트윈타워 A동 305호
전화	1670-8316
이메일	info@bookk.co.kr
ISBN	979-11-410-0833-8

www.bookk.co.kr

한눈에 알아보는

편의점 창업
A to Z

김병우 지음

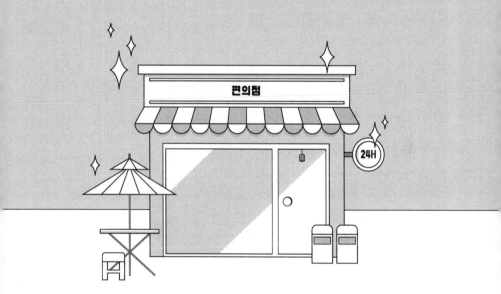

BOOKK

목차

'왜 편의점일까'

바야흐로 지금 우리가 사는 세상은 프랜차이즈 천국이라고 해도 과언이
아니다. 수많은 카페와 음식점, 치킨집, 고깃집, 중식당, 분식집, 편의점
등 실제로 셀 수 없을 정도로 많은 프랜차이즈가 존재한다. 그 이유는 무
엇일까? 사람들은 왜 스스로가 만들어낸 나만의 브랜드가 아닌 누가 이
미 만들어 놓은 틀을 이용하여 사업을 하려는 것일까? 여러 이유가 있겠
지만 '편의성'이 가장 큰 이유 중 하나가 아닐까 한다. 대부분의 창업 초
보자들은 사업을 시작할 때 안타깝게도 그 분야에 대해 잘 알지 못하는
경우가 많다. 특히 우리나라처럼 자영업을 오픈하기 위해 준비하는 기간
이 평균 6개월이 안되는 현실에서는 더욱 그러하다. 단순히 바리스타 자
격증을 따는 것과 실제로 카페를 창업하는 것은 엄연히 다르다. 집에서
취미로 음식을 만드는 것과 전문적인 식당을 여는 것 또한 매우 다르다.
이렇듯 창업을 할 때 매장 공사부터 메뉴 및 가격 정하기, 마케팅하기,
스태프 관리, 세금 계산 등 준비해야 할 수많은 것들을 짧은 시간에 어려
움 없이 한 번에 해결해 주는 것이 바로 프랜차이즈인 것이다.

　　그렇다면 그 수많은 프랜차이즈 중에서도 유독 편의점의 숫자가 압도
적으로 많은 이유는 무엇일까? 2021년 기준으로 대한민국에는 5만점이
훨씬 넘는 메이저 브랜드 편의점이 운영 중이고, 인구수 대비 1인당 편
의점 매장 수가 이미 편의점 선진국이라 할 수 있는 일본을 능가한지 오
래이다. 그리고 이러한 결과의 일등 공신은 바로 '저렴한 투자금'과 '안정
성', 그리고 손쉽게 할 수 있다는 '접근성'이라 할 수 있겠다.

그럼 먼저 투자금에 대해 알아보도록 하겠다. 서울과 수도권, 그 외의 지방에 따라 그리고, 각 지역 및 건물의 임대차 조건에 약간씩 다르겠지만 대략적으로 서울 및 수도권의 경우는 8천만원 내외, 지방 소도시의 경우 6천만원 내외의 투자금이면 편의점 창업이 가능하다. '이디야' 및 '메가커피'와 같은 커피 브랜드나 'BBQ', '맘스터치' 같은 치킨 브랜드 등 대부분의 프랜차이즈 업종을 창업하기 위해 투자금이 최소 1억은 있어야 한다는 현실을 보면 편의점 창업에 드는 비용이 상대적으로 상당히 저렴함을 알 수 있다. 그렇다면 그 이유는 무엇일까? 답은 바로 창업 시 진행되는 매장의 공사 비용의 차이에 있다. 좀 더 구체적으로 얘기하자면 편의점은 타업종과 달리 개점에 필요한 공사 비용을 점주가 지불하지 않는다. 점포 평수에 따라 공사에 들어가는 비용이 약간씩 달라지지만 대략적으로 6~7천만원 내외가 발생하는데 이 비용을 전액 본부에서 투자한다. 그리고 그 비용을 60개월로 나눠서 매달 본부의 수익에서 차감한다. 그런데 여기서 주의할 점이 바로 그 60개월이라는 기간이다. 즉 초기에 본부에서 공사 비용을 투자하므로 저렴하게 편의점을 창업할 수 있다는 장점이 있지만, 그로 인해 점주는 그 비용이 감가상각 되는 60개월 동안 의무적으로 영업을 해야 하고, 만약 매출이 저조하거나 개인 사정으로 인해 중도해지할 경우 본부가 공사에 투자한 금액의 나머지 금액을 손해배상금으로 지불해야하는 무서운 단점이 있다.

두 번째로 안정성이 있다. 여기서 말하는 안정성은 초기 투자금과 관련된다. 프랜차이즈를 대부분의 업종에서는 공사 비용을 업주가 직접 투자하기 때문에 매출이 저조하여 운영을 하지 못하게 될 경우, 집기나 인테리어 비용에서 손해가 크게 발생한다. 그러나 편의점은 앞서 언급한 대로 초기 공사에 대한 비용을 모두 본부에서 투자하기 때문에 60개월만 제대로 운영한다면, 공사 비용에서 손해가 전혀 발생하지 않는다. 또한 임대차 계약을 점주가 하느냐, 본부가 하느냐에 따라 약간의 차이는 있어도, 두 가지 방식 모두 투자금의 대부분이 소멸되는게 아니라 추후에 다시 돌려받을 수 있는 담보(보증금)의 개념으로 본부에 지불하게 된다. 즉 약속한 60개월만 정상적으로 운영한다면 그 기간이 끝난 후 영업을 그만두더라도 투자금의 70% 내외를 안정적으로 돌려받을 수 있는 것이다. 게다가 그때까지 보유하고 있는 상품을 완전히 폐점하기 전까지 판매하거나 본부에 반품해서 금액을 돌려받을 수 있으니 실제로 손해보는 돈은 거의 없다고 볼 수 있다.

마지막으로는 접근성을 들 수 있다. 이는 편의점 창업을 할 때 특별한 기술이나 노하우가 없어도 된다는 뜻이다. 음식점을 하려면 칼질하는 방법부터 소스 만드는 비법까지 시간이 다소 걸리더라도 몇 가지 기술을 반드시 배워야 한다. 만약 카페를 연다면 바리스타 자격증을 취득하고 커피와 여러 음료를 제조하는 나만의 노하우를 쌓아야 한다. 그러나 이와 달리 편의점은 특별히 어려운 기술이나 경험이 필요로 하지 않아 남녀노소 도전해 볼 수 있다. 카운터에서 계산을 하거나 상품을 발주하고 진열하는 것은 열정과 노력만 있으면 누구나 할 수 있다.

결국 저렴한 투자 금액과, 그 돈을 추후에 안정적으로 다시 돌려받을 수 있다는 안정성, 그리고 누구나 쉽게 운영할 수 있다는 장점이 합쳐져 편의점 개점이 폭발적으로 증가하는 결과를 가져오게 된 것이다. 특히 이러한 이유로 인해 경기가 좋지 않았던 1998년 IMF와 같은 불황기나 2021년 코로나로 인한 침체기에는 오히려 편의점이 더 호황을 누릴 수 있는 계기가 되기도 했다.

코로나 이후, 달라진 편의점

현재 우리의 삶은 코로나로 인해 많은 부분에서 변화되고 있다. 회사에서는 이전에는 없던 재택근무를 시행하고 있으며, 대부분의 회의는 줌(ZOOM)을 활용해 비대면 방식으로 진행되고 있다. 또한 5인 이상 집합 제한 및 21시까지 영업 제한 등으로 대한민국의 자영업 사장님들은 극심한 고통을 겪고 있다. 어디 그뿐인가? 학교에 가지 못한 아이들은 어머니와 집에서 날마다 전쟁을 벌이고 있으며, 자유롭게 사회 활동을 못하는 이들은 코로나 블루에 빠져있는 등 우리 국민들을 비롯한 전 세계인의 피해가 이루 말할 수가 없다.

그렇다면 코로나 시대 편의점은 어떤 부분에서 변화되고 있을까?

① 추천하는 입지는?

코로나 이전에는 특별히 입지를 나눠서 창업을 하기보다는 해당 지역 상권의 여력, 주변의 유동 인구, 주차 편의 등에 따라 개점할지를 결정했다. 또한 입지마다 하나의 상권만 존재하는 것이 아니라 주택가/유흥가, 로드사이드/주택가, 학원가/유흥가 등 여러 속성이 복합적으로 섞여있기 때문에 입지에 대한 매출 차별화가 이루어지지 않은 편이었다. 그러나 코로나 이후에는 입지에 따른 매출 호불호가 상당히 강해졌다. 특히, 매출 하락폭이 가장 크게 나타난 입지는 바로 학원가와 유흥가, 관광지였다. 현재 대학가 인근의 점포들은 휴강 및 온라인 수업으로 인해 엄청나게 매출이 하락하고 있다. 또한 과도한 임차료로 인해 그 손실은 어떠한 입지보다도 큰 편이다. 학원 역시 집합 제한으로 인해 매출 하락세가 뚜렷하다.

그 다음으로 매출이 하락하고 있는 입지는 유흥가이다. 야간 시간대(21~24시)에 매출이 가장 높은 상권의 특성상 '21시까지만 운영 가능, 5인 이상 집합 금지, 회식 자제' 등의 지침은 매출 하락에 가장 큰 요인이었다.

그러나 이들과 반대로 매출이 상승하는 입지가 있는데 바로 주택가이다. 이곳의 편의점은 코로나로 인해 가장 큰 수혜를 받았다. 많은 사람들이 모이는 대형마트를 이용하는 것을 꺼리는 사람들이 인근의 편의점으로 몰려들기 시작했다. 주택가에 위치해 있는 편의점에서 판매되는 상품 품목만 봐도 알 수 있는데 쌀, 조미료, 즉석 간편식의 매출이 눈에 띄게 상승하였다.

특히, 주택가 입지 중에서도 필자가 강력히 추천하는 곳은 바로 아파트 상가이다. 특히 1,000세대 이상인 곳이라면 적극적으로 창업을 생각해도 괜찮을 듯하다(다만, 아파트 상가의 경우 권리금이 있거나 월세가 높다는 단점이 있으니 주의해야 한다).

② 팔리는 상품의 변화

코로나로 인해 매출 상승 품목도 달라지고 있다. 그중에 가장 큰 변화를 보이는 카테고리가 바로 주류이다. 전체적으로 편의점 매출이 코로나 이전보다 많이 하락하고 있음에도 불구하고 맥주 및 소주, 와인 등 주류의 매출은 계속해서 상승하고 있다. 코로나 이후 술집 출입 제한 및 여럿이서 술을 즐기는 것을 꺼리게 된 문화가 낳은 현상이 아닐까 한다.

다음으로 매출이 상승한 품목은 간편 즉석식이다. '햇반'이나 '컵반' 등 가볍게 조리해서 먹을 수 있는 상품들은 1인 가구가 확대되면서 이미 증가세에 있었지만, 코로나로 인해 그 상승 속도가 더욱 빨라진 듯하다. 또한 편의점 간편 즉석식은 보통 '2+1행사'로 판매하기 때문에 마트와의 가격 경쟁력도 있어 더욱 판매량이 올라가는 모습을 보이고 있다.

마지막으로 의약외품이 있는데 이 품목에는 마스크가 포함돼 있어 당연한 결과라 할 수 있다.

그러나 이와는 반대로 매출이 하락하는 품목들도 있다. 물론 코로나 영향에 따른 고객 수 감소로 대부분의 카테고리에서 매출이 빠지고 있지만, 특히 컵라면의 경우는 더욱 심각하다. 컵라면은 물만 부으면 바로 먹을 수 있다는 장점이 있어 주로 학원가에서 매출이 높았으나, 요즘은 대부분의 학교나 학원에서 휴강을 하고 있어서 학생들의 방문이 거의 없다 보니 판매량이 감소하게 되었다.

다음으로 과자류가 있다. 마찬가지로 스낵이나 비스킷은 학생들에게 인기가 높은데, 마트에서의 판매량이 증가하는 반면에 편의점에서의 과자 매출은 하락하고 있다. 이렇듯 코로나는 잘 판매되는 품목도 바꿔놓고 있기 때문에 과거와 같은 상품 종류 및 진열 방법으로는 매출 변화 및 경쟁점과의 싸움에서 이길 수 없다. 반드시 카테고리별 전년 대비 매출을 분석하여 특정 품목을 확대하거나 축소하는 등 정비를 해야하는 것이다.

③ 늘어나는 근무 시간

매출이 많이 하락하고 있는 점포의 경우에서 점주의 근무 시간이 점점 늘어나고 있다. 학교가 휴업 중이거나 많은 주점이 몰려 있는 유흥가 입지의 점주들은 매출 하락으로 인해 현재 극심한 고통을 겪고 있다. 일반 점포에서는 점주가 9~10시간 근무하고 나머지 시간을 스태프가 근무한다면 인건비는 대략 500만원 내외가 발생하는데, 예전처럼 점주가 근무하다가는 정작 본인은 가져갈 수익이 아예 없을 수도 있기 때문이다. 그래서 요즘은 점주가 무리해서라도 하루 14~15시간씩 근무하거나 부부가 맞교대 방식으로 근무를 하고 있다. 그러므로 창업을 계획하고 있다면 최대한의 스태프 인건비와 최소한의 매출을 적용하여 최대한 보수적으로 예상 수익을 계산하는 게 바람직하다고 할 수 있겠다.

제1장

편의점
창업하기

편의점 운영이 자신과 맞는지 확인하기

코로나 이후, 경제 불황은 이어지는데 편의점 창업에 대한 관심과 문의는 오히려 늘고 있다. 편의점은 특별한 기술이 없어도 바로 운영이 가능한 것은 물론 적합한 자리가 있으면 한 달 안에도 개업이 가능하기 때문이다. 또 초기 투자금까지 저렴하니 경제적 불황으로 일자리가 불안정한 시대일수록 편의점의 인기가 높아지고 있다. 게다가 폐점 시 초기 투자금의 대부분을 돌려받을 수 있어, 초보자들이 선뜻 시작하기 좋은 창업이다.

그러나 현재 전국의 메이저 편의점만 해도 50,000점이 훌쩍 넘는다. 이는 잘 되는 점포보다는 안 되는 점포가 더 많고, 새롭게 좋은 점포를 찾을 확률도 현저히 줄었다는 뜻이기도 하다. 기존 점포들 또한 늘어나는 경쟁 지점들로 인해 매출이 하락하고 수익이 저조해지고 있다. 그로 인해 본부의 지원을 받아 재계약을 하거나 양도양수를 희망하는 점주들 또한 많다.

필자와 친분이 있던 몇몇의 점주들도 저렴한 투자비용에 혹해 시작했다가 인건비도 안 나와 파산 신청까지 하는 결과를 맞이했다. 그러니, 편의점 창업 전에 왜 편의점을 운영하고 싶은지 깊이 생각하고, 편의점 시스템이 자신과 잘 맞는지도 깊이 고려하고 시작해야 한다.

① 특별한 기술이 필요 없고 깔끔한 환경에서 일할 수 있는 거 같아요

맞는 말이다. 편의점은 특별한 노하우나 경험, 기술 등이 없어도 창업이 가능하다. 계산을 하고 정리하는데 특별한 능력이 필요한 건 아니기 때문이다. 실제로 예전에는 회사를 다니거나 사업을 하다가 퇴직하고, 나이가 들어서 편의점을 하려는 분들이 많았다. 그들 중 대부분이 편의점은 서비스 직종으로 사업장이 깔끔하고, 자신도 계산이나 정리 정도는 충분히 할 수 있겠다고 판단해서 창업을 생각했다고 한다. 물론 아주 틀린 말은 아니다.

그러나 좀 더 깊숙이 들어가 보면 한 가지 더 생각해야 할 부분이 있다. 이렇듯 창업의 문턱이 낮다는 장점은 다른 사람들에게도 매력적이라는 것이다. 즉 다른 사람들과 경합을 해야 할 상황을 좀 더 쉽게 직면하게 된다.

음식 맛을 내는 노하우가 필요한 식당을 운영한다면, 맛에 대한 자신이 있다면 아무리 옆에 같은 메뉴의 식당이 들어와도 걱정이 없을 것이다. 그러나 판매 상품과 시스템이 비슷한 편의점은 경쟁점이 생기면 그 즉시 매출에 상당한 타격을 받는다. 더욱이 요즘은 편의점 개발 담당마다 개점을 할 곳이 없어 여기저기 혈안이 되어서 찾아다니는 현실이다 보니 현재 영업을 하고 있는 점주들도 더욱 불안할 수밖에 없다. 또한 일을 하다보면 편하게 계산만 하는 것이 아니라 이외에도 고객 서비스, 상품 정리, 청소 등 상당한 육체노동을 해야 하므로 충분한 고민이 필요할 것이다.

② 투자금이 저렴하고 보증금처럼 돌려받을 수 있어 안전한 거 같아요

역시 맞는 말이다. 본인이 직접 임차를 해서 개점을 하던지, 본부가 임차해 놓은 건물에 들어가 운영을 하던지 편의점 투자금의 대부분은 보증금 개념으로 상당 부분 돌려받을 수 있다. 투자금이 가입비, 건물 및 본부에 대한 보증금, 상품 대금, 권리금이라고 하면 보증금은 당연히 계약이 끝나면 그대로 돌려받는 것이고, 상품 대금은 상품을 팔아서 받으면 되니 실제로 없어지는 돈은 권리금과 처음 개점시 본부에 들어가는 가입비 770만원이(부가세 포함) 전부인 셈이다. 그러니 편의점 구조에 대해 잘 모르는 사람들은 적은 투자금으로 내 사업을 할 수 있다고 생각하여 무턱대고 뛰어드는데 여기에도 위험한 함정이 있다. 바로 매출이 저조할 때는 생각보다 심각한 문제가 생길 수 있다는 것이다. 당연히 누구나 사업이 잘 되어서 돈을 많이 벌면 좋겠지만 현실은 그렇지 못하다. 특히 편의점은 타업종에 비해 더욱 냉혹한 편이다. 만약 매출이 저조하여 인건비조차 나오지 않게 된다면 어떻게 할까? 개인 사업자라면 근무하는 스태프를 줄이거나 문을 일찍 닫거나 하면서 임대차계약(보통 2년)이 끝날 때를 기다릴 것이다. 그러나 편의점은 좀 다른 게 24시간 동안 무조건 운영을 해야 하기 때문에 점주가 근무시간을 늘리거나 돈을 빌려서 스태프 인건비를 지급해야 한다. 또한 더욱 암울한 건 이러한 상황을 가맹계약 기간인 60개월 동안 무조건 유지해야 한다는 것이다. 혹시 중간에 해지하게 되면 위약금과 남아있는 공사에 대한 잔존가를 물어내야 하니 엄청난 손해가 발생한다. 상황이 이러한대도 과연 편의점에 투자하는 것이 안전하다고만 할 수 있을까?

③ 주변에 편의점 점주들이 많은데 다들 해볼 만하다고 하네요

아주 위험한 말이다. 대한민국 프랜차이즈 중 편의점 비율이 가장 많다보니 주변에서 창업을 추천해주는 사람들 중에도 당연히 편의점 점주들이 많을 수밖에 없을 것이다. 만약 본인 점포에서 매출이 꽤 잘 나온다면 자연스레 주변 지인들에게 점포 소개를 하게 되고, 그 내용은 꽤 긍정적일 것이다. 그러나 좀 더 생각해 봐야 한다. 편의점은 기술이나 비법을 소개받아 창업하는 업종이 아니고 주변 상권과 입지가 매출의 꽤 많은 부분에 영향을 미친다. 그러니 편의점을 운영하면서 꽤 괜찮다는 얘기는 본인이 현재 운영하고 있는 자리가 괜찮은 것이지 업종 자체가 좋다는 의미는 아닐 수 있다.

그리고 이것은 매우 중요한 얘기이다. 우리는 맛으로 승부해서 웬만한 입지에서도 성공할 수 있는 음식점을 하려는 것이 아니기 때문이다. 그러니 우선 입지가 정말 좋은 곳이 있다면 몰라도 편의점을 할 만하다는 얘기는 좀 더 걸러서 들을 필요가 있다. 왜냐하면 위치 및 상권이 정말 좋아서 소개해주는 사람들도 있겠지만, 단순히 본부에서 주는 소개비가 목적인 사람들도 있기 때문이다.

다음으로는 창업에 대한 마음가짐이다. 어느 업종의 사업이나 마찬가지겠지만 편의점 역시 창업을 시작하기 전에 반드시 내가 이 일에 적합한지, 즐겁게 운영할 수 있을지, 최악의 경우 문제가 생겼을때 대처방안은 있는지 등에 관해 미리 생각을 해보고 천천히 접근하는게 좋다. 특히나 편의점은 24시간 지정된 곳에서 근무해야 하므로 시간적 제약과 공간적 제약이 심하기 때문에 더욱 그러하다. 실례로 어느 점주는 처음 예상했던 매출 수준보다 저조하여 주중·주말 모두 근무를 하거나, 부부가 맞교대로 운영을 하다 보니 가정생활이 엉망이 된 경우도 종종 있다. 그럼 이렇게 제약이 많은 편의점 창업을 고민한다면 어떠한 부분을 고려해야 할까?

① 사람들과의 만남이 즐겁고 대화에 부담감이 없다

편의점은 일반적인 음식점과 다르게 매출을 일으키는 부분에서 고객의 구매 단가가 낮고, 고객의 방문수가 높은 대표적인 업종이다. 점심 혹은 저녁 시간에 집중해서 단가가 높은 음식 메뉴들로 매출을 올리는 식당이나 술집과 달리 편의점은 담배부터 시작해서 과자, 음료, 껌 등

등 하루 종일 저렴한 상품을 구매하는 고객들이 수시로 들어온다는 얘기이다. 그리고 이러한 고객 중에는 술에 취해 횡설수설하는 고객이나 억지로 트집을 잡는 까다로운 고객부터 점원에게 하대하듯 반말하는 고객까지 정말 상상할 수 없을 만큼 다양한 스타일의 손님들이 들어온다. 그러니 편의점 운영 중 가장 중요하고 어려운 부분은 이러한 고객까지 모두 컨트롤하면서 서비스를 제공할 수 있느냐이다. 때문에 편의점 창업을 생각하시는 분이라면 반드시 사람들과의 대화를 즐길 수 있는 능력이 필요하다고 할 수 있다.

② 24시간 동안 점포에 집중할 각오가 되어있어야 한다

24시간 문을 열어놓다 보면 스태프들이 갑작스럽게 결근하는 경우가 비일비재하다. 미리 알려주면 그나마 다행이지만 근무시간 한 시간 전에 갑자기 문자로 연락하여 출근을 못한다고 연락이 오면 더욱 난감하다. 그나마 주간 근무의 경우는 기존 스태프들의 지인 등 대타를 구하기 쉬워 좀 더 수월하지만, 만약 야간에 이런 일이 발생하면 꼼짝없이 점주가 대신 근무를 할 수밖에 없게 된다. 또한 매일 일을 해야하므로 가족끼리 여행가기 조차 쉽지 않은데 특히 발주 업무가 그러하다. 편의점은 특성상 한꺼번에 상품을 쌓아놓고 판매하는게 아니라 필요한 때에 필요한 만큼의 상품만을 발주하여 판매하기 때문에 주중이건 주말이건 매일 아침 10시까지 발주를 해야 한다. 더욱이 발주는 판매 및 폐기와 연관되는 금전적인 업무인만큼 스태프에게 맡기기도 어렵다. 그러니 점주는 점포에서 근무를 하거나 그렇지 않을시에도 심리적으로 항상 대기하고 있는 상태가 될 수밖에 없는 것이다.

③ 수익은 어느 정도를 원하는가?

결론부터 말해서 필자가 생각하는 편의점의 월평균 기대 순수익은

200~300만원 정도이다. 700~800만원 정도의 총 이익금에서 550만원 내외의 인건비를 뺀 순 이익금을 말하는 것이다. 특히 요즘은 계속해서 올라가는 인건비로 인해 야간 스태프 비용을 제외하면 오히려 근무자보다 못한 수익을 가져가는 점주도 심심치 않게 보인다. 그렇기 때문에 편의점으로 인생역전을 꿈꾼다거나 1,000만원 이상의 수익을 원한다면 분명히 말하지만 맞지 않는다. 물론 일부 입지가 좋거나 거기에 점주의 운영능력까지 더해져 인건비 포함 1,000만원 이상의 수익을 올리는 점포도 있지만, 그렇지않은 점포가 더 많은게 현실이다. 즉 6,000~7,000만원 내외의 적은 투자금으로 70% 정도나 되는 돈을 돌려받는 편의점 사업으로는 대박을 노리기보다 좀 적지만 안정적인 수입을 원하는 성향이 편의점을 운영하기에 알맞다 할 수 있겠다.

④ 꼼꼼하고 청결하게 매장을 운영할 자신이 있다

편의점을 운영하다 보면 단순히 고객의 입장에서 봐왔던 것보다 해야할 일들이 많다. 상품 발주 및 진열, 청소, 정산 및 송금, 폐기금액 관리, 스태프 채용 등 매일 다양한 업무가 있는 만큼 챙겨야 할 일들이 생각보다 많다고 할 수 있다. 출근하자마자 전날의 특이사항을 점검 및 정산을 하고 바로 상품을 채워야하며, 점심과 저녁 시간에는 점포 내부와 외부에 있는 시식테이블을 수시로 닦아주어야 한다. 어디 이것들 뿐인가? 국물통 청소, 상품 선입선출, 은행 업무, 팔린 상품 창고에서 가지고 나와서 수시로 채우기 등 실제로 편의점 점주와 스태프들이 하루 동안 해야하는 업무는 상당히 많다. 물론 프랜차이즈만의 특성상 본부에서 일주일에 한두 번씩 영업 담당자가 와서 같이 점검을 해주겠지만 아무래도 점가 직접해야 할 기본적인 업무가 많기 때문에 편의점 운영을 희망하는 분들은 반드시 이러한 점을 참고하여 창업을 고려하길 바란다.

⑤ 몸으로 움직이는 일들을 좋아한다

편의점 일을 하다보면 카운터 계산 등의 가벼운 업무보다는 몸을 사용해야 하는 경우가 많다. 우선 오전 및 오후에 한 번씩 상품이 들어오면 정리를 해야하는데 간편식사 등의 냉장은 그나마 양이 적은데 반해 상온상품의 경우 종류와 양이 상당하여 많은 시간이 투자된다. 때문에 상품을 정리하다가도 카운터에서 계산을 해야하는 등 정신없는 시간을 보내기도 한다. 또한 냉장식품의 경우는 폐기가 발생할 수 있기 때문에 유통기한에 따라 선입·선출을 하고 남은 상품들도 따로 잘 보관해 두어야 한다. 그리고 이러한 상품들을 진열하기 전에 반드시 선반을 닦는 것도 잊으면 안된다. 다음으로는 청소이다. 점심이나 저녁시간이 지나면 점포 내부의 시식 공간은 엉망이 되고, 테이블은 바로 닦지 않으면 다음 고객을 받을 수 없다. 어디 그뿐인가? 냉동고 얼음 깨기, 상품 먼지 털기, 유리창 닦기 등 몸을 움직여야 할 일들이 수없이 많다. 실제로 일부 점주들 중에는 손목의 많은 사용으로 인해 터널증후군에 걸린 사례를 종종 볼 수 있다. 그러므로 반드시 이러한 업무가 내 성격과 맞는지 혹은 앞으로 잘 할수 있을지에 대한 고민을 신중히 해보고 편의점 창업에 접근하는게 현명하리라 판단된다.

창업 비용은 얼마나 필요할까

편의점을 창업하기로 결정했다면 다음으로는 무엇이 가장 궁금할까? 바로 창업에 필요한 비용이 아닐까 한다. 물론 메이저 브랜드마다 약간씩의 차이는 있겠지만 우리나라 편의점 시스템 자체가 거의 비슷하기 때문에 기본적인 구조만 이해한다면 누구나 손쉽게 비용을 산출할 수 있다. 그리고 또한 이러한 비용을 확실히 이해해야만 추후 손해 볼 수도 있는 편의점만의 과다한 위약금 등을 피할 수 있으니 반드시 숙지하시기 바란다.

우선 시작하기 전에 반드시 알아두어야 할 사항이 있는데, 바로 건물의 임대차 계약을 누가 할 것이냐이다. 그 이유는 본부가 건물주와 임대차를 맺느냐 운영할 내가 건물주와 직접 임대차를 맺느냐에 따라 창업 시 필요한 가맹형태 및 투자비용, 수익 배분율, 장려금 등 상당히 많은 부분이 달라지기 때문이다.

<GS25>

① GS1 타입(임대차 주체 가맹점주)

- 가입비: 770만원(부가세 포함)
- 자본금(상품+소모품): 1,500만원
- 점포임차 비용(권리금+보증금): 상가의 위치 및 크기에 따라 상이
- 시설/인테리어 공사: 본부 지원 및 점주 투자 중 선택
- 집기 공사: 가맹본부 투자 후 월 사용료 대략 월 50만원 내외
- 담보: 5,000만원(근저당, 이행보증보험, 현금, 예금질권 중 선택)
- → 합계: 2,270만원+점포임차+인테리어 비용(본부 지원 및 점주 투자 중 선택)+담보

② GS2 타입(임대차 주체 가맹본부)

- 가입비: 770만원(부가세 포함)
- 자본금(상품+소모품): 1,500만원

- 점포임차 비용(권리금+보증금): 상가의 위치 및 크기에 따라 상이
- 시설/인테리어 공사: 무상 대여
- 집기 공사: 무상 대여
- 담보: 3,000만원(근저당, 이행보증보험, 현금, 예금질권 중 선택)
→ 합계: 2,270만원+전대보증금+담보

③ GS3 타입(임대차 주체 가맹본부)

- 가입비: 770만원(부가세 포함)
- 자본금(상품+소모품): 1,500만원
- 점포임차 비용(권리금+보증금): 가맹본부 투자(가맹점주 투자 분담)
- 시설/인테리어 공사: 무상 대여
- 집기 공사: 무상 대여
- 담보: 3,000만원(근저당, 이행보증보험, 현금, 예금질권 중 선택)
→ **합계: 2,270만원+예치보증금+담보**

가맹 유형			GS1 Type	GS2 Type	GS3 Type
투자 금액	개점 투자 비용	상품/소모품 준비금	1,400만원 / 100만원		
		가맹비	770만원(VAT포함)		
		계	2,270만원		
	점포 임차 전대/예치 보증금		경영주 임차 / 자가	본부 임차	본부 임차
				전대보증금 최소 2,000만원	예치보증금 최소 2,000만원
	시설/인테리어		본부 지원 / 경영주 투자(특약)	본부 지원	본부 지원
	합계		점포임차비용 + 개점투자비 2,270만원	전대보증금 + 개점투자비 2,270만원	예치보증금 + 개점투자비 2,270만원

\<CU\>

① P1 형태(임대차 주체 가맹점주)

- 가입비: 770만원(부가세 포함)

- 자본금(상품+소모품): 1,500만원

- 점포임차 비용(권리금+보증금): 상가의 위치 및 크기에 따라 상이

- 시설/인테리어 공사: 상가의 크기에 따라 대략 3,000만원 내외

- 집기 공사: 가맹본부 투자 후 월 사용료 대략 월 50만원 내외

- 담보: 3,600만원(근저당, 이행보증보험, 현금, 예금질권 중 선택)

→ **합계: 2,270만원+점포임차+인테리어 비용+담보**

② P2 형태(임대차 주체 가맹점주)

- 가입비: 770만원(부가세 포함)

- 자본금(상품+소모품): 1,500만원

- 점포임차 비용(권리금+보증금): 상가의 위치 및 크기에 따라 상이

- 시설/인테리어 공사: 무상 대여

- 집기 공사: 무상 대여

- 담보: 5,000만원(근저당, 이행보증보험, 현금, 예금질권 중 선택)

→ **합계: 2,270만원+점포임차+담보**

③ G1 형태(임대차 주체 가맹본부)

- 가입비: 770만원(부가세 포함)

- 자본금(상품+소모품): 1,500만원

- 점포임차 비용(권리금+보증금): 가맹본부 투자(가맹점주 투자 분담)

- 시설/인테리어 공사: 무상 대여

- 집기 공사: 무상 대여

- 담보: 5,000만원(근저당, 이행보증보험, 현금, 예금질권 중 선택)

→ 합계: 2,270만원+점포임차 투자 분담+담보

④ G2 형태(점포임차 주체 가맹본부)

- 가입비: 770만원(부가세 포함)

- 자본금(상품+소모품): 1,500만원

- 점포임차 비용(권리금+보증금): 가맹본부 투자(가맹점주 100% 투자)

- 시설/인테리어 공사: 무상 대여

- 집기 공사: 무상 대여

- 담보: 5,000만원(근저당, 이행보증보험, 현금, 예금질권 중 선택)

→ 합계: 2,270만원+점포임차 투자분담+담보

가맹형태		PURPLE 1	PURPLE 2	GREEN 1	GREEN 2
투자 금액	가입비	770만원(VAT포함)			
	상품준비금	1,400만원			
	소모품 준비금	100만원			
	점포 임차비용	가맹점주 투자	가맹점주 투자	가맹본부 투자 (가맹점주 투자 분담)	가맹본부 투자 (가맹점주 100% 투자)
	인테리어	가맹점주 투자	무상대여	무상대여	무상대여
	집기	가맹점주 월 사용료 부담	무상대여	무상대여	무상대여
	합계	2,270만원 +점포임차비용 +인테리어 비용	2,270만원 +점포임차비용	2,270만원 +점포임차 투자분담	2,270만원 +점포임차 투자분담

<세븐일레븐>

① A 타입(임대차 주체 가맹점주)

- 가입비: 770만원(부가세 포함)

- 자본금(상품+소모품): 1,500만원

- 점포임차 비용(권리금+보증금): 상가의 위치 및 크기에 따라 상이

- 시설/인테리어 공사: 무상 대여

- 집기 공사: 무상 대여

- 담보: 5,000만원(근저당, 이행보증보험, 현금, 예금질권 중 선택)

→ 합계: 2,270만원+점포임차+담보

② A+ 타입(임대차 주체 가맹점주)

- 가입비: 770만원(부가세 포함)

- 자본금(상품+소모품): 1,500만원

- 점포임차 비용(권리금+보증금): 상가의 위치 및 크기에 따라 상이

- 시설/인테리어 공사: 무상 대여

- 집기 공사: 무상 대여

- 담보: 5,000만원(근저당, 이행보증보험, 현금, 예금질권 중 선택)

→ 합계: 2,270만원+점포임차+담보

③ 기본투자형(임대차 주체 점주)

- 가입비: 770만원(부가세 포함)

- 자본금(상품+소모품): 1,500만원

- 점포임차 비용(권리금+보증금): 상가의 위치 및 크기에 따라 상이

- 시설/인테리어 공사: 점주 투자

- 집기 공사: 무상 대여

- 담보: 5,000만원(근저당, 이행보증보험, 현금, 예금질권 중 선택)

→ 합계: 2,270만원+점포임차+인테리어 비용+담보

④ B 타입(임대차 주체 가맹본부)

- 가입비: 770만원(부가세 포함)

- 자본금(상품+소모품): 1,500만원

- 점포임차 비용(권리금+보증금): 가맹본부 투자(가맹점주 투자 분담)

- 시설/인테리어 공사: 무상 대여

- 집기 공사: 무상 대여

- 가맹보증금: 2,000만원 이상

- 담보: 2,000만원(근저당, 이행보증보험, 현금, 예금질권 중 선택)

→ **합계: 2,270만원+가맹보증금+담보**

⑤ 공동 투자형(임대차 주체 가맹본부)

- 가입비: 770만원(부가세 포함)

- 자본금(상품+소모품): 1,500만원

- 점포임차 비용(권리금+보증금): 가맹본부 투자(가맹점주 투자 분담)

- 시설/인테리어 공사: 무상 대여

- 집기 공사: 무상 대여

- 가맹보증금: 점포 임대차 비용의 50%

- 담보: 2,000만원(근저당, 이행보증보험, 현금, 예금질권 중 선택)

→ **합계: 2,270만원+가맹보증금+담보**

⑥ 안전투자형(점포임차 주체 가맹본부)

- 가입비: 770만원(부가세 포함)

- 자본금(상품+소모품): 1,500만원

- 점포임차 비용(권리금+보증금): 가맹본부 투자(가맹점주 투자 분담)

- 시설/인테리어 공사: 무상 대여

- 집기 공사: 무상 대여

- 가맹보증금: 2,000만원 이상

- 담보: 2,000만원(근저당, 이행보증보험, 현금, 예금질권 중 선택)

→ **합계: 2,270만원+가맹보증금+담보**

구분		A타입	A+타입	B타입	기본투자형	공동투자형	안정투자형
투자금액	가맹가입비	770만원(VAT포함)					
	상품보증금	1,400만원					
	소모품준비금	100만원					
	가맹보증금	-	2,000만원이상		-	점포임차비용의 50%	2,000만원 이상
	인테리어				경영주투자	본사 무상지원	본사 무상지원
	집기 및 전산장비	본사 무상지원					
	합계	2,270만원+점포임차비용	4,270만원 이상		2,270만원+인테리어+점포임차비용	2,270만원+점포임차비용의 50%	4,270만원 이상

<이마트24>

① P1 타입(임대차 주체 가맹점주)

- 가입비: 770만원(부가세 포함)

- 자본금(상품+소모품): 1,650만원

- 점포임차 비용(권리금+보증금): 상가의 위치 및 크기에 따라 상이

- 시설/인테리어 공사: 무상 대여

- 집기 공사: 무상 대여

- 담보: 5,000만원(근저당, 이행보증보험, 현금, 예금질권 중 선택)

→ 합계: 2,420만원+점포임차+담보

② P2 타입(임대차 주체 가맹점주)

- 가입비: 770만원(부가세 포함)

- 자본금(상품+소모품): 1,650만원

- 점포임차 비용(권리금+보증금): 상가의 위치 및 크기에 따라 상이

- 시설/인테리어 공사: 무상 대여

- 집기 공사: 무상 대여

- 담보: 5,000만원(근저당, 이행보증보험, 현금, 예금질권 중 선택)

→ **합계: 2,420만원+점포임차+담보**

③ P3 타입(임대차 주체 가맹점주)

- 가입비: 770만원(부가세 포함)

- 자본금(상품+소모품): 1,650만원

- 점포임차 비용(권리금+보증금): 상가의 위치 및 크기에 따라 상이

- 시설/인테리어 공사: 점주 투자

- 집기 공사: 점주 투자

- 담보: 3,000만원(근저당, 이행보증보험, 현금, 예금질권 중 선택)

→ **합계: 2,420만원+점포임차+인테리어/집기 투자비+담보**

④ H1 타입(임대차 주체 가맹본부)

- 가입비: 770만원(부가세 포함)

- 자본금(상품+소모품): 1,650만원

- 점포임차 비용(권리금+보증금): 상가의 위치 및 크기에 따라 상이

- 시설/인테리어 공사: 무상 대여

- 집기 공사: 무상 대여

- 담보: 3,000만원(근저당, 이행보증보험, 현금, 예금질권 중 선택)

→ **합계: 2,420만원+예치보증금+담보**

구분		P1	P2	P3	H1
투자 금액	가맹비	770만원(VAT포함)			
	상품대	1,600만원			
	소모품비	50만원			
	예치보증금	-	-	-	2,000만원 ~
	점포임차	경영주	경영주	경영주	본부
	인테리어/집기	본부	본부	경영주	본부
	합계	점포임차+ 개점투자비 (2,420만원)	점포임차+ 개점투자비 (2,420만원)	점포임차+ 시설/인테리어+ 개점투자비 (2,420만원)	예치보증금+ 개점투자비 (2,420만원)

　　지금까지 우리나라에서 가장 대표적인 메이저 편의점의 투자 비용에 대해 알아보았다.

　　결론적으로 편의점 창업 비용에 있어서 가장 큰 핵심은 건물의 임대차 주체가 누구냐에 따라 크게 변한다는 점과 상품준비금+소모품 비용은 이마트24를 제외하면 동일하게 2,270만원이 발생한다는 사실이다. 그리고 이러한 형태에 따른 비용의 차이는 본부와의 수익 배분에 영향을 끼치므로 많이 투자하면 그만큼 점주가 많은 수익을 얻을 수 있고, 적게 투자하면 본부에 좀 더 많은 수익이 가는 시스템이니 초기 창업을 진행하기 전 신중히 선택해야 할 것이다. 또한 일반적으로 편의점 공사에 필요한 비용을 지불하는 주체는 대부분 본부이기 때문에 그만큼 초기 창업 비용에 드는 부담이 적은데 대략적으로 종합해보면 지방에서는 5,000만원에서 7,000만원 정도가, 그리고 서울 및 수도권에서는 7,000만원에서 1억원 정도의 창업 비용이 들어간다고 볼 수 있겠다. 그러나 상대적으로 저렴한 비용으로 인해 많은 분들이 관심을 갖고 편의점을 개점하고 싶어하지만, 5년 의무계약 및 위반시 위약금 등 매출이 저조할 시 큰 금액의 손해가 발생할 수 있으니 주의 깊게 확인하고 창업의 문을 두르려야 할 것이다.

창업 과정은 어떤 순서로 진행될까

이번 글에서는 편의점 창업을 준비할때 필요한 진행과정에 대해서 알아보려고 한다.

우선, 편의점을 창업하기 위해서는 기본적으로 두가지 방법이 있다. 먼저 점포를 운영할 건물의 임대차 계약을 내가 직접 맺은 후 원하는 브랜드의 편의점 개발 담당자에게 연락하여 면담을 하는 방법이 그 하나이고, 두 번째는 원하는 브랜드를 정한 후 해당 편의점 개발 담당자에게 연락하여 본부와 임대차 계약된 점포를 찾는 것이다. 임대차 계약을 직접 맺는 방법은 여러 브랜드와의 비교분석을 통해 내가 원하는 브랜드를 선택할 수 있고, 그에 따라 공사범위 및 장려금 등 본부로부터 좀 더 좋은 조건으로 가맹계약을 체결할 수 있다는 장점이 있으나 상권분석을 스스로 해야 한다는 어려움이 있으며, 본부가 임대차 계약을 맺은 점포에 들어가는 방법은 비록 브랜드의 선택권은 없으나, 좀 더 체계적인 상권분석이 이루어진 입지로 그만큼 안정적인 운영을 할 수 있다는 장점이 있다. 즉, 둘 중 어떠한 방법이 더 좋다 나쁘다 보다는, 내가 건물을 가지고 있거나 잘 아는 상권에 임대차 계약까지 가능하다면 첫 번째 방법을, 해당 상권에 대해 잘 모르거나 건물주와의 임대차 계약이 어렵다면 두번째 방법을 선택하여 진행하면 될 것이다.

① 가장 먼저 해야 할 일은 비용 준비다 (5,000만원~1억 내외)

기본적으로 편의점 창업에 따른 비용은 타업종에 비해 월등히 저렴한 편이다. 중국집, 치킨집, 카페 등 일반적인 프랜차이즈 업종으로의 창업 시 기본적으로 집기 및 인테리어 등의 공사비용을 포함해 1억원이 훨씬 넘는 비용이 필요한 반면, 편의점의 경우 적게는 5,000만원부터 많게는 1억원 내외의 투자금으로도 충분히 창업이 가능하다. 더욱이 이러한 투자금의 상당 부분이 담보의 개념으로, 추후 가맹계약 기간 만료 시 특별한 문제가 없다면 70~80%의 금액을 다시 돌려받을 수 있다는 장점도 있다. 그리고 이러한 장점으로 인해 1990년대 IMF 및 요즘 같은 코로나 상황 등 경기가 좋지 않을수록 오히려 편의점 매장수는 반대로 지속적으로 증가하는 현상이 나타나게 된다.

그러나 이러한 이유는 편의점의 경우 타업종과 다르게 점포 인테리어 공사의 대부분을 본부에서 투자를 하기 때문으로 개점의 턱은 낮지만, 그만큼 의무계약 기간 60개월 동안은 무조건 점포 운영을 유지해야만 손해배상금이 없는, 폐점의 턱은 높다는 사실을 반드시 기억하고 시작해야 할 것이다.

② 다음으로 할 일은 개설 상담이다

비용이 어느 정도 준비되었다면 이제 본부 개발 담당자와 개설 상담을 진행하면 된다. 앞에서 설명했듯이 운영할 점포가 내 건물이거나 임대차를 직접 맺었다면, GS25나 CU 등 여러 브랜드의 개발 담당자에게 연락하여 가맹계약 조건을 들어보고 최종 결정하면 되고, 임대차를 맺은 점포가 없다면 브랜드별로 다양한 가맹형태의 조건들을 비교분석한 후 나와 잘 맞는 회사를 선택하여 개발 담당자에게 연락을 하면 된다. 여기서 비교분석이란, 편의점 회사별로 약간씩의 차이가 있는 가맹형태별 투자금, 계약기간, 수익배분율 등을 말하며, 단순히 홈페이지를 통한 확인보다는 브랜드별 개발 담당자와 면담을 진행하여 좀 더 구체적인 설명을 듣기를 추천한다.

결론적으로 말하면, 만약 운영할 점포를 직접 가지고 있다면 개설 상담시에 지원금을 많이 주는 브랜드 위주로 면담을 진행하면 되고, 임대차를 맺은 점포가 없다면 기존에 본부에서 맺은 물건이 많은 브랜드를 선택하여 상권 위주로 상담을 받는게 좋다. 특히 지원금 부분에서는 가맹형태 및 브랜드별, 점포 위치별로 정해진 금액이 없고 천차만별이기 때문에 반드시 여러 브랜드의 설명을 들어본 후 가장 좋은 조건을 제시하는 회사를 선택하는 것이 좋다.

③ 세 번째로는, 상권(입지) 분석이다

편의점을 창업하기 위해 상권을 분석하는 방법에는 두가지 루트가 있다. 우선 첫 번째로는 내가 직접 여기저기 돌아다니면서 상권을 분석하는 것이다. 이럴 경우 특히 초보자의 경우 타지역이나 소문만 듣고 전혀 모르는 입지에서 창업을 시작하기 보다는 자신이 직접 살고 있거나 잘 아는 인근지역부터 상권을 분석해 나가는 게 중요하다. 그리고 시작하기 전 해당 입지가 주택가인지, 유흥가인지, 학원가인지, 오피스가인지 등등 기본적인 사항을 확정해 놓고 거기에 따른 주변 분석을 시작하면 훨씬 수월할 것이다.

두 번째로는 본부에서 지정해 놓은 상권을 활용하는 것이다. 편의점의 경우 개발 담당이라는 직원이 있어서 지역을 돌아다니면서 임대를 원하는 비어있는 공점포나, 현재 타업종을 하고 있으나 편의점 가능성이 있는 점포를 얻으러 다닌다.

그리고 이러한 점포의 임대차 계약을 맺으면 그 다음으로는 운영할 창업회망자를 모집한다. 이러한 경우는 기본적으로 상권분석이 어느 정도 된 본부 직원이 분석한 입지로 안정적일수 있으나, 반드시 그렇지는 않으니 꼼꼼히 여러가지 항목을 살피는 노력이 필요할 것이다.

④ 네 번째는, 형태별 가맹계약 선택이다

이러한 상권을 분석을 통하여 점포를 선정했다면 이제 가맹형태를 결정하면 된다. 앞에서도 반복해서 설명했듯이 점주임차형 가맹계약은 점주가 직접 여기저기를 돌아다니며 상권을 분석하여 적정한 위치를 찾은 후 임대차 계약을 체결하고, 브랜드별 편의점 개발 담당과 연락하는 방식이다. 가장 중요한 임대차 계약을 점주가 직접 맺었기 때문에 원하는 브랜드의 편의점을 선택할 수 있고, 추후 재계약시에도 유리한 상황에서 진행할 수 있는 것이다. 다만 임대차 계약시 권리금 발생 및 회수의 문제나 초보자들에게는 상권분석이 쉽지 않다는 단점이 있다. 그리고 본부임차형 가맹계약은 브랜드별 개발 담당들이 편의점으로의 가능성이 있는 점포에 미리 건물주와 사전 임대차 계약을 체결하고, 그 후에 운영을 희망하는 가망객을 모집하는 것이다. 이러한 형태의 경우 초보자가 상권분석을 따로 할 필요가 없고, 전문가가 미리 조사한 위치에서 한다는 안정감은 있으나, 아무리 전문가라고 해도 반드시 매출이 잘 나오리라는 보장도 없고 재계약시 아무런 혜택도 없다는 단점이 있다. 또한 어떤 형태를 선택하느냐에 따라 투자금 및 수익배분, 월세 부담 등이 달라지기 때문에 좀 더 신중하게 분석하고 선택해야 할 것이다.

⑤ 다음으로 해야 할 일은 본부교육 및 인허가 진행이다

운영할 점포를 선정하고, 이에 따라 형태별 조건을 분석하여 가맹계약까지 체결했다면 이제 본부교육을 받는 일이 남았다. 브랜드별로 약간씩의 기간 차이는 있지만, 초기 가맹비에 교육비까지 포함되어 있기 때문에 따로 지불하는 금액은 없다. 교육기간은 보통 2주 내외로 지방 거주자를 위해 본부에서 숙식을 제공하기도 하지만 인근에 주거지가 있다면 출퇴근식으로의 교육도 가능하다. 교육내용은 주로 POS 사용방법, 및 발주, 재고 관리, 반품 등의 이론적인 교육과 직접 매장에서 근무하면서 상품의 진열 및 청소 등을 배우는 현장실습으로 이루어진다. 다만 이 기간에는 체험식의 짧은 교육만 이루어지기 때문에 완벽히 숙지한다는 생각보다는 어떠한 시스템으로 편의점이 돌아간다는 정도만 숙지하고, 개점 후 영업담당과 다시 구체적인 업무를 배우게 되니 부담을 가지실 필요는 없다. 또한 이 기간에는 본부 개발 및 신규점 담당자와 수시로 연락을 하면서 인허가를 진행해야 하는데 사업자등록증, 휴게음식업 및 인터넷, 전기, 전화 등 각종 신청을 진행하면 된다.

⑥ 마지막으로 인테리어 시공과 개점일정을 정하면 된다

교육을 받으면서 해야 할 중요한 일이 한가지 남아있는데 바로 점포 도면에 대한 협의와 개점일정을 정하는 것이다. 도면은 우선 본부의 개발과 영업에서 1차적으로 그려서 오면 점주는 확인하여 마음에 들때까지 서로 협의해서 마무리하면 된다. 그리고 최종 사인을 해주면 공사는 진행된다. 기본적으로 본부에서는 최신의 트렌드에 맞게 도면을 그려주는 경향이 있으니 큰 걱정은 안해도 되나 비용이 추가로 드는 점두 데크, 점외 조명, 어닝, 시식대 등은 비용문제로 인해 최소화하려고 할테니 꼼꼼히 점검하여 추가로 요청하면 된다. 특히 한번 공사가 진행되면 추후에 추가로 공사를 진행해주는 경우는 거의 없으니 시간이 조금 걸리더라고 초기에 제대로 필요한 부분을 어필하는게 좋다. 그리고 이러한 부분들이 모두 마무리되면 공사일정 등의 협의를 거쳐 좋은 날짜로 해서 개점 일정을 잡으면 끝난다. 다만 편의점 개점 시스템상 보통 점주가 교육을 받는 기간에 공사를 진행하는 단점이 있어 점주가 교육을 받고 나와서 점포를 확인하고 생각과 다르게 공사가 진행되어 항의하는 경우가 종종 있는데, 교육장소와 거주지, 운영할 점포가 가깝다면 교육일정이 끝난 시간이라도 자주 방문하여 공사진행 상황을 체크하면 이러한 문제를 방지할 수 있다.

　지금까지 편의점 창업시에 진행해야하는 절차에 대해 알아보았다.
　결국, 메이저 편의점 모두 창업절차는 대부분 비슷하다고 할 수 있으며, 가장 중요한 부분은 운영할 점포의 임대차 체결을 누가했는지와 상권이 얼마나 괜찮은지 여부이다. 이에 따라 좋아하는 브랜드도 내가 선택할 수 있으며, 지원금도 여러 브랜드를 비교하여 좋은 조건으로 고를 수 있으니 되도록 직접 상권을 분석하여 임대차를 계약하거나, 본부 개발 담당과 같이 상권을 분석하여 점포를 찾더라도 잘 협의하여 임대차 계약은 직접하고 싶다고 하는게 좋은 방법일 수 있다. 물론 이러듯 장점이 많은 점주 임차형을 진행할지라도, 월세가 높으면 매출저조시 상당한 문제가 발생할 수 있으니 임차료가 월 200만원 이상이라면 예상 매출을 좀 더 신중히 계산 후 진행하기 바란다.

어떤 가맹형태로 선택할까

편의점 창업을 고려한다면 우선 가장 먼저 고려해야 할 사항 중 하나가 바로 어떠한 가맹형태로 시작을 할지에 관한 것이다. 즉 내가 직접 해당 점포의 건물주와 임대차 계약을 체결한 후 여러 브랜드 중 좋은 조건을 비교해 본 후 선택할지 아니면 이미 편의점 본부에서 임대차를 맺고 개점을 준비 중인 자리에 정해진 조건으로 들어갈지를 선택하는 것이다. 이러한 방식에 따라 달라지는 것 중 가장 중요한 것이 바로 본부와의 수수료율과 5년 후 재계약을 진행할 때 주도권이 누구에게 있느냐이다. 그러므로 단순히 한 가지 부분만 보기에는 위험할 수 있으므로 좀 더 세밀한 분석이 필요하다고 할 수 있다. 특히 편의점 운영 경력이 오래된 점주일수록 무조건 점주임차형을 추천한다. 그렇다고 무작정 본부에서 직접 임대차 계약을 맺으라고 얘기하는 경우가 간혹 있는데 생각없이 그랬다가는 큰 손실을 볼 수도 있으니 특히 주의해야 한다.

① 점주임차형 가맹계약 형태의 장단점 (공격적인 주식)

점주가 상가의 임대차 계약을 직접 체결하고 가맹계약을 진행하는 방식의 가장 큰 장점은 본부와의 수수료율 배분 시 본부임차형에 비해 금액을 10%정도 더 받을 수 있다는 것이다. 브랜드마다 약간의 차이는 있지만 본부임차형의 경우는 점주와 본부가 이익을 나누는 비율이 보통 6:4 혹은 7:3인 경우가 많지만 점주가 직접 임대차를 맺은 경우는 7:3이나 8:2까지 수익을 더 많이 받을 수 있다. 물론 점주임차형의 경우 월세를 점주 혼자서 전액을 부담해야 한다는 단점도 있지만 그 액수가 상대적으로 저렴하다면 본부임차형 계약 형태보다는 확실히 이익이라 할 수 있다. 예를 들어서 본부임차형의 점포에서 월세가 100만원이라면 60만원은 점주가 지불하고 본부에서 지원받는 금액은 수수료율에 따라 겨우 40만원 정도밖에 되지 않지만, 점주임차형으로 운영을 해서 매출이 어느 정도 나온다면 수수료율 10%의 차이는 그 금액을 훨씬 웃돌 것이기 때문이다.

두 번째 장점으로는 가맹계약 기간 60개월을 모두 운영한 후 재계약을 진행할 때 본부와의 협상에서 칼자루를 쥘 수 있게 된다는 점이다. 점주가 직접 건물주와 직접 임대차 계약을 맺었기 때문에 가맹계약 기간이 만료되면 계약을 연장할지 다른 브랜드로 갈아탈지는 온전히 점주의 마음이기 때문이다. 즉 CU를 운영하다가 계약 기간이 끝나서 재계약을 하려는 시점에 경쟁점인 GS25에서 더 좋은 조건을 제시한다면 그쪽으로 브랜드를 갈아탈 수도 있다는 것이다. 때문에 CU측에서는 일정 금액의 장려금을 추가로 지급해서라도 계약 연장을 추진하려 할 수밖에 없다.

마지막 장점으로는 가장 중요하고 반드시 알아야하는 장려금 부분이다. 가맹재계약을 하는데 본부에서 돈을 준다(?). 이상하게 들릴지 모르겠지만 편의점 프랜차이즈는 브랜드간의 과도한 경쟁으로 인해 60개월의 의무 운영기간이 끝나면 회사끼리 서로 뺏고 뺏기는 독특한 구조의 사업이다. 예를 들어 GS25로 시작해서 처음부터 월 2%의 정률 장려금을 받으며 운영하다가 가맹계약 기간이 끝나 재계약을 하게될 즈음이 되면 CU 개발직원이 방문해서 4%를 주겠다며 브랜드를 바꾸자는 식으로 말이다. 그러면 다시 GS25는 5%를 부르고 서로 높은 조건을 제시하며 자신들과 계약을 하자고 한다. 물론 이러한 지원해주는 장려금의 상한선은 점포의 매출에 따라 얻어가는 본부의 경상이익(손익)에 따라 다르지만 본부가 최대한 손해를 보지 않는 선에서 금액을 제시하여 재계약 혹은 브랜드 변경을 하려 한다(때문에 매출이 높은 점포일수록 재계약시 많은 장려금을 받을 수 있다). 그리고 이럴때 가장 중요한 요소가 바로 임대차 계약을 누가 했느냐인데 점주임차형의 경우는 이런 브랜드 변경 방식의 재계약이 가능한데 반해, 본부임차형은 임차권의 권리를 본부가 가지고 있기 때문에 점주가 장려금을 요구할 시 지원은 커녕 반대로 점주를 교체하는 불상사가 발생할 수 있기 때문이다.

그러나 단점으로는 임대차 계약을 점주 스스로 건물주와 직접 만나서 관리해야 하는 번거로움이 있고, 높은 월세에 비해 점포의 매출이 상대적으로 저조하다면 모든 부담을 역시 점주가 떠안아야 한다는 것이다. 다시 말해 점주가 비싼 월세로 5년간 임대차 계약을 맺었는데 편의점에서의 매출이 생각보다 나오지 않는다면, 설령 편의점 본부 측에서 폐점을 해준다고 해도 점주는 계속해서 건물주에게 5년간 임차료를 다 내야 하는 금전적 손실이 발생하는 것이다. 또한 권리금이라도 지불하고 들어갔다면 그 역시 한방에 다 날리는 상황이 발생할 수 있으니 이러한 점주임차형의 경우는 초보자보다는 들어갈 입지의 상권이나 편의점 시스템에 대해 잘 아는 경험이 있는 분들에게 좀 더 추천한다.

② 본부임차형 가맹계약 형태의 장단점 (안정적인 저축)

본부에서 임대차 계약을 미리 체결한 건물(점포)에 들어가서 운영하는 본부임차형 계약의 가장 큰 장점은 안정성이라 할 수 있다. 예를 들어, 혹시라도 해당 위치가 상권이 우수하여 건물에 권리금이 있다거나 월 임차료가 비싸다면 점주임차형의 경우 모든 비용을 점주가 전액 부담해야 하는데 반해, 본부임차형의 경우는 권리금 전액을 회사가 지불하고 점주는 거기에 대한 일정 금액의 담보만을 제공하며, 임차료 역시 본부와의 수수료율에 따라 회사에서 매월 일정금액 지원을 해주게되니 운영하는 입장에서는 한층 부담이 덜 할수 밖에 없다. 또한 더욱 좋은 점은 이렇게 지불한 담보로 설정한 금액마저 나중에 폐점을 하게 되면 다시 돌려받을 수 있다는 것이다. 그러니 매출이 혹시 저조하여 폐점까지 가는 상황이 발생하여 권리금을 못받게 되더라도 본부의 손해인 것이지 점주가 피해를 보는 것은 아니다.

두 번째 장점은 만약 개점 후 매출이 저조하여 점포의 운영을 그만두고 싶다면 위약금을 내고 바로 폐점할 수 있다는 점이다. 즉 임대차 계약을 본부가 직접 체결하여 점주는 따로 관리하거나 신경써야 할 부분이 없기 때문에 가맹계약에 대한 비용만 지불하고 그냥 나가면 된다. 비록 중간에 폐점을 하게 된다면 그동안 운영하고 남은 잔여 개월 수에 따라 위약금 및 시설인테리어 잔존가, 집기 철수비 등비 발생하겠지만 매출이 낮다면 위약금도 생각보다 많지 않기 때문에 폐점을 진행하는데 좀 더 수월하다고 할 수 있다. 그러나 이러한 상황에서 만약 점주임차형이라면 매출이 낮아서 가맹계약을 중도해지하고 싶어도 아직 임대차계약 기간이 남아있으면 설령 위약금을 내고 가맹계약을 해지하고 싶어도 추가로 남아있는 월세에 대한 부담으로 인해 쉽게 해지하지 못 할테니 말이다.

반대로 단점은 가맹계약 만료 후 재계약 시 점주임차형과 다르게 점주가 본부와의 협상에서 전혀 힘을 못 쓴다는 점이다. 즉 건물에 대한 임차권이 본부에 있다 보니 가맹계약 종료 시에 점주가 마음에 드는 브랜드 편의점을 불러서 조건을 협상하는 것이 아니라, 본부에서 제시하는 조건이 마음에 들지 않으면 오히려 점주가 나가야 한다는 것이다. 그리고 본부에서는 해당 점포를 운영하고 싶은 다른 점주로 교체를 하게 되는 것이다. 실제로 본부임차형의 경우 점주가 매월 받아가는 영업이익이 아주 저조하여 운영할 다른 사람을 구하기가 어렵거나 지금의 점주가 아니면 담배권 재취득이 불가능한 상황을 제외하고는 장려금을 주는 거의 없다고 보면 될 것이다.

또한 본부임차형 계약 방식은 리뉴얼(공사)에 대한 부분도 본부의 지원이 상당히 취약하다. 일반적으로 점주임차형의 경우 재계약을 진행할 때 점주의 요구에 따라 오래된 집기나 인테리어를 새로 교체하는 공사가 진행되기도 하는데 본부임차형의 경우 본부에서 거절하는 경우가 많다. 왜냐하면 위에서도 잠시 언급했듯이 점주임차형의 경우 만약 점주의 요구를 들어주지 않으면 경쟁 브랜드로 변경할 수 있는 위험이 있지만, 본부임차형은 점주가 공사를 요구하더라도 거부하면 되고, 설령 이러한 상황을 점주가 마음에 들어하지 않는다고 하면 새로운 점주로 교체하면 되기 때문이다. 실제로 점포를 다니다보면 오랜 운영으로 점포 내 집기도 노후화되고 실내도 어두운 경우를 종종 보는데 대부분 본부임차형의 운영 방식일 가능성이 크다.

편의점 양도양수(전환)에 대해서

보통의 개인 자영업과 마찬가지로 편의점 프랜차이즈 역시 신규점으로의 창업뿐만 아니라 기존에 운영하고 있는 점포를 인수하는 방법이 있는데, 이를 양도양수 혹은 전환이라고 한다. 기본적으로 현재 운영 중인 주인에게 권리금 등을 주고 가게를 인수하는 방식은 같다고 할 수 있으나, 편의점업의 특성상 권리금 및 시설 등에 대한 금액을 계산하는 방식이 약간 다르니 반드시 이 글의 내용을 참고하여 피해가 없기를 바란다. 그럼 이제부터 양도양수를 할 수 있는 다양한 방법과 장단점, 주의사항 등에 대해서 살펴보도록 하겠다.

<양도양수 진행하는 방법(루트)>

① 인터넷 카페나 블로그에 부동산 업자들이 올리는 글을 읽고 정보를 얻어 인수받는 방법

이런 글들은 보통 담배 권리금 500만원, 시설 투자비 1,000만원, 상품 재고 비용 등을 점포 인수받는 조건으로 올라온다. 결론부터 얘기하자면 앞뒤가 맞지 않는 내용들이 대부분이다. 우선 담배 권리금부터 보자면 예전에 인근 경합으로 인해 담배권에 대한 권리금 형식으로 어느 정도의 액수를 지불한 적은 있지만 현재는 거의 없다. 왜냐하면 담배권이라는 것이 조건만 맞는다면 누구에게나 공평하게 시군에서 허가를 내주는 것이기 때문에 기존 점주에게 따로 비용을 지불할 필요도 없으며, 설령 기존 점주가 권리금 조건으로 담배권 폐업을 진행하더라도 인수인계가 아니라 다시 재취득해야 하는 개념이라 권리금을 줄 필요가 없는 것이다. 그리고 본인 역시 담배권을 취득할 때 비용을 지출하지 않았는데 왜 담배 권리금을 받으려하는 것일까? 그리고 시설투자 비용을 요구하는 것 또한 합당하지 않다. 앞서 언급했듯이 프랜차이즈 편의점에서의 공사는 100% 본부에서 지불하고, 그 조건으로 점주는 60개월 운영을 하는 것인데 본인은 지불하지도 않은 비용을 권리금 방식으로 요구하는 것은 상식적으로도 말이 안되는 요구이다. 이럴 경우 대부분 부동산 업자들이 자신들의 이익을 남기기 위한 수법일 가능성이 크니 좀 더 주의를 기울여야 할 것이다.

② 권리금을 요구하며 점포를 넘기려 하는 점주와의 직접 면담을 통한 인수 방법

이러한 경우는 지인을 통해 알게 되거나 혹은 지역 신문지에 올라온 양도양수 정보를 보고 알게되는 경우가 대부분이다. 물론 이러한 글에는 거의가 권리금에 대한 부분이 기재되어 있다. 여기서 권리금이란, 점주가 임대차를 체결한 경우에 발생하는데 보통 매월 순수익의 12개월 치를 곱해서 나오는 금액으로, 그 동안의 노력으로 만든 매출(단골)과 사용하던 집기를 그대로 주고 나오면서 기존의 점주가 받는 금액이다. 그러나 편의점의 경우 우선 시설공사와 집기를 기존 점주가 구매한 것이 아니기 때문에 투자 비용이 없다. 그러니 받을 금액도 없는 것이다. 그렇다면 남아있는 건 현재의 매출인데, 이 부분에서 편의점은 상당히 위험하다. 왜냐하면 편의점의 경우 일반적인 음식점이나 치킨집과는 다르게 동종업계의 경쟁점이 발생할 수 있는 가능성이 상당히 높기 때문이다. 즉 노력과 열정만 있으면 특별한 기술이 필요없는 사업이기 때문에 언제라도 인근에 경쟁점이 발생할 수 있고, 거리에 따라 매출에 상당한 영향을 받는 편의점업의 특성상 언제든 고객이 줄 수 있는 것이다. 때문에 편의점에서의 권리금은 좀 더 보수적으로 접근해야 할 필요가 있으며, 결론적으로 말하면 타업종에 비해 권리금 자체가 결코 많이 발생할 수 없는 구조인 셈이다. 더욱이 한 가지 더 주의해야 할 점으로 아주 가끔 본부임차형인 경우임에도 불구하고 매출이 높다는 이유로 넘기면서 점주가 권리금을 요구하는 경우가 있는데, 절대 응해서는 안된다. 본부임차형의 경우 임대차 계약의 권리를 본부에서 가지고 있기 때문에 점주들 사이에서의 권리금 자체를 절대 인정하지 않으며, 추후 요구시 점주가 교체될 수 있는 상황까지 발생할 수 있기 때문이다.

③ 본부 홈페이지 및 직원에 연락하여 양도양수를 요청한 점포를 소개받는 방법

세 가지 중 이 방법이 가장 안전하다고 할 수 있는데 문제는 이러한 점포들 중에 고매출 점포가 나한테까지 올 확률이 거의 없다는 것이다. 생각해 봐라. 굳이 잘 알지도 못하는 나에게 좋은 점포를 줄 사람이 어디 있겠는가. 이렇듯 매출이 높은 점포의 경우 기존 점주들이 굳이 본부에 양도양수를 요청하기 보다는 본인의 지인에게 권리금을 받고 넘기려 하기 때문에 나오는 점포가 거의 없으며, 보통은 이런저런 사정으로 나온 저매출 점포가 대부분이다. 그러나 다행히 이러한 저매출 점포의 경우도 양도양수를 하기 위해서는 본부에서 점주에게 운영이 가능하도록 일정금액 지원을 해주기 때문에 기존에 운영력이 좋지 않았다거나 경쟁점이 없어질 가능성이 있어 매출 상승 여력이 충분하다면 도전해 볼 만하다(다만, 초보자의 경우는 추천하지 않는다). 특히 이 방법은 기본적으로 해당 점포가 매출이 저조하여 더 떨어질 가능성도 낮으며, 본부에서 받는 지원금도 어느 정도 있기 때문에 신규점을 잘못 개점해서 받는 최악의 상황까지는 발생하지 않는다는 장점이 있다. 이럴수록 운영을 못하는 경쟁점이 있으며(폐점할 수도 있으니), 운영할 내 점포가 서비스가 엉망으로 상품재고까지 부족하다면 앞으로의 가능성은 더욱 충분하다고 할 수 있으니 선택하시면 될 것이다.

<양도양수에 따른 장단점>

① 양도양수의 장점

첫째, 기존의 매출에 대한 데이터가 있기 때문에 좀 더 안전하게 운영해볼 수 있다는 것이다. 신규점의 경우 아무리 상권분석에 뛰어나고 우수한 역량을 지닌 직원 및 점주라 하더라고 매출을 정확히 맞추는 것은 어렵다. 특히 오랜기간 편의점을 운영해 온 점주일수록 잘못된 판단을 하기 쉬운데 기존의 편견에 사로잡혀 있기 때문이다. 그러나 기존의 점포를 인수받는 양수양도는 이전 몇 년간의 매출 기록을 토대로 예상 수익을 계산하기 때문에 아무것도 모르는 신규점보다 좀 더 안정적인 운영을 할 수 있다(편의점 일매출은 계절 및 요일지수에 따른 변화를 제외하면 일별로 거의 비슷하기 때문에 점주가 바뀐다고해서 갑자기 매출이 변하거나 하는 현상은 거의 나타나지 않는다).

둘째, 인테리어 잔존가가 얼마 남아있지 않아 부득이한 사정으로 인해 중간에 폐점을 하게 되더라도 점주 입장에서는 본부에 지불해야 하는 비용적인(시설인테리어 잔존가/ 집기 철거보수비) 측면에서 부담이 상당히 덜 하다. 즉, 편의점 공사의 감가상각은 통상 60개월로 계산하여 매월 차감을 해나가는데 양도양수를 받으면 처음부터 운영한게 아니라 기존 점주가 운영한 기간만큼 시설인테리어 잔존가가 상각되어 있으니 인수할때부터 남아있는 금액 자체가 적은 것이다.

셋째, 기존에 여러 해 동안 운영했던 다양한 데이터를 바탕으로 주요 고객층이나 고회전 상품들을 분석하는 것이 용이하다. 신규점의 경우 처음부터 모든 상품을 다양하게 발주하여 판매하면서 저회전 상품은 빼고, 고회전 상품을 늘리면서 내 점포에 맞는 챠트를 재정비해야 하고, 단골도 처음부터 확보해야 하지만 기존점의 경우는 기존에 잘 나가던 상품과 기존에 잘 오던 고객들을 처음부터 알 수 있으니 이를 잘 활용하여 나만의 점포로 꾸민다면 그만큼 빠른 매출 상승을 노릴 수 있다.

② 양도양수의 단점

반면 단점으로는 첫째, 신규점처럼 처음부터 새롭게 공사를 하고 오픈하는 경우가 아니므로 인테리어나 각종 집기 등 시설이 노후화되었다는 점이다. 물론 기존 점포를 받아서 운영하는 경우에는 본부에서 A/S기간을 1년 더 연장해준다고는 하나, 새로운 마음으로 깨끗한 곳에서 영업을 하고 싶은 점주로서는 충분히 실망스러울 수 있다. 이럴 경우 전체는 아니더라도 점포의 이미지를 위해서 천정의 LED등이나 진열대, 시식대 등 비용이 많이 나가지 않으면서도 분위기를 개선할 수 있는 기본적인 공사는 요청하는 편이 좋을 것이다.

둘째, 생각보다 매출의 변화 폭이 크지 않다는 점이다. 기존부터 운영하던 점포이므로 갑자기 상권이 좋아지거나 경쟁점이 폐점을 하지 않는 이상 매출이 거의 일정할 확률이 높다. 이 부분은 현재의 수익에

만족한다면 크게 상관없지만, 그렇지 않다면 그만큼 열심히 해보고자
하는 의지가 약해질 수 있다는 단점이 있다.

※ 초보자라면 신규점보다는 기존에 운영되던 점포를 인수하는 것을
조금 더 추천한다. 물론 상권, 경쟁점 현황, 운영력 등의 면에서 현재
보다 나아질 수 있다는 가능성을 분석하는 것이 쉽지는 않겠지만, 지
금처럼 편의점 시장이 포화된 상황에서 신규점을 잘못 개점했다가는
남아있는 인테리어 잔존가로 인해 폐점 시 상당한 손해를 볼 수 있기
때문이다.

<양도양수 진행시 주의 사항>

① 처음부터 좋은 점포를 만나기는 힘들다

처음 편의점 창업을 하려는 사람이 본부 직원이나 점주로부터 기존
점을 소개받을 때 흔히들 착각하는게 그 점포가 좋은 점포일 거라고 생
각하는 것이다. 하지만 아쉽게도 그럴 일은 거의 없을 것이다. 왜냐하
면 위에서도 언급했듯이 그 점포가 좋은 점포였다면 점주는 지인에게
넘기거나 다른 이에게 소개를 함으로써 권리금을 취했을 가능성이 크
기 때문이다. 남주기 아까운 좋은 점포를 생판 모르는 사람에게 준다는
게 더 이상하지 않을까? 설령 좋은 점포가 나와서 본부에서 소개받을
사람을 물색한다 하더라도 저조한 매출의 점포를 운영하는 점주나 운
영력이 우수한 기존 점주에게 먼저 소개를 할 것이기 때문에 양도양수
점포를 소개받을 때에는 애초부터 상황이 그다지 좋지 않은 점포임을
인정하고 협상에 임하는게 좋을 것이다.

② 중요한 질문은 따로 있다

흔히 본부에서 나오는 기존 점포를 인수하려 할때 예비 점주들은 몇 가지 질문을 하는데 이때 실수를 저지르기도 한다. 추가로 지원해주는 장려금 지급에 대한 내용으로 인수받을 기존점의 매출이 저조하다면 당연히 중요할 수 밖에 없는 부분이다. 그리고 그렇게 대화를 하다 보면 장려금이 얼마냐, 이익률이 몇 프로냐, 보증금/월세가 얼마냐 등의 질문을 하게 될텐데, 그러나 이런 질문들은 아무 소용이 없다. 지원금을 많이 주고, 이익률이 매우 높고, 월세가 아무리 저렴한들 매월 받아가는 이익금이 낮다면 무슨 소용인가? 장려금을 준다면 당연히 그 금액까지 합쳐서 통장에 꽂히는 월평균 이익금을 얼마로 맞춰 줄 수 있는지를 물어봐야 한다. 그리고 그 금액에서 인건비와 임차료(점주임차형의 경우)를 제외하고 남는 금액으로 내가 생활을 유지할 수 있겠는지를 판단하면 된다. 나머지 모든 내용은 나중에 차차 알아봐도 늦지 않다. 지원금이 아무리 높고 이익률이 잘 나와도, 내가 받을 수 있는 이익금이 적다면 아무 소용이 없기 때문이다.

③ 그럼에도 불구하고 좋은점은 있다

소개받은 점포가 고매출 점포가 아니더라도 몇 가지 좋은 점은 있을 수 있는데, 그중 하나가 바로 지원금이 많다는 점이다. 매출이 저조한 점포를 맡아 운영할 점주를 구하다보니 지원금을 많이 주어야 사람을 찾을 수 있는데, 이것은 점주 입장에서 상당히 안정적인 혜택이다. 매출이 저조해도 일정금액을 계속 지원받을 수 있고, 경쟁점 폐점 등 상황이 좋아져서 매출이 오르면 이익금은 더욱 커지기 때문이다. 실제로 이러한 매출저조 점포의 양도양수는 워낙 상황이 좋지 않아 점주가 교체되는 경우로 부정보다는 긍정의 가능성이 좀 더 높은게 사실이다. 그러니 지원금을 지원받아 생긴 최소의 이익금으로 매월 버틸 자신만 있다면 앞으로 좋아질 가능성이 크다고 할 수 있다. 그러나 앞으로 이익금이 많아질 것이라며 앞으로의 수익이 되었을시 만족할만한 수준이라면 위험하니 좀 더 신중하시길 바란다. 만약 시간이 지나도 상황이 좋아지지 않아 이익금이 그 정도에 못 미친다면 5년은 커녕 1년도 버티기 힘들어질 수 있기 때문이다.

입지에 따른 차이점은?

창업을 하기 위해서는 편의점 뿐만 아니라 모든 업종에서 상권에 대한 분석이 굉장히 중요하다. 업종에 따라 어울리는 상권이 있고, 이러한 상권 역시 항상 변하기 때문이다. 그래서 이번 글에서는 편의점 창업에 필요한 입지별 장단점 분석과 코로나로 인해 변화되고 있는 상권의 특징에 대해 알아보도록 하겠다.

① 우선, 가장 먼저 알아볼 입지로는 안정적인 주택가이다

주택가 입지는 전통적으로 매출의 기복이 크지 않으며, 가장 안정적인 매출을 보이는 특징이 있다. 그 이유로 주택가는 흔히 동네장사로 단골이라 부르는 고정고객이 많으며, 특별히 경쟁점이 생기거나 상권이 변하지 않는 이상 이탈의 경우가 거의 없기 때문이다. 더욱이 코로나 영향으로 인해 홈술, 홈파티 등 오히려 매출이 상승하고 있는 입지인 만큼 상권을 잘 분석한다면 남들보다 좋은 위치를 선점하여 개점할 수 있을 것이다.

그 중 첫 번째로 가장 안정적인 1,000세대 내외의 대형 아파트 상가를 들 수 있다. 아파트 상가의 특징으로는 워낙 독점적 성격이 강하기 때문으로 고정고객이 많고, 계절의 영향도 거의 받지 않는다는 장점이 있다. 다만 주의할 부분이 있는데 반드시 해당 아파트의 세대수를 확인해야 한다는 것이다. 일반적으로 500~1,000세대 정도라면 어느 정도의 매출이 나오는 수준이 되기 때문에 세대수는 많으면 많을수록 좋으나, 그 이상 너무 규모가 크면 인근에 경쟁점이 생길 수 있는 단점이 있으니 매장당 700~800정도의 세대면 적당하다고 할 수 있을 것이다. 그리고 다음으로는 거주하는 세대의 연령대를 확인해야 하는데 아무래도 가격에 민감한 노년층 보다는 젊은 맞벌이 부부가 많을수록 편의점 세대이기 때문에 매출은 훨씬 더 오를 가능성이 크다. 다만 출퇴근을 하기 위한 수도권 인근 아파트는 아무리 세대수가 많아도 아침부터 퇴근전까지 이용객들이 거의 없기 때문에 피하는 게 좋다.

두 번째로는 아파트 중에서도 가장 매출이 높은 주공아파트 상가가 있다. 주공아파트는 대부분 어느 정도 생활에 여유가 있고, 나이가 있는 중산층의 거주로 주로 주부 및 직장인들이 많으며, 편의점에 대한 거부감이 없는 세대이기 때문인데 객단가 자체가 높기 때문이다. 물론 다른 일반아파트도 나쁘지는 않으나, 서울에 출퇴근하는 일산 등의 수도권 아파트의 경우 젊은 부부들은 많지만, 맞벌이로 낮 시간대에는 거의 이용이 없기 때문에 매출이 높을 수가 없다. 또한 노년층이 많이 거주하는 아파트는 가격 저항으로 인해 저렴한 마트의 이용이 높으니 고객층 역시 잘 살펴봐야 할 것이다.

세 번째로 빌라촌 이동 동선상 상가를 들 수 있다. 일반 단독주택가에서는 특히나 동네 주민들의 동선을 잘 살펴서 개점을 해야 한다. 일부 매장을 보면 앞에는 차량의 대로변이고 뒤에는 주택가라고 하지만 동네 주민들의 이동 동선이 반대편인 경우가 있다. 이럴 경우 대로변에는 차량을 주차하기 힘들기 때문에 차량이용 고객도 없고, 더욱이 주변에 거주하는 동네사람들마저 단골로 확보할 수 없으니 당연히 매출을 올릴 수가 없다. 그러니 빌라 혹은 일반 단독주택이 많은 입지를 선택할 때는 반드시 어중간하게 여럿의 입지를 거치지 말고, 주민들의 이동이 가장 많고 모여 있는 장소에 들어가서 주택가다운 입지를 선점해야할 것이다.

마지막으로는 300~500세대의 오피스텔(독신자) 상가가 있다. 오피스텔 상가 역시 안정적인 입지의 하나로 세대수만 일정수준 이상 확보된다면 거주인들의 연령층 및 1인 생활의 증가에 따라 객단가가 상당하여 매출이 높은 편이다. 또한 오피스텔의 특징상 외지에 있지 않는 이상 거주하는 사람들이 비어있지 않고, 계속 순환되기 때문에 계절에 따른 매출의 영향도 거의 없다고 할 수 있다. 다만 그래도 한가지 챙겨야 할 부분이 있는데 바로 오피스텔의 방 갯수가 500세대가 넘는다 해도 기왕이면 도로변과 마주하는 상가가 좋다는 것이다. 가끔 보면 너무 오피스텔 건물 안쪽에 편의점이 있는 모습을 볼 수 있는데 이럴 경우 오피스텔의 거주자가 줄어들 시 상당한 타격을 받을 수 있으니 주의하시기 바란다.

② 다음으로 알아볼 입지는 경기에 민감한 유흥가이다

코로나 이후 예전에 비해 매출이 가장 하락한 입지 중 하나를 꼽으라면 바로 유흥가일 것이다. 5인이상 집합금지 조치와 함께 22시 이후 각종 모임금지 등 각종 제재로 인해 밖에서 술을 마시는 행위 자체가 불가능하게 되었고, 이러한 유흥주점의 침체는 인근에 위치하는 편의점으로까지 영향을 주게 된 것이다. 특히나 유흥가 입지의 경우 코로나 이전에 비해서 심하면 50% 가까이 매출이 하락하기도 하였는데 그 이유는 바로 객단가에 있다. 유흥가 점포의 고객 특성상 숙취 음료, 술,

안주 등의 판매가 높기 때문인데 경기가 좋을 때에는 적은 고객으로 많은 매출을 올릴 수 있는 유리한 장점이나 반대의 경우 급격한 매출 하락이 올 수 있으니 주의해야 할 것이다.

첫 번째 특징은 고가의 유흥주점이 있는 입지는 끝났다는 것이다. 예전에는 유흥가 입지 중에서도 고가의 술을 파는 주점들이 있는 곳을 최고로 꼽았다. 술취한 고객들의 씀씀이가 크고 주점에서 근무하는 사람들 역시 가격이 높은 상품 위주로의 구매가 이루어져 일매출 자체가 상당한 경우가 많았다. 그러나 코로나 이후 상황은 완전히 바뀌었고, 경기가 안 좋은 나머지 줄어든 손님으로 인해 주점 자체의 영업 자체가 힘들어진 것이다. 더욱이 문제인 것은 앞으로는 코로나가 종식된다 하더라도 이와 같은 고가의 유흥주점은 다시금 번성하기 어려운 만큼 유흥가를 생각하고 있다면 특히나 조심해야 할 것이다.

두 번째로는 주택가를 낀 소규모 주점 주변을 택해야 한다는 것이다. 코로나 이후 홈술문화가 자리 잡히기 시작했으며, 술자리의 개념이 여러 명이 모여서 한잔하는 회식개념이 아니라 조금씩 소규모로 모여서 조촐하게 마시는 분위기가 확대되고 있다. 이러한 상황에서는 대규모 유흥가 상권보다는 소규모로 주택가를 끼고 있는 아담한 입지의 편의점이 유리한대 그 이유는 동네 장사이기 때문에 고정적으로 이용하는 단골 고객도 있으며, 그 횟수도 많기 때문에 앞으로 유흥가 입지를 원한다면 이러한 곳을 선택해야 할 것이다.

마지막으로 오피스텔을 낀 유흥가는 아직 건재하다는 사실이다. 유흥가 입지의 편의점이 코로나로 인해 많이 침체되고 매출이 하락하였다고는 하나 아직까지도 매출이 상승하고 있는 곳이 있는데 바로 오피스텔을 끼고 있는 유흥가이다. 이런 곳은 대개 고객의 연령대가 낮고, 어려서부터 편의점을 자주 이용했던 고객층이 대부분이기 때문에 매출의 하락이 거의 없다. 또한 오피스텔의 특성상 거의 직장인이 많이 거주하므로 가격에 대한 저항 역시 드물어 입지 선택 시 고려하면 좋을 것이다.

그러나 결론을 얘기하자면 이제는 그리고 앞으로도 유흥가 입지의 편의점은 그 매력도가 예전에 비해 상당히 떨어지고, 주변에 유흥가 하나만 있는 입지에서는 더더욱 살아남기 쉽지 않은 게 현실이다. 코로나 영향도 있겠지만 지금 살아가는 우리의 세대들은 여럿이 모여 흥청망청 부어라 마셔라 하는 시대가 아니다. 더욱이 이제는 회식을 온라인으로 각자의 방에서 즐기는 언택트 시대에서 살아가는 만큼 점점 더 그 경향은 강해질 것이다. 그러니 예전의 좋았던 유흥가, 대학가 등은 이제 그만 찾길 바란다.

③ 세 번째로 알아볼 입지는 코로나 영향이 가장 큰 학원가이다.

편의점 위치에 있어서 학원가 입지는 객수도 많고, 일반상품의 판매가 많아서 객단가도 우수한 입지 중 하나였다. 즉 일부 시골동네 입지처럼 객수는 많으나, 매출의 대부분이 담배라 이익율도 낮고, 많은 고객으로 인해 힘만 드는 게 아니라 학생들에게 먹을거리 위주로 판매하다 보니 고객수 대비 이익율도 좋아서 수익이 높았던 것이다. 그러나 문제는 현재는 코로나 이후 이러한 학원가 입지가 거의 초토화되었다고 해도 과언이 아니라는 점이다. 특히 주변에 학원이 있는 곳은 그나마도 다행인데 대학가나 학교처럼 방학과 학기의 매출의 변화가 명확한 곳은 휴강 등의 이유로 작년 1년 내내 방학기간 매출이 나온 것이다. 그리고 앞으로도 교실에서의 대면 강의보다는 점점 온라인 수업이 늘어나는 추세에 따라 학원가는 좀 더 고민해봐야 할 입지가 되었다.

먼저 이러한 입지는 학교보다는 학원 인근을 택해야 한다. 학교의 경우는 규모가 크다 보니 학생들이 학교를 가게 되면 큰 어려움 없이 고매출을 올릴 수 있으나 그 대신 휴강 등 특수한 상황이 발생하면 문제는 상당히 심각해진다. 더욱이 학교의 경우 그 특성상 주변에 시끄러운 주점이나 놀이시설 등이 들어올 수 없기 때문에 학교를 등교하는 학생들의 매출이 없으면 정말 매출이 반토막 이상 나는 경우가 허다하다. 그에 반해 학원은 아직까지 그 제재가 심하지 않고 개인이 소규모로 운영하는 곳이 많으며, 인근에 식당 등 먹거리들이 많아 사람들이 모이는 경우가 흔하다. 때문에 규모를 보면 당연히 학교 근처가 좋을 수도 있겠으나, 요즘같은 코로나 등 급작스러운 상황이 발생하여도 좀 더 안전한 학원 근처로 입점하는 게 나을 것이다.

다음으로 이제 완전 대학가는 위험하다. 예전의 대학가는 상당한 고매출로 학기중의 운영만으로도 1년 동안은 먹고 살기에 충분하였다. 그러나 작년에는 코로나 등의 영향으로 대학교들이 개강을 하지 못한 곳이 대부분이라 상당히 힘들었을 것이다. 특히나 대학가의 경우 젊은 학생들이 많고 대학교가 없어지지 않는 이상 안정적인 상권이기 때문에 임차료가 상당히 비싼 편이다. 그런데 학교는 개강을 하지 않고, 그에 따라 주변 원룸촌은 비어있고 주점에는 학생들이 없으니 당연히 편의점도 매출이 급격히 하락할 수밖에 없는데 그 비싼 월세는 계속 내야하는 당연히 버티기 힘들 수밖에 없는 것이다.

그나마 학교에서 약간 벗어난 주택가는 아직 괜찮다. 이제는 유흥가와 마찬가지로 학원가도 완전한 학교/학원만 있는 곳에서는 독자적으로 살아남기 힘들다. 주변에 주택이나 오피스텔 등 겹치는 상권이 받쳐줘야 매출을 기대할 수 있는 것이다. 또한 앞으로도 이러한 코로나 상황이 나오지 말라는 법도 없고 점점 온라인강의 등의 활성화로 인해 학교에 가는 횟수나 학생들도 점점 줄어들 것이니 굳이 학원가 입지에 개점을 하고 싶으면 조금 멀지만 걸어서 갈 수 있으면서 다른 입지도 같이 공존하는 곳으로 선택하는게 좀 더 현명할 것이다.

그러나 500세대 이상 되는 아파트 앞 영어학원은 지금도 잘 된다. 학원가 중 그나마 가장 안전한 입지를 찾으라면 바로 대형아파트를 끼고 있는 영어학원일 것이다. 물론 영어학원만 해당하는 건 아니지만 부모들이 우리 아이들에게 가장 많은 교육을 시키는게 영어인만큼 유명한 영어학원일수록 좋다. 이러한 입지는 학원에서의 아이들 간식매출, 아파트에 사는 부모들에게의 장보기 매출을 동시에 올릴 수 있다는 장점과 조금만 친해진다면 편의점을 어머님들의 만남의 장소로 이용하게 할 수 있기 때문에 객단가 측면에서도 상당히 좋다고 할 수 있겠다.

④ 네 번째로는 로드사이드에 대해 알아보도록 하겠다

편의점에서 로드사이드란 주로 관광지로 가는 길목에 있거나 인근에 공장이 있어 트럭의 이동량이 많은 입지를 말한다. 이러한 곳에 위치한 매장은 고객이 구입하는 객단가가 높고, 담배보다는 주로 일반상품의 판매가 많아 이익율이 타입지의 매장보다 좋은 편이다. 또한 단골고객 보다는 지나가면서 들리는 경우가 많아 상품의 종류나 가격을 따지지 않고 빨리 구매하고 나가는 고객이 대부분이라 매장을 운영함에 있어서도 한층 수월하다. 그러나 로드사이드 입지 역시 코로나로 인한 영향이 있는 상황으로 주의하여 입점해야 할 것이다.

로드사이드의 가장 중요한 요소로는 주변에 고정적인 배후가 필요하다는 것이다. 이번 코로나를 겪으면서 가장 취약점을 보여준 입지 중 하나가 바로 로드사이드 입지이다. 모임이 금지되면서 성수기에도 여행을 가는 사람들의 감소에 따라 객수가 급감하였고, 늦은 개장과 이른 폐장으로 인해 해변가 인근 매장들은 매출이 반토막나기 시작했다. 그

뿐만이 아니다. 공장주변에 있는 매장들 역시 타격이 컸는데 바로 공장들의 일감이 감소되었기 때문이다. 일거리 자체가 줄어들었으니 일하는 사람을 줄였고 당연히 편의점에서도 매출이 하락한 것이다. 그러니 이제는 로드사이드도 이러한 상황에 따라 급변하는 관광이나 공장이 아닌 꾸준히 안정적으로 매출을 올려주는 주택가가 일부는 병행해서 존재해야 수시로 변하는 상황에서 살아남을 수 있는 것이다.

다음으로는 넉넉한 주차공간은 필수이다. 로드사이드에서 가장 중요한 요소는 바로 주차공간이다. 주변 입지별로 약간의 차이가 있겠지만 트럭 등의 커다란 차량이 주차할 수 있어야 하고, 놀러가는 승용차가 넉넉하고 편하게 세울수 있도록 공간이 넓어야 한다. 또한 도로 특성상 차량의 속도가 빠르게 이동하다가 주차를 해야하는 경우도 많으니 반드시 매장으로 들어가는 공간도 편하게 되어있어야 한다. 예전에 실제로 주변에 큰 공장이 많고 그로인해 트럭의 이동도 상당히 많았으나, 협소한 주차공간으로 인해 상당히 저조한 매출이 나오는 매장을 본 적이 있다.

그리고 매장의 소프트웨어적인 면에서는 고단가의 먹을거리로 상품을 채워야 한다. 차량이동 고객의 특징은 매장에 들어와서의 체류시간이 굉장히 짧다는 것이다. 대개 여행이나 업무라는 특정한 목적이 있는 와중에 상품을 구입하기 위해 매장을 잠깐 들른 것이기 때문이다. 그렇기 때문에 로드사이드 입지는 다양한 상품을 구비할 필요까지는 없다. 물론 공간이 넓어 모든 상품을 다 채워놓으면 좋겠지만 그렇지 않을 경우 단가가 높은 상품들로 진열해 놓으면 된다. 특히 여행객들을 위해서는 고가의 커피 등 음료 위주로 구비하고, 트럭 운전기사님들을 위해서는 역시 값비싼 도시락, 빵, 커피 등을 구비해 놓으면 매출에 상당히 도움이 될 것이다.

마지막으로는 점포의 시계성을 위해 멀리서도 잘 보이게끔 지주간판을 활용해야 한다. 로드사이드 매장의 경우 고객이 도보가 아닌 차량으로 이동하기 때문에 홍보할 수 있는 간판이 특히나 중요하다. 그 중에서도 지주간판의 설치는 필수라 할 수 있는데 밤에도 멀리서 매장의 위치를 알릴 수 있기 때문이다. 그러니 혹시라도 땅이 좁아 매장이 안쪽으로 들어가지도 못하고 그로 인해 주차장도 없으며, 지주간판 설치시 불법으로 불가하다면 아무리 위치가 좋고 차량이 많아도 매출은 나오지 않을 것이다. 그리고 마지막으로 지주간판의 경우 특성상 내 땅이아닌 이상 불법이 될 가능성이 크니 사전에 반드시 점검하고 진행하기바란다.

⑤ 끝으로 살펴볼 입지는 회사들이 밀집해 있는 오피스가이다

편의점 입지 중 객단가가 높고 일반상품의 매출이 높은 위치를 꼽으라 하면 오피스 즉, 사무실 인근을 들 수 있다. 직장인들의 특성상 가격에 대한 저항이 적고 도시락, 커피, 디저트 등 먹을거리의 구매율이 높기 때문이다. 또한 고객층 대부분이 젊은 고객으로 편의를 중요하게 생각하기 때문에 일반 매장에 비해 칫솔, 가글 등 비식품의 매출도 좋은편이다. 다만 주일과 평일과의 매출 차이가 상당히 심하고, 지방에 있어서 오피스 상권이 크지 않은 경우가 많아 자칫 잘못된 개점은 큰 손해를 볼 수 있으니 주의하기 바란다.

먼저 소프트웨어적인 면에서는 도시락 및 샐러드, 디저트, 커피 등의 상품으로 채운다. 주변에 회사가 있어 주고객층이 직장인인 편의점의 판매 상품은 생각보다 단순하다. 우선 아침에는 주로 커피 및 음료, 빵 등 간단하게 요기를 할 수 있는 상품들이나 숙취 음료와 같은 음료위주의 판매가 높다. 물론 담배의 판매도 오전이 많다. 그리고 점심시간이 되면 도시락, 김밥, 샌드위치와 같은 식사류가 대부분을 차지하고 역시 후식으로 커피, 디저트의 매출이 높다. 마지막으로 저녁이 되면 집에 가서 먹을 맥주나 안주류 등의 구매가 이어진다. 이렇듯 보면 오피스가의 특징으로는 물론 주류도 있지만 대부분 바로 먹거나 가지고 가서 바로 먹는 상품들이므로 이에 맞게 상품들을 채우면 될 것이다.

다만, 주의해야 할 점은 재택근무가 늘고 있으니 회사 업종을 확인한다. 코로나 이후 재택근무의 확대로 오피스가 매장 역시 매출에 큰 타격을 받게 되었다. 특히 현장에 나오지 않고 온라인 회의나 업무가 가능한 업종일수록 재택근무자가 많아 매출하락이 컸다. 실제로 인근에 네이버가 있는 매장에서는 한때 대부분의 근무 인원이 집에서 근무를 하는 바람에 30%까지 매출이 감소한 경우도 있었다. 그러니 반드시 IT 계열이나 소규모 콜센터 사무실 같은 경우는 피해서 들어가는 것이 좋을 것이다.

또한 지방에서는 추가 상권이 필요하다. 오피스 입지라 하지만 서울이나 인근 수도권같이 인구가 많은 대도시를 제외하고는 오피스가라고 하기엔 부족한 지역이 많다. 특히 일부 도시에는 은행이나 군청 등이 있어 직장인들 고객을 노린다고는 하나 그 숫자가 적어 실제로 매출에는 도움이 안되는 경우가 허다하다. 때문에 대도시를 제외하고는 오피스가 입지 선택 시 주변에 반드시 추가 상권이 있는지 확인하고 들어가야 한다. 예를 들어 옆에 오피스텔이 있다던지, 주변에 주점 등의 유흥가가 있다던지 하는식으로 추가 입지가 필요한 것이다. 그래야 주중/주말, 주간/야간의 매출 갭 차이를 극복할 수 있고 혹시 모를 재택근무 등의 불상사에 대비할 수 있기 때문이다.

그리고 기왕이면 사기업보다는 공공기관 인근이 좋다. 일반 사기업보다는 시청, 도청, 경찰서 등 공공기관이 있는 입지로의 개점을 하라는 것이다. 일반 사기업의 경우 지금도 그렇지만 앞으로는 더욱 이동이 많을 것이다. 코로나 이후 사무실의 중요성이 점점 더 약해지고 온라인으로의 회의가 확대됨에 따라 언제 임차료가 저렴한 곳으로 사무실을 옮길지 아무도 모르기 때문이다. 그러나 공공기관의 경우 여론이나 각종 다양한 이유로 이전하기가 쉽지 않고, 오히려 신축을 하는 경우도 많아 오랫동안 안전하게 운영이 가능하니 되도록 공기업 인근으로 매장을 알아보는게 좋을 것이다.

브랜드 중 어디가 좋을까

편의점 창업을 생각하고 있다면 당연히 어느 브랜드 회사로 선택할지에 대한 고민은 있을 것이다. 브랜드별로 장단점이 있고 지원해주는 조건이 다르기 때문에 당연히 자세하게 분석하고 따져서 나와 맞는 브랜드를 선택해야 할 것이다. 예를 들어 먼저 외부 환경적인 요인을 보자면 점포당 높은 일매출에 다양한 신상품과 젊은 이미지를 원한다면 GS25를, 높은 이익율과 가장 많은 점포수의 안정성을 선호한다면 CU를, 개점 초기 적극적인 공사진행과 투자가 필요하다면 세븐일레븐을, 고급스러운 인테리어와 자유로운 영업시간을 원한다면 이마트24를, 다양한 즉석 먹을거리와 넓은 매장공간을 좋아한다면 미니스톱을 선택하면 되는 것이다. 그리고 두번째로는 내부적인 요건으로 운영지원금 명목으로 일정액의 금액을 지원해주는 조건이 있는데, 보통 기본 계약서의 수수료율에서 추가로 몇 프로 더 지원해주는 방식이 일반적이다.

즉, 본부와 초기 70:30의 조건으로 계약을 했다면 여기에 4%를 추가로 지원해 74%를 맞춰주는 방식이라 할 수 있겠다. 이러한 지원금은 브랜드별로, 혹은 그때그때의 상황에 따라 다르며, 점주 임차형에서 경쟁점이 붙으면 더욱 높아지기도 하는데 단순히 지원해주는 장려금의 %만 보고 결정했다가는 오히려 손해일 수 있으니 여러가지 사항을 꼼꼼히 비교분석해서 결정해야 할 것이다.

① 그럼, 먼저 점포당 평균 일매출 부분에 대해 알아보도록 하겠다

물론 각각의 점포마다 입지에 따라 매출이 다르고, 수많은 점포가 있어 그 중에서 평균을 구한 값이 의미가 없다고 할 수도 있겠지만, 그만큼 기본적으로 타브랜드에 비해 매출이 높다는 사실이므로 회사를 선택할 때 굉장히 중요하다고 할 수 있겠다. 즉, 다시 말하면 고객들에게 많은 인지도와 인기가 있으며 해당 브랜드의 네이밍 파워가 강하기 때문에 동일한 위치에 점포를 개점하여도 브랜드에 따라 매출이 달라질 수 있다는 것이다. 그렇다면 이러한 중요한 요소에서 가장 우위를 점하고 있는 브랜드는 어디일까? 바로 GS25이며, 다음으로는 CU, 세븐일레븐, 이마트24 순이라 할 수 있다. 물론 여기에는 점주의 운영력, 영업담당의 지도 및 지원, 입지 등의 기타 부수적인 요인이 포함되겠지만 일반적으로 편의점을 운영하고 싶어하는 예비 점주들에게 가장 선호하는 브랜드임에는 틀림없다. 물론 얼마전 페미 등의 사태로 인해 대표가 바뀌고, 이로 인해 매출에도 많은 타격을 입은 것 또한 사실이나 상품의 다양성, 젊은 이미지, 적극적인 마케팅으로 인해 GS25는 여전히 매력적인 회사이다. 그 중에서도 가장 뛰어나다고 할 수 있는 부분이 바로 상품에 대한 다양함과 빠른 신상품 도입으로, 특히 젊은 고객들에게는 매일 새로운 상품들로 인해 쇼핑의 즐거움을 느낄 수 있으며, 필요한 상품들은 언제나 구비되어 있다는 이미지가 있어 주변에 타경쟁사들이 있어도 많은 고객을 모집할 수 있는 것이다.

② 다음으로 알아보아야 할 부분으로는 브랜드마다 다른 평균 이익률이다

이익율은 마진율이라고도 하며, 판매가에 대한 마진의 비율. 즉 원가(原價)와 판매가(販賣價) 사이의 차액(差額)인 마진의 판매가에 대한 비율을 말한다. 이러한 이익율 역시 매출액과 마찬가지로 점포 입지에 따라 다르겠지만 기본적으로 평균 이익율이 높다는 건 그만큼 마진이 좋은 상품이 많이 팔린다는 의미이고, 이익율이 높은 상품을 많이 판매할수록 많은 이익액을 얻을 수 있다는 뜻이다. 특히, 편의점에 있어서 이익율은 담배와 일반상품과의 관련이 높은데, 담배의 판매 구성비가 낮고, 일반상품 매출이 높은 점포일수록 이익율은 좋다고 할 수 있다. 이 중에 담배는 어느 편의점이나 슈퍼에서도 동일한 가격과 상품이기 때문에 결국은 일반상품 판매율이 이익율에 있어서 가장 중요한 요인이다. 결국 어느 브랜드의 회사가 이익율이 높은 상품 위주로 운영하는가? 고객이 원하는 다양한 신상품이 있는가? 등을 살펴보아야 하는 것이다. 그리고 이러한 이익율에서 브랜드별 차이가 확연히 나는데 결론부터 말하면 CU가 이익율에 있어서 가장 높고, 그 다음으로는 GS25, 세븐일레븐, 이마트 순으로 낮게 나타난다. 그리고 이러한 결과에는 여러가지 요인이 있겠지만 상품의 다양성과도 관계가 많은데, CU는 훼미리마트에서 CU로 변경 시 상품의 종류를 줄이고, 이익율이 높은 상품 위주로만 선별해서 운영했기 때문에 당연히 이익율이 높게 나났던 반면, 고객이 원하는 상품의 종류가 GS25에 비해 부족했기 때문에 오히려 일평균 매출은 GS25에 비해 낮게 나타나는 현상을 보이기도 했다. 물론 현재는 모든 브랜드의 편의점에서 신상품에 대한 중요성을 강조하여 집중하는 바람에 그 차이는 점점 줄어들고 있지만, 아직까지는 평균적으로 CU의 평균 이익율은 32%, GS25는 31% 내외, 세븐일레븐은 30%, 이마트24는 27~28% 정도의 이익율이 나오고 있다. 그러므로 결론은 만약 CU에서 지원금으로 3%를 제시했다면 GS25에서는 4%, 세븐일레븐은 5~6%, 이마트24는 8% 이상을 제시해야 동일 조건으로 계약을 한다고 볼 수 있는 것이다.

③ 세 번째로 비교해야 할 부분으로는 리뉴얼 공사이다

앞에서도 설명했듯이 편의점은 시설투자에 있어서 일부 가맹형태를 제외하고는 대부분을 본부에서 전액 투자하기 때문에 브랜드별로 차이가 없을 거 같지만 전혀 그렇지 않다. 물론 점포의 크기에 따라 투자되는 금액이 달라지겠지만 동일한 면적이라도 공사 및 집기의 수준에 따라 투자금은 상당히 달라지게 된다. 그리고 처음 편의점을 운영해보는 사람들은 공사를 본부에서 진행하기 때문에 점주에게는 공사에 대한 요구를 할 권한이 없다고 생각할 수도 있는데 역시 전혀 그렇지 않다. 그 이유는 대략 점포를 개점하기 위해서는 6,000만원 정도의 시설투자금이 들어가고, 비용을 모두 본부에서 처리하지만 이것은 공짜로 해주는 것이 아니라 점주가 5년 동안 점포를 운영한다는 조건으로, 중간에 부득이한 이유로 폐점 시 해당 시설에 대한 잔존가를 모두 물어내야 하기 때문에 결국 점포의 모든 것은 점주의 것이라는 뜻이다. 때문에 초기 공사를 진행함에 있어 필요한 부분을 최대한 본부측에 요청해야 하는데, 이러한 부분을 가장 적극적으로 수용해주는 브랜드는 바로 세븐일레븐이고, 그 다음으로 GS25, CU, 이마트24 순서이다.

또한 집기의 가격과 품질도 우수하고, 테라스 등 기본적으로 진행해주는 공사도 많기 때문에 공사 시 점주들의 만족도는 타브랜드 대비 높다고 할 수 있다. 물론 내부 인테리어나 자잘한 집기는 비용도 작고 매출에도 큰 영향을 끼치지 않기 때문에 요청하거나 점검해야 하는 부분이 많지 않지만, 점포 외부에서 쉴 수 있도록 테라스 공사나, 멀리서 보이게끔 하는 지주간판, 비를 피할 수 있는 어닝, 즉석조리 집기, 음료 냉장고 등 비용이 크고 매출과 고객편의에 영향을 끼치는 항목들은 비용문제로 설치를 꺼리는 브랜드들이 많은데 반드시 초기에 확실한 답을 받고 진행해야 한다. 그렇지 않고 초기에 지원금만 타사보다 많은 몇 프로 더 준다고 하여, 공사에 대한 비용을 대폭 감소시킨다면 결국 지원금에서 추가된 금액을 공사비용에서 뺀다는 말이니 결론적으로는 타사 대비 전혀 메리트가 없게 되는 것이기 때문이다.

④ 마지막으로는 알아볼 부분은 고급스러운 인테리어 부분이다

이 부분은 운영할 점주 개인의 인테리어 취향이나 좋아하는 색상에 따라 제각각 다르겠지만, 기본적으로 카페식의 아늑하면서도 고급스러운 분위기로는 이마트24가 가장 좋다는 의견이 대부분이다. 이마트24는 위드미가 신세계로 인수된 후발주자로 기존 타브랜드의 밝지만 차가운 분위기와는 다르게 은은한 조명에 원목색상의 편안한 휴식공간, 무선충전, 와이파이 등의 다양한 편의시설, 깔끔한 집기 등 새로운 형식의 편의점 스타일을 만들어가고 있다. 또한 기존 편의점 시스템과는 다르게 중앙 진열대의 높이를 높여서 고객들이 상품을 구매하면서 좀 더 안락한 기분으로 쇼핑을 할 수 있게 하거나, 벽면 공간을 일체형 진열대로 활용하여 와인, 양주, 노브랜드 상품을 진열하고, 각종 새로운 집기를 도입하여 상품의 구매욕을 높이는 등 차별화된 행보를 유지하고 있다. 그리고 이러한 인테리어 분위기는 어느 브랜드가 특별히 좋다라기보다는 이마트24가 유독 개성있고 독특하게 운영할 뿐 나머지는 거의 비슷하다고 할 수 있겠다. 다만 이마트24의 이러한 고급스러운 인테리어에 혹해서 창업을 진행했다가는 폐점시 타브랜드와는 다르게 과도한 철거 및 잔존가 비용이 남기 때문에 좀 더 신중한 접근이 필요하리라 생각된다.

상권은 사람들의 흐름을 봐야 한다

편의점을 개점하기 위해 가장 먼저 고려해야 할 것은 매장의 위치이다. 이때 상권을 보는 눈이 있다면 좀 더 수월하게 좋은 입지를 찾을 수 있을 것이다. 물론 본부에서 사전에 본부에서 임대차 계약을 맺어 두었다면 점주는 몸만 들어가 영업을 하면 된다. 하지만 그 자리가 꼭 좋다는 보장은 없다. 사전에 체크리스트를 활용하여 점검한다면 편의점을 개점함에 있어서 알맞은 위치를 가려내는 데 도움이 될 것이다. 특히 편의점 창업이 처음이거나 본부가 아닌 점주가 직접 임대차 계약을 해야 하는 경우라면 더욱 신경 써서 아래의 항목들을 살펴보아야 한다.

① 매장 앞 인도의 폭

편의점을 개점하기 위해 눈여겨본 상가가 있다면 우선 매장 앞 인도의 폭이 어느 정도인지 확인해야 한다. 이는 사람들이 머무는 인도인지 스쳐 지나가는 인도인지 확인하기 위함이다. 일반적으로 인도의 폭이 좁다면 사람보다 차량의 이동이 많거나, 해당 길목이 사람들의 주 이동 동선이 아니라는 뜻이다. 또한 인도의 폭이 좁다 보니 누군가와 대화를 나누거나 장시간 머물 수 없어 빠르게 지나치게 되기 마련이다. 이러한 곳에 편의점을 연다면 어떻게 될까? 아마 빠르게 지나다니는 사람들 속에서 점포를 발견하거나 방문하기는 쉽지 않을 것이다.

② 매장 앞 도로의 차선 수

대로변에 위치한 상가라면 매장 앞쪽에 있는 도로의 차선 수를 확인해야 한다. 이는 건너편에서 고객이 방문할 가능성이 있는지를 확인하기 위함이다. 보통 일방 3차선, 왕복 6차선 정도 되는 대로라면 사람들은 특별한 목적이 있지 않는 한 잘 건너오지 않는다. 즉, 이만한 도로에서는 물건을 구입하기 위해 내 점포를 방문하는 경우는 거의 없다고 봐야 한다. 또한 도로의 차선 수가 많을수록 차량의 이동 속도도 빠를 것이기 때문에 내 점포가 위치한 곳의 상권만으로도 충분한 수익을 얻을 수 있을지 반드시 확인해야 한다.

③ 매장 앞 주차 공간

보통 편의점에는 지나가는 길에 들르는 사람이 많지만 차량을 이용하여 방문하는 사람도 적지 않다. 그렇기 때문에 상가 앞에 주차 공간이 있느냐 없느냐가 매출에 상당한 영향을 미친다. 특히 사람보다는 차량의 이동이 많은 곳인데 주차 공간이 마련되어 있지 않다면 매출은 거의 발생하지 않는다고 보아야 한다. 그러니 주택가나 학생들의 이동이 많은 학원가, 회사 근처의 오피스가, 술집이 즐비한 유흥가를 제외한다면 매장 앞에 어느 정도의 주차 공간은 있는 게 좋다.

④ 차량 이동이 많은 큰 사거리의 코너는 피하라

도심 곳곳을 지나다니다 보면 큰 사거리의 코너에 위치한 편의점을 쉽게 볼 수 있다. 번화가이기 때문에 얼핏 좋은 위치라고 생각할 수 있지만 사실 그렇지 않다. 우선 이러한 곳은 차량의 이동이 많기 때문에 수시로 도로가 정체된다. 이보다 더 큰 문제는 차량이 코너에는 주차를 할 수 없다는 데 있다. 즉, 점포의 노출도가 높다고 하더라도 차량을 이용하는 사람이 그곳을 방문하기란 쉽지 않다는 사실이다. 결국 월세만 비싸고 매출이 저조할 확률이 매우 크다. 그러니 가능한 한 이러한 자리는 피하는 것이 좋다.

⑤ 주변 주택 및 아파트 세대수

마지막으로 상가 인근에 거주하는 주민들의 세대수를 확인해야 한다. 주택이라면 상가 주변의 내 고객이 될 수 있을 만한 곳까지 확인해야 한다. 보통 주택당 2~3명이 거주한다고 가정하여 이 수를 곱하면 된다. 아파트라면 가급적 500세대 이상인 곳으로 선택하는 게 좋다. 단, 세대수가 정해져 있어 분석하는 것이 어렵지 않은 아파트와 달리 주택은 주의해야 할 점이 많다. 아무리 세대수가 많아도 혼자 사는 노년층이 많은 오래된 빌라촌이라면 아무 의미가 없기 때문이다. 그러니 특히 단독주택이 많은 곳에 점포를 개점하려 한다면 세대수와 연령 등 고객층에 대한 분석을 더욱 철저히 해야 한다.

편의점 공사는 내 돈이 안들어간다?

편의점을 운영하기로 마음먹고 계약을 체결한 후 계약금을 송금했다면 다음으로는 점포의 레이아웃 및 공사 내용을 점검해야 할 것이다. 여기서 주의해야 할 점은 절대 본부에서 진행하는 교육 일정과 점포의 공사 일정을 겹치게 잡으면 안되고, 특히나 부득이한 월말 개점은 더더욱 거부해야 한다는 것이다. 본부(개발 담당) 입장에서는 최대한 당월에 여러 점포를 개점해야 하므로 무조건 해당 월에 오픈을 시켜려는 경향이 있는데, 그렇게 서둘러서 진행하다 보면 부득이하게 교육 일정과 공사 일정이 겹칠수 밖에 없다. 그러다보면 내가 운영할 점포의 공사를 직접 꼼꼼히 챙겨야 함에도 불구하고, 그 기간에 본부 교육을 받느라 제대로 챙기지 못하는 불상사가 발생하게 된다. 그리고 만약 여유롭게 개점을 하고 싶다고하면 분명 개발 담당은 다음달에는 본부에서 지원해주는 조건(장려금 등)이 안좋아질 수 있다는 식으로 얘기하면서 바로 진행하자고 유도할 가능성이 높은데 절대 그럴 일은 절대 없으니 신경쓰지 말고 개점 및 공사 일정을 넉넉히 잡고 개점일을 선택하시기 바란다.

<공사 진행>

그럼 공사를 진행하기에 앞서 가장 먼저 점검해야 할 업무로 레이아웃 협의를 들 수 있는데 여기서 '레이아웃'이란 광고나 편집, 인쇄 등에서, 문자, 그림, 기호, 사진 등을 시각적 효과와 사용 목적을 고려하여 제한된 공간 안에 효과적으로 구성하고 배열하는 일 또는 그 기술을 말한다. 간단히 말해서 점포의 집기나 공간에 대한 도면을 그리는 업무로 이러한 도면은 편의점을 운영하는 기간 내내 사용할 것이기 때문에 반드시 꼼꼼히 점검해야 할 것이다(기본적인 레이아웃은 본부에서 대략적으로 정해주므로 처음부터 너무 걱정할 필요는 없다).

① 출입문의 위치를 확인한다

당연한 얘기겠지만 출입문은 외부에서 사람들의 이동이 가장 많거나 많이 모이는 위치로 잡아야 한다. 그래야 고객이 편하게 우리 점포를 방문할 수 있다. 그리고 점포가 30평 이상으로 넓고 코너에 위치해 있다면 출입문을 하나 더 추가하여 고객의 방문을 좀 더 쉽게 할 수 있는 방법도 고려하기 바란다. 이때 주의할 점은 위치가 높아서 따로 계단을 만들어야 하는 곳은 되도록 선택하지 말아야 한다는 것인데, 사소한 차이긴 해도, 계단이 있어 불편한 점포는 상대적으로 이용의 불편함으로 인해 경쟁점이 있을시 불리한 조건에서 시작할 수 밖에 없기 때문이다.

② 점포 내부 휴게 공간(시식 공간)을 확보해야 한다

앞으로는 시간이 지날수록 2~3인이 사는 소규모 가족이나 혼자사는 1인 가구가 점점 더 많아질 것이다. 그리고 이러한 가족 형태 및 소비의 변화에 따라 편의점에서도 가볍게 식사를 할 수 있는 즉석간편식의 판매가 매년 늘어나고 있는 추세이다. 그러므로 점포 내에 이러한 음식을 먹을 수 있는 공간을 확보해서 체류 시간을 늘려야 그만큼 객단가가 높아져 매출을 상승시킬 수 있는 것이다.

③ 음료 냉장고는 되도록 5door로 요청하는게 좋다

편의점 매출의 대부분은 상온 상품이 있는 중앙 진열대가 아닌 중집기(도시락/유제품 냉장고, 음료 냉장고 등)에서 발생한다. 특히 주류 및 음료 등이 진열되어 있는 음료 냉장고의 경우 그 매출 비중이 상당히 높다고 할 수 있다. 그런데 요즘 홈술 문화로 인해 맥주나 음료의 경우 신상품이 계속해서 나오기 때문에 기존 방식의 4door로는 당연히 진열공간이 부족할 수밖에 없다. 따라서 다른 공간을 줄이는 한이 있더라도 음료 냉장고 문(door) 수는 반드시 늘려야 할 것이다.

④ 중앙진열대는 높게 설치한다

편의점에서 중앙진열대라 함은 점포에 들어가면 가장 먼저 보이는 중앙에 있는 진열대로 과자, 컵라면, 초콜릿, 안주, 비식품 등 주로 상온에 보관하는 상품들이 놓여있는 공간을 말한다. 예전에는 이러한 진열대의 높이를 1400 정도로 낮춰 점포의 개방감에 집중하였지만, 요즘에는 상품의 종류를 최대한 다양하게 구비하고 좀 더 아늑한 환경에서 구입할 수 있도록 진열대를 높이는 추세이니 기본 1600 사이즈부터 시작하면 좋을 것이다.

⑤ 점포 내 벽면 수납 공간의 추가를 요청해야 한다

집기 위에 비어있는 벽면을 활용하여 상품을 보관할 수 있는 공간을 추가로 만들면 상품을 채울때 효과적으로 활용할 수 있다. 더욱이 새로 나오는 신상품의 종류가 많아지고 있는 상황이므로 초반에 미리 공사를 해 놓으면 운영하면서 편리하게 이용할 수 있을 것이다. 또한 추후에 진행하게 되면 수납공간의 특성상 전체적으로 철거 후 재설치를 해야하기 때문에 비용 문제로 본부에서 거부할 확률이 높으니 반드시 초반에 진행하면는게 좋다.

⑥ CCTV 위치 및 대수를 추가한다

공사를 진행할 때 아무런 언급을 하지 않으면 아마 기본 대수만 설치해줄 것이다. 그러나 요즘에는 밖에서도 음식을 섭취하는 경우가 많으니 파라솔이 있는 경우 되도록 8채널을 요구하면 좋다. 또한 진열대가 설치된 후 카운터에서 보았을 때 시야에 들어오지 않는 진열대 위치에도 CCTV를 설치해야 추후 상품의 위치를 변경하는 번거로움을 줄일 수 있으니 신경쓰기 바란다.

⑦ 어닝과 데크(공간이 확보된다면), 점포 외부 조명은 필수이다

점포 외부에서 술을 마시는 고객이 점점 증가하는 추세이기 때문에 비를 막아주는 어닝과 분위기 조성에 필요한 데크, 야간에 잘 보이도록 하는 조명은 매출을 올리기 위해 반드시 설치해야 한다.

⑧ 마지막으로 개점을 하는 날 최종 점검을 해야 한다

이때는 추가 사항의 요구보다는 마감 공사가 잘 되었는지 위주로 점검하면 된다. 물 새는 곳은 없는지, 바닥 및 벽면 등 공사하다 파손된 부분은 없는지, 작동은 제대로 하는지 등등 체크리스트를 작성하여 기록하면 편하게 일을 진행할 수 있다.

<비용 부담>

또한 편의점 운영을 희망하는 예비 창업자들이 가장 헷갈려하는 부분이 바로 점포를 오픈하기 위한 공사와 그 비용에 대한 부담 여부이다. 편의점은 특히나 다른 일반 자영업과 다르게 공사에 대한 비용을 전부 본부에서 지원하다보니 더욱 그럴 수 있는데 그렇다고 알아서 해주길 바라고 그냥 놔두면 절대로 안된다. 편의점 오픈을 준비하기 위한 6,000만원 내외의 비용을 본부에서 먼저 지불하지만 이것을 공짜라고 생각한다면 정말 큰 오산이다. 이는 편의점 시스템을 전혀 모르고 진행하는 위험한 경우이다. 공사 비용에 대한 대가로 점주는 60개월이라는 의무계약 기간 동안 영업을 해야 한다는 사실을 명심해야 한다. 즉 본부에서 투자한 공사 비용을 나눠서 갚는 개념으로 점주는 60개월 동안 운영하면서 본부에 수수료를 지불하는 것으로 절대 공짜가 아니다. 그러니 예비 창업자나 점주는 공사 시 원하는 부분을 당당히 요구하고 필요시 추가 도입을 요청해도 되는 것이다.

① 초기 신규점 공사는 가능한 건 모두 다 요구해야 한다

개점 시 공사와 관련해서 가장 중요한 것은 초기에 최대한 모든 공사를 요청해야 한다는 것이다. 물론 신규점을 오픈하는 대부분의 점주와 얘기하나보면 초보자가 처음에 어떠한 공사를 하는지 어떻게 아냐며 아쉽고 답답한 마음을 자주 표출한다. 맞는 말이다. 처음 편의점을 하는데 데크 공사가 가능한지, 조명은 몇 개나 추가가 되는지 등을 어떻게 알 수 있겠는가? 그러나 미안하지만, 알아야 한다. 주변에 편의점을 하는 지인에게 물어서라도 좋으니 무조건 알아내서 해달라고 요청해야 한다. 왜냐하면 그냥 하는 대로 맡겨놓고 나중에 다시 해달라고 하면 안해 줄 확률이 99% 이상이기 때문이다. 투자 대비 손익을 따지고 개점을 하는 본부의 입장에서는 추가 비용 사용이 어려운 것이다. 그러니 데크 공사, 에어 간판, 원목 테이블, LED 조명, 튀김기, 고구마 집기 등등 모든 집기를 개점 시 요청해서 받아야 하는 것이다. 실제로 현장에서는 개점 이후 영업에 필요한 집기나 공사가 있다고 신규 요청하는 경우가 많은데 거절당하는 경우가 대부분이다.

② 운영 중 추가 공사는 올라갈 매출로 설득해야 한다

개점 초기에 꼼꼼히 잘 챙겨도 운영을 하다 보면 뭔가 부족하거나 더 하고 싶은게 생기면 추가 공사를 희망하게 된다. 그러나 편의점은 점주가 비용을 직접 내서 사고 싶어도 안되는 게 있다. 예를 들어 아이스크림 판매를 좀 더 확대하기 위해 아이스크림 냉동고를 추가하고 싶어도 본부의 허락이 있어야 가능하다. 매장의 모든 공사는 본부에서 투자하고 점주에게 대여하는 개념으로 본부가 정해놓은 제품으로 구매해서 빌려주므로 개인은 구매가 불가능하다. 이 부분은 마치 양날의 검처럼 위험한데, 초기 투자금은 적지만 내 마음대로 할 수 없는 프랜차이즈 시스템의 특징인 것이다. 그렇다면 어떤 방법으로 본부의 지원을 받을 수 있을까? 바로 수치로 설득하는 것이다. 집기를 도입하면 발주를 얼마나 늘릴 것이고, 그러면 최소 얼마의 매출이 오를 테니 본부도 이득이 아니냐는 식으로 말이다. 본부는 투자하지 않아도 되는 돈을 투자하

는 것이다. 반드시 투자한 것보다 얻는 게 많아야 지원해 준다는 사실
을 잊지 마시기 바란다.

③ 아무리 급해도 본인 돈은 쓰면 안된다

일부 점주 중에는 본부의 사양대로 할 수 있는 건 본인이 직접 투자
해서 하는 경우도 있다. 어닝이나 에어간판이 대표적인데 직접 비용을
부담하는 열정은 좋으나 잘못된 선택이다. 조금만 설득하면 얻어낼 수
있는 걸 왜 본인 돈으로 투자하나? 더욱이 편의점 집기는 일반 집기와
다르게 로고도 있고 색상도 정해져 있어 추후 재사용하기에도 애매한
점이 많다. 그러니 영업 담당, 팀장, 부장을 면담해서라도 본부의 지원
을 받도록 해야 한다. 필자가 점주들에게 자주 하는 얘기가 있다. 본부
돈은 최대한 뽑아 쓰라고. 그리고 매출만 올려주면 된다. 안 쓰고 아무
것도 안하는 것보다 쓰고 매출을 올려, 쓴 것보다 많이 버는 게 낫기 때
문이다. 그러니 나중에 사용도 못할 편의점 공사에 돈을 투자하지 말고
매출을 많이 올린다고 하며 발주를 많이 한 다음 진열할 공간이 없다고
해봐라. 분명히 집기 지원에 긍정적 반응을 보일 것이다. 이것이 바로
현직자가 알려주는 특급 소스이므로 꼭 활용하시기 바란다.

매장은 넓을수록 좋다

편의점 창업 컨설팅을 위해 여러 군데의 상권을 돌아다니다 보면 점주
나 본부측 개발 담당이 주변 입지나 유동인구 등에만 너무 신경을 쓴
나머지 매장의 크기를 간과하는 경우를 종종 보게 된다. 물론 그렇다고

인근 상권이나 지나다니는 사람들의 수가 중요하지 않다는 얘기는 아니다. 다만 너무 거기에만 치중하다 보면 중요한 포인트를 놓칠 수 있는데 바로 개점할 매장의 크기이다. 일반적으로 보통 편의점의 경우라면 20~30평 사이의 평수가 가장 적당한데 이보다 넓을 경우 과도한 월세 문제만 없다면 상관없겠지만, 그렇지 않다면 고생해서 남(건물주) 좋은 일만 시키는 꼴이 되니 좀 더 신중한 접근이 필요하다고 할 수 있겠다. 그리고 이와는 반대로 평수가 20평 미만으로 너무 작아도 역시 다시 한번 고민을 해봐야 할 것인데, 물론 해당 상권이 너무나 좋으면 아무리 매장 크기가 협소하다고 해도 매출이 어느 정도는 잘 나오겠지만 애초부터 잘못된 상권분석으로 인해 혹은 추후에 생길 경쟁점으로 인해 혹시라도 매출이 저조하거나 급격히 빠진다면 생각보다 문제가 크게 발생하기 때문이다. 그러니 반드시 편의점을 개점할 시에는 상권과 유동인구에 더해 매장의 크기까지 꼼꼼히 챙겨야 할 것이고, 그렇지 않을 경우 생길 수 있는 문제점에 대해 알아보도록 하겠다.

① 매장의 평수가 작으면 앞으로도 매출의 변화가 크지 않을 가능성이 높다

일반적으로 편의점 매출은 주말과 평일의 차이가 아니면 일자별로는 변화가 크게 나타나지 않는 편인데, 매장이 협소한 점포에서는 이러한 현상이 더욱 심하다 할 수 있다. 이 말은 바꿔말하면 매장의 크기가 협소한 경우 추후 매출을 개선할 수 있는 여력(가능성)이 면적이 큰 점포에 비해서 상당히 부족하다는 얘기이다. 왜냐하면 매장의 크기가 작을수록 점포에서는 매출을 개선하기 위한 특별한 행사(할인이나 증정 상품 모음진열 등)나 이벤트를 하지 못할 뿐더러 설령 이러한 행사를 한다고 해도 공간 부족으로 그 규모가 너무 작아서 고객들의 눈에도 잘 띄지 않을 것이고, 결국 이로인해 만족할만한 변화 자체를 거의 느낄 수 없기 때문이다. 이렇기 때문에 협소한 점포의 경우 개점 초기 매출이 높게 나와서 상권의 변화없이 계속 유지된다면야 크게 상관이 없겠지만, 그 반대의 경우라면 운영기간 내내 변하지 않는 저조한 매출로 인해 점주의 생활이 상당히 힘들어질 확률이 크다.

② 면적이 협소한 점포는 매출이 저조할 시 개선할 수 있는 방안이 많지 않다

일반적으로 매출이 심각하게 저조한 점포에 대해서는 본부에서 여러 가지 대응책을 진행하고 있는데 휴게공간 설치, 상품아이템 확대, 즉석 먹을거리(치킨, 원두커피, 베이커리) 신규도입 등이 있다. 그러가 문제는 협소한 점포의 경우 이러한 일매출 개선 업무 자체에 상당히 어려움이 발생한다. 즉 공간이 협소하기 때문에 공사를 크게 진행할 수 없으며, 아무리 변화를 준다고해도 고객들의 입장에서는 큰 변화가 느껴지지 않을 수 있기 때문이다. 즉, 본부에서 아무리 비용을 써서 공사를 해주고 싶어도 할 수가 없는 것이다. 그러나 반대로 평수가 넓은 점포의 경우 매출이 저조하다면 본부에서는 적극적으로 개선 방안을 진행할 것이다. 먹을거리가 잘 나가는 입지라면 상온, 냉장즉석식과 치킨 등의 먹거리 위주로 늘릴 것이며, 앉아서 먹는 학생들이 많은 입지라면 진열대를 축소하고 별도의 시식 공간을 추가할 것이다. 또한 유동인구가 많은 점포라면 전면을 시원하게 개방하고 조명을 LED로 바꿔 밖에서도 잘 보이게 하는 등 다양한 방법으로 매출을 올릴 수 있는 방법을 찾을 수 있다.

③ 협소하지만 매출이 높은 점포는 인근에 경쟁점이 생길 위험에 노출될 확률이 높다

다시 말해, 협소하지만 상권에 대한 분석을 잘해서 매출이 잘 나오더라도 해당 점포는 추후 더욱 위험하다는 얘기이다. 상권이라는 것은 항상 변하므로, 그대로 유지된다는 보장이 없다. 그러나 점주는 어떠할까? 매출이 그 상태로 유지되어야만 생계를 유지할 수 있다. 그런데 이러한 상황에서 인근에 넓은 평수의 경쟁점이 개점한다면? 그리고 이러한 경쟁점의 등장으로 일반적으로는 일매출이 평균 20~30만원 줄어들고, 협소한 고매출 점포의 경우라면 많게는 50만원 정도의 일매출이 줄어들게 된다. 특히 매장이 넓은 경쟁점이 생길 경우 상품의 수와 점포 외부에서 보이는 밝기가 협소한 점포에 비해 월등히 앞서기 때문이다. 거기다 더욱 문제가 되는 부분은 앞에서도 언급했듯이 매장이 협소하여 대응 방안이 마땅치 않기 때문에 지속적으로 매출은 하락하게 되고, 결국 폐점의 길로 가는 경우가 허다하다는 것이다(실제로 메이저 편의점에서는 경쟁점을 개점할 시 인근 기존 점포가 협소하고 매출이 클 경우 더욱 적극적으로 개점을 추진하게 된다). 결국 편의점 창업 희망자는 점포를 선정할 때 중요시되는 상권 뿐만 아니라 매장의 크기 역시 고려하여 결정을 해야하고, 만약 현재 운영중인 점주 중 점포가 좁다면 월세를 고려하여 옆 매장을 터서 확장하는 것도 하나의 방법이라 할 수 있겠다.

얼마나 벌 수 있을까

이번에는 투자 비용과 함께 편의점 창업을 고민하시는 분들이 가장 궁금해하는 내용으로, 가맹형태별로 수익 배분이 어떻게 달라지는지에 대해 알아보도록 하겠다. 편의점 창업을 고려한다면 우선, 가장 먼저 고려해야할 사항 중 하나가 바로 어떠한 가맹형태로 시작할지일 것이다. 즉 내가 직접 해당 점포의 건물주와 임대차 계약을 체결한 후 여러 브랜드 중 좋은 조건을 골라서 비교하고 선택할지 혹은 이미 편의점 본부에서 임대차를 맺고 개점을 준비중인 자리에, 정해진 조건으로 내가 들어갈지를 선택하는 것이다. 이러한 두가지 방식에 따라 가장 중요하게 바뀌는 내용이 바로 본부와의 수수료율과 5년 후 재계약을 진행할 때 주도권이 누구에게 있느냐인데 단순히 한가지면만 보기에는 생각보다 위험한 단점도 있는 만큼 좀 더 세밀한 분석이 필요하다고 할 수 있겠다. 특히 일부, 경험이 많고 편의점을 오래 운영한 점주일수록 무조건 점주임차형을 추천하며 직접 임대차 계약을 맺으라고 얘기하는 경우가 간혹 있는데 생각없이 무작정 그랬다가는 큰 손실을 볼 수도 있으니 특히나 주의해야 한다.

<GS25>

그럼, 먼저 GS25의 가맹형태별 수익배분에 대해 알아보도록 하겠다.

GS25는 점주가 직접 점포를 소유하거나 임차하여 운영하는 GS1 타입, 점주와 본부가 임대차 비용을 공동으로 부담하여 운영하는 GS2 타입, 본부가 임차한 점포를 위탁받아 운영하는 GS3 타입의 총 세 가지 가맹형태를 운영하고 있다.

그 중 GS1 타입은 두가지로 시설투자를 본부가 지원하는 형태는 점주 수익배분율 66%, 24시간 영업장려금 5%, 영업활성화 장려금 최대 2%를 더해서 최대 73%의 수익을 가져가며, 시설투자를 점주가 직접 투자하는 형태는 7년 운영을 조건으로 여기에 10% 특약을 더해서 83%의 수익을 가져가게 된다. 당연히 19시간 운영시에는 위의 24시간 영업

장려금 5%를 제외하고 각각 68%와 78%로 수익율이 감소하게 된다.

두번째로 점주와 본부가 임대차 비용을 공동으로 부담하여 운영하는 GS2 타입은 점주 수익배분율 60%, 24시간 영업장려금 5%, 영업활성화 장려금 최대 2%를 더해서 최대 68%의 수익을 가져가며, 역시 19시간 운영시에는 5%가 감소하여 63%의 수익을 얻게 된다.

마지막으로 본부가 임차한 점포를 위탁받아 운영하는 GS3 타입은 점주 수익배분율 41%에 동일하게 24시간 영업장려금 5%, 영업활성화 장려금 최대 2%를 더해서 최대 48%의 수익을 가져가며, 19시간 운영시에는 5%가 감소한 43%를 가져가게 된다.

여기에 공통적으로 신상품 및 차별화상품 폐기지원, 상품 판매/발주 장려금, 미오출(결품) 보상금 등을 추가로 지원해주고 있으며, 전기요금 지원은 현재 없어진 상태이다.

가맹 유형		GS1 Type	GS2 Type	GS3 Type
개점 투자 비용	최종 경영주 수익 배분율	최대 73% (특약 83%)	최대 67%	최대 48%
	경영주 수익 배분율	66%	60%	41%
	24시간 영업장려금	5%	5%	5%
	영업활성화 장려금	최대 2%	최대 2%	최대 2%
	계약기간	5년	5년	5년
	담보설정	5,000만원	3,000만원	3,000만원
	각종지원제도	차별화상품 폐기지원 상품 판매 · 발주 장려금 미오출 보상금		
	수익추구특약	10%		

\<CU>

다음으로 CU의 가맹형태별 수익배분에 대해 알아보도록 하겠다.

CU는 점주가 직접 점포를 소유하거나 임차하는 P1 타입, P2 타입과 본부가 임차한 점포를 위탁받아 운영하는 G1 타입, G2 타입의 총 네가지 가맹형태를 운영하고 있다.

우선 점주가 점포를 임차하고 인테리어를 직접 투자하는 P1 타입은 점주 수익배분율 75%, 24시간 영업장려금 5%를 더해서 80%의 수익을 가져가며, 점주가 점포를 임차하지만 인테리어는 본부가 무상대여하는 P2 타입은 점주 수익배분율 65%, 24시간 영업장려금 5%를 더해서 70%의 수익을 얻게 된다. 그리고 CU 역시 GS25와 동일하게 19시간 운영시에는 24시간 영업장려금 5%를 제외하고 각각 75%와 65%의 수익을 얻게 된다.

두번째로 본부가 점포를 임차하고 점주와 본부가 임대차 비용을 공동으로 부담하는 G1 타입은 점주 수익배분율 55%, 24시간 영업장려금 5%를 더해서 60%의 수익을 가져가며, 본부가 점포를 임차하지만 임대차 비용은 점주가 모두 부담하는 G2 타입은 점주 수익배분율 63%, 24시간 영업장려금 5%를 더해서 68%의 수익을 얻게 된다. 또한 동일하게 19시간 운영시에는 24시간 영업장려금 5%를 제외하고 각각 55%와 63%의 수익을 얻게 된다.

그리고 마지막으로 여기에 공통적으로 상품발주 장려금, 결품 보상금 등을 추가로 지원해주고 있으며, 22년 상생지원제도를 발표하면서 기존에 있던 전기요금 지원 항목은 삭제되었다.

가맹형태		PURPLE 1	PURPLE 2	GREEN 1	GREEN 2
개점 투자 비용	최종 점주 수익 배분율	최대 80%	최대 70%	최대 60%	최대 68%
	점주 수익 배분율	75%	65%	55%	63%
	24시간 영업장려금	5%	5%	5%	5%
	계약기간	5년/7년/10년 중 택1(기간별 차등수익 적용)			
	담보설정	3,600만원	5,000만원	5,000만원	5,000만원
	각종지원제도	상품발주 장려금 / 결품 보상금			

<세븐일레븐>

이번에는 세븐일레븐의 가맹형태별 수익배분에 대해 알아보겠다.

세븐일레븐은 점주가 직접 점포를 소유하거나 임차하는 A 타입, A+ 타입, 기본투자형과 본부가 임차한 점포를 위탁받아 운영하는 B타입, 공동투자형, 안정투자형, 총 여섯가지의 가맹형태로 구성되어 있다.

먼저 점주가 점포를 임차하지만 인테리어는 본부가 무상대여하는 A 타입은 24시간과 19시간 모두 65%의 수익을 가져가며, 24시간 운영시에는 전기요금의 50%를 지원받게 된다.

두번째로 동일하게 점주가 점포를 임차하고 인테리어는 본부가 무상대여하는 A+ 타입은 24시간 운영시에는 73%, 19시간 운영시에는 68%의 수익을 얻게 되지만 A타입과 다른 점은 전기요금의 지원이 없다는 점이다.

세번째로 점주가 점포를 임차하고 인테리어 역시 직접 투자하는 기본투자형은 점주 수익이 가장 큰 80%를 받으며, 19시간 운영시에는 역시 5%를 감소하여 75%의 수익을 가져가게 된다.

네번째로 본부가 점포를 임차하고 점주는 임대차 비용의 50%를 부담하는 공동투자형은 점주 수익은 60%이고, 19시간 운영시에는 5%가 아닌 10%를 줄인 50%의 수익을 가져가게 된다.

마지막으로 본부가 점포를 임차하고 본부가 임대차 비용을 부담하는 B타입과 안정투자형의 경우 모두 45%의 수익을 가져가며, 24시간 운영여부와 상관없이 모두 전기요금의 50%를 지원받는다.

여기에 세븐일레븐 역시 공통적으로 상품발주 장려금, 상온/냉장상품 폐기지원금, 푸드 20% 폐기지원, 결품 보상금 등을 지원해주고 있다.

구분		A타입	A+타입	B타입	기본 투자형	공동 투자형	안정 투자형
개점 투자 비용	경영주 수익 (24시간)	65%~	최대 73%	45%	80%	60%	45%
	경영주 수익 (19시간)		68%		75%	50%	
	계약기간	5년		4년	5, 7, 10년중 택1	4, 7, 10년 중 택1	4년 이상
	담보설정	5,000만원		2,000만원	5,000만원	5,000만원	2,000만원
	각종지원 제도	20%폐기지원(신규오픈점의 경우 추가지원) 각종 장려금(발주장려금, 결품보상금 등) 상온/냉장상품 폐기지원금					

<이마트24>

마지막으로는 이마트24의 가맹형태별 수익배분에 대해 알아보도록 하겠다.

이마트24는 매월 본부에 일정액 160만원을 지급하는 P1 타입, 일정액 상품매입액의 15% 지급하는 P2 타입, 일정액 65만원을 지급하는 P3 타입, 매출이익의 45%를 지급하는 H1 타입으로 총 네가지 가맹형태를 운영하고 있다.

먼저 짐주가 점포를 임자하고 인테리어는 본부가 두사하는 P1 타입은 본부에 일정액 160만원을 지급하고 나머지는 모두 수익으로 가져오게 되며, 역시 점주가 점포를 임차하고 인테리어는 본부가 투자하는 P2 타입은 본부에 상품매입액의 15%를 지급하고 나머지를 수익으로 얻게 된다.

그리고 점주가 점포를 임차하고 동시에 인테리어도 직접 투자하는 P3 타입은 투자금이 높은 대신 본부에 65만원을 지급하고 나머지를 수익으로 얻게 된다.

마지막으로 본부가 점포를 임차하고 인테리어도 본부가 투자해 운영하는 H1 타입은 다른 메이저 브랜드와 동일한 방식인 매출이익의 45%를 본부에 지급하고 나머지의 수익을 가지게 되는 시스템이니 본인의 성향과 맞는 가맹형태를 선택해서 운영하면 되는 것이다.

여기에 마찬가지로 푸드 폐기지원을 해주고 있으나, 다른 편의점에 비해 혜택이 조금 부족하다는 아쉬움이 있다.

구분		P1	P2	P3	H1
개점 투자 비용	월회비/ 가맹수수료 (VAT별도)	월회비 160만원	상품매입액의 15%	월회비 65만원	매출이익의 45%
	계약기간	5년	5년	5년	5년
	담보설정	5,000만원	5,000만원	3,000만원	3,000만원
	각종지원제도	푸드 폐기지원			

경쟁점 매출 파악하기

편의점 창업을 하고 싶다면 가장 먼저 매출이 잘 나올 만한 좋은 자리를 찾아보는 것부터 시작해야 할 것이다. 보통은 주변 상권을 보고 기본 유동인구와 인근에 경쟁 편의점이 있는지부터 확인하는 것이 일반적인데 반드시 경쟁점이 없는 것이 좋다고 할 수는 없다. 왜냐하면 내가 창업을 하고 싶은 위치와 가까운 곳에 경쟁점이 있고, 더구나 그 매장이 오랫동안 운영되고 있다면 어느 정도의 매출이 나오고 있다는 증거일테니 추가로 개점을 해도 안정적으로 매출을 볼 수 있다는 증거이기 때문이다. 즉 애초부터 상권을 분석할 수 있는 능력이 되어서 경쟁점 없는 곳에서 독점으로 매출을 뽑느냐, 잘 모르니 아예 매출이 높은 경쟁점 인근으로 들어가 적정 수준의 매출을 올리느냐의 선택인 것이다. 다만 상권을 잘 분석하여 독점 상권으로 입점 후에도 언제든 경쟁점은 들어올 수 있는 것이니 어떤 면에서 본다면 후자가 오히려 안정적이라 할 수 있겠다. 그렇다면 지금부터 개점하기 전 경쟁점의 매출을 확인할 수 있는 몇 가지 방법에 대해서 알아보도록 하겠다.

① 경쟁점에 들어가는 상품 박스를 관찰하라

편의점의 경우 경쟁점의 매출을 가장 확실하게 알아볼 수 있는 방법은 바로 매장에 상품이 입고될 때 들어가는 배송 박스의 수량을 세는 것이다. 편의점의 특성상 매일매일 상품을 발주해서 받는 시스템으로 매출이 높은 매장일수록 점포에 입고되는 상품의 양이 많을 수밖에 없기 때문이다. 즉 며칠 동안 해당 경쟁점 밖에서 상품이 들어오는 시간에 맞춰 상품 박스 개수를 확인하면 매출이 어느 정도 나오는지 알 수 있다. 다만 초보자의 경우 어느 정도의 박스 수량이 많은 것인지 잘 모를 수 있으니, 내가 개점하려는 브랜드의 담당자와 함께 몇 개의 매장을 동시에 관찰하면 더욱 좋을 것이다. 또한 단순히 발주를 놓치거나 부피가 크거나 단가가 낮은 상품들이 들어와서 수량이 많다고 착긱할 수가 있으니 반드시 며칠 간격으로 반복적으로 관찰해야 할 것이다(실제로 예전에는 박스당 몇만원씩 계산한 적이 있었으나, 요즘에는 상품이 워낙 다양해져서 이러한 계산법은 사용하지 않는다). 그리고 혹시라도 상온상품(실온에 보관하는 상품)의 양이 많아 관찰하기가 힘들다면 하루 두 번 배송되는 간편식(도시락, 김밥, 우유 등) 박스 수량을 확인하는 것도 좋은 방법이다. 대체로 도시락, 김밥, 샌드위치 및 유제품 등의 판매가 많은 점포일수록 기본 일매출이 높을 확률이 상당히 높기 때문이다.

② 경쟁점에 방문하는 주요 고객층을 파악하라

두 번째로 확인해야 할 내용으로 경쟁점에 주로 방문하는 고객층이 어떤 부류인지도 매출에 상당히 영향을 끼친다. 즉 해당 점포에 자주 방문하는 고객층이 대부분 초등학교 이하 어린 학생층이거나 연령층이 높은 편이라면 일매출이 적을 가능성이 높으니 우선 배제하는 것이 좋다. 그 이유는 우선 어린 학생층의 경우 고객수는 상당히 많을 수 있으나 그에 반해 객단가가 상당히 낮고 특정 시간대에 몰리는 경우가 많아 노동대비 매출이 오를 가능성이 희박하고, 노년층의 경우는 대부분 구매 품목이 소주나 담배일 뿐만 아니라 방문 횟수도 아주 적기 때문에 매출에 대한 영향이 미미하기 때문이다. 그렇다면 어떤 연령대의 고객층 방문이 편의점에서는 가장 좋을까? 물론 모든 고객들이 소중하지만 그 중에서도 바로 대학생들이나 젊은 남녀 및 중년 남성층으로, 그 이유는 이들은 편의점을 이용해본 경험이 많아 익숙하고 방문이 잦으며, 돈을 쓰는데 있어서도 어느 정도 자유롭기 때문이다. 특히 40대 이상 중년 남성층은 구매시 주류 및 안주, 담배 등 객단가가 상당히 높기 때문에 경쟁점의 주요 고객층이 이러하다면 매출이 어느 정도 나오고 있다고 보고 추가 입점을 고려해도 좋을 것이다.

③ 경쟁점의 가장 피크 시간대 객수를 확인하라

　마지막으로 경쟁점 매출을 확인할 때 필요한 점검 사항이 바로 피크 시간대의 객수를 확인하는 것이다. 보통 하루 종일 내내 바쁜 점포는 거의 없을 것이며, 주로 특정 시간대에 고객이 몰리는 것이 일반적이다. 그리고 여기서 그 특정 시간대의 시간과 방문하는 고객 수가 중요한데, 그 이유는 바로 고객이 몰리는 시간이 얼마나 오래 유지되는가를 알아야 하기 때문이다. 학교나 학원 인근에 있는 점포는 주로 하교 시간에 맞춰 학생들이 몰리기 때문에 상당히 바쁠 것이다. 그러나 이러한 입지는 학생들이 몰리는 딱 30분에서 1시간 정도만 바쁠 가능성이 높으며, 더욱이 이런 학생층은 말했듯이 객단가가 낮고 몰리는 시간대도 상당히 짧아 해당 점포의 매출은 생각보다 낮을 가능성이 크다. 그러면 어떠한 시간대에 매출이 몰리는 점포가 좋을까? 바로 퇴근 시간에 맞물려 18시부터 22시까지 고객이 몰리는 입지이다. 이러한 시간대에 방문하는 고객은 주로 직장인이거나 젊은 남녀인 경우가 많아 객단가가 상당히 높고, 특히 이 시간대에는 술 판매가 많아서 안주 등과 함께 기본적인 매출 자체가 높기 때문이다. 그러니 경쟁점을 관찰할 때 주간보다는 야간에 고객이 더 많다면 해당 점포는 어느 정도 매출이 나올 가능성이 높으니 개점 시 참고하면 될 것이다.

월세는 왜 중요할까

프랜차이즈 편의점 뿐만 아니라 모든 자영업자들에게 있어서 월세(임차료)에 대한 부분은 매출 못지않게 상당히 중요하다고 할 수 있다. 입지나 맛, 서비스 등이 우수하여 장사가 아무리 잘 된다해도 월세가 높다면 고생은 내가 하고 돈은 건물주가 벌어가는 최악의 상황이 될 것이기 때문이다. 더욱이 장사가 잘 된다는 뜻은 손님이 많다는 뜻으로 사장은 몸이 고달프고, 스태프는 더 필요할테니 오히려 적당한 매출에 적당한 월세가 오히려 더 나을수도 있을 것이다. 그렇다면 편의점의 경우는 어떠할까? 독특한 프랜차이즈 가맹계약 시스템으로 인해 일반 자영업에 비해 월세는 더욱 중요한 요인이라 할 수 있는데, 그 중에서도 가장 큰 이유는 바로 60개월 의무계약이라는 조건이다. 즉 편의점을 창업하는 순간 무조건 60개월을 운영하지 않으면 막대한 손해배상금이 발생하기 때문에 반드시 월세에 대한 부분은 손익을 충분히 따져서 접근해야 할 것이다. 그 외에도 월세와 관련하여 편의점 창업 시에 더욱 신중하게 판단해야 하는 이유가 많은데 그중 몇 가지를 알아보도록 하겠다.

① 월세는 가맹계약 중도해지 시 상당한 영향력이 있다

가장 중요한 이유 중 하나는 본부임차형(가맹형태) 매장의 경우 매출이 저조하여 본부에 중도해지를 요청할 시 월세가 저렴하면 한층 수월하게 폐점을 협의할 수 있다는 것이다. 예를 들어 월세가 200만원이고 임대차 계약 기간이 10개월 남은 점포에서 폐점을 요청한다면 본부는 2,000만원의 월세를 떠안아야 하기 때문에 손해배상을 받아서라도 그 금액을 채우려 할 것이다. 그러나 만약 월세가 50만원이고, 임대차가

10개월 남은 상태에서 폐점을 요청하게 된다면 본부의 월세 부담액은 500만원으로 낮아지게 때문에 좀 더 수월하게 폐점에 대한 협상을 진행할 수 있게 된다. 물론 계약서상 원칙적으로 의무계약 기간 중 해지를 요청하면 월세에 대한 부분이 아닌 가맹수수료 개월수에 따라 손해배상금을 책정하기 때문에 월세가 중요하지 않다고 할 수도 있겠으나, 실제로 현장에서 중도해지를 요청하는 점포의 대부분은 매출이 저조한 점포이기 때문에 손해배상금(일부 면제 가능) 보다는 월세가 중요한 요인으로 작용하기도 한다. 그러니 당연히 월세가 저렴한 매장에서 운영을 하는 편이 부득이하게 발생할 수 있는 폐점 협의를 좀 더 쉽게 진행할 수 있게 되는 것이다.

② 양도양수(전환)시 인수자를 쉽게 구할 수 있다

두 번째 이유도 상당히 중요한 요소로, 개점 초창기부터 혹은 운영 중 갑작스럽게 매출이 하락하여 점주가 본부에 양도양수(전환)을 요청할 때 월세가 낮으면 일처리가 좀 더 쉽다는 점이다. 만약 점주가 매출 저조 등의 이유로 운영이 힘들어 갑자기 중도에 그만둔다고 하면, 본부에서는 대부분 폐점에 대한 부담으로 인해 인수받을 사람을 찾아보겠다고 할 것이다. 점주 입장에서도 폐점을 해서 시설인테리어 잔존가 및 집기 철수비 등을 내는 것보다 운영을 하고 싶어하는 다른 사람에게 그대로 넘기는 것이 비용적인 측면에서 훨씬 이득이기 때문에 거부할 이유가 없다. 더욱이 해당 점포의 매출이 조금 저조하더라도 본부에서 약간(?)의 지원금을 준다면 새로 운영을 할 사람에게도 딱히 나쁜 조건은 아니니 서로 윈윈할 수 있는 방법이기도 하다(점주는 금전적익 이득/본부는 점포 유지). 다만 이런 경우 점포를 운영할 새로운 인수자를 찾아야 하는데, 월세가 높으면 그만큼 가망객을 구하기가 힘들어지게 된다는 단점이 있다. 사람들은 월세가 높다고 하면 보통 거부감을 느끼게 되고, 앞으로도 계속 높아질지 모른다고 생각을 하기 때문에 계약이 성사되지 않는 경우가 많기 때문이다.

③ 경쟁점 오픈으로 인해 상권이 급격히 변하고 있다

현재 우리나라에 편의점은 전국적으로 5만개가 넘는 상황이고, 지금도 계속해서 개점 숫자가 증가하고 추세이다. 특히나 편의점은 창업시 타업종에 비해 저렴한 투자금이라는 특수성으로 인해 이러한 급격한 증가는 당분간 계속될 듯 보이는데, 상황이 이렇다보니 문제는 매출도 타업종에 비해 상당히 쉽게 변할 수 있다는 점이다. 즉, 편의점은 매출이 조금이라도 높다는 소문이 나면 인근에 바로 타브랜드의 경쟁점이 오픈하게 된다. 더욱이 식당처럼 음식에 대한 노하우나 빵집처럼 레시피를 필요로 하지도 않고, 특별한 기술이 없어도 열정만 있으면 쉽게 개점이 가능한만큼 경쟁점이 생길 가능성은 상당히 높다고 할 수 있다. 그리고 이렇게 경쟁점이 생기면 매출은 급격히 하락하게 되고 심하게는 폐점까지 고려해야 할 상황을 맞닥뜨리게 되는데, 이러한 상황을 고려해서라도 월세는 되도록 저렴한게 좋다. 더욱이 월세의 특성상 한번 오른 금액이 낮아지는 경우는 거의 없다. 즉 경쟁점이 계속해서 생겨 상권은 점점 작아지는데 월세는 높아지기만 하는 것이다. 그러니 최대한 낮은 월세로 시작해야만 중간에 생길 수 있는 상권변화 등에 적절히 대응할 수 있게 된다.

④ 인건비가 계속 올라가고 있다

편의점의 경우 타업종과 다르게 24시간 운영으로 인해 인건비가 상당히 높은 편이다. 특히 심야시간대 인건비는 주간 대비 1.5배로 시간당 만원이 넘는 상황이라 나라에서 매년 최저임금을 조금만 높여도 인건비는 기하급수적으로 올라가게 된다(편의점은 상시 5인 이상의 사업장이 아니므로 최저임금의 1.5배까지 지급은 아니지만, 대부분 주간 근무자에 비해 시급은 좀 더 많이 주는 편이다). 여기에 각종 주휴수당과 4대보험 등을 포함하면 매월 받는 이익금에서 스태프 급여로 사용되는 비용은 상당히 높다고 할 수 있다. 그리고 최저임금의 상승은 앞으로도 계속해서 상승할 수 밖에 없는 추세이니, 이러한 상황에서 월세마저 높으면 자칫 점주에게 돌아갈 수 있는 이익금은 거의 없을 수도 있는게 요즘 편의점의 현실이다. 실제로도 높은 월세로 인해 점주가 12시간씩 근무를 해도 스태프보다 수익이 적게 되는 경우를 현장에서 상당히 많이 봤다. 그러니 월세는 되도록 저렴해야 하고, 그래야만 인건비가 오르고 매출이 저조하더라도 가족이 교대로 운영하면서 그런대로 버틸 수 있게 되는 것이니 반드시 참고하시길 바란다.

상담할 때는 '지금'이 중요하다

앞서 말했듯, 편의점을 시작하는 방법에는 개점할 점포를 점주가 직접 혹은 본부에서 임대차 계약을 체결하여 신규로 개점하는 방식과 기존에 운영하고 있던 점포를 중간에 인수받아서 다시 시작하는 방식이 있다. 보통은 신규점으로 새로 오픈하는게 일반적이나 운영하고 있던 기존점을 인수하는것 역시 경험이 부족한 예비 점주들에게는 안정적으로 편의점을 시작할 수 있는 하나의 방법이므로, 좋고 나쁨의 판단보다는 자신의 성향에 따라 알맞게 선택하면 된다. 다만, 여기서 주의해야 할 점은 개점의 방식이 신규점이냐 아니면 기존점이냐에 따라 상담시 본부 직원과 나누어야 할 내용들이 상당히 달라지니 특히나 신경을 써야 한다는 것이다. 다시 말해, 대부분 신규점의 경우 개발 담당과의 면담을 주로 진행하고, 양도양수(전환)의 경우는 해당 영업 팀장과 상담을 하는 경우가 많은데 상황별로 체크해야 할 사항에 대해 좀 더 구체적으로 알아보기로 하겠다.

① 신규점의 예상 매출은 좀 더 꼼꼼히 따져보자

신규점을 오픈하던 기존점을 인수하던 본부 직원과 면담을 시작할 때 가장 먼저 묻는 것은 바로 매출에 대한 부분일 것이다. 물론 사업을 시작하는 대부분의 이유가 돈을 벌기 위함이니 수익에 대해서 궁금한 건 어쩌면 당연한 것이다. 그러나 여러 과정은 생략한채 다짜고짜 매출이 얼마나 나올 것 같냐고 묻는다면 이는 정확하지도 않을 뿐더러 상당히 위험한 행동이다. 특히 신규점의 경우는 더욱 조심해야 하는데 그 이유는 본부의 예상 매출 산정 방법이 간혹 허술한 경우가 있기 때문이다. 예상 고객들의 동선은 무시하고 주변 아파트 및 주택의 세대수만 따진다던지, 도로 차선은 생각하지 않고 맞은편 유동인구까지 예상 고객으로 포함시킨다던지, 인근 편의점의 매출이 얼마이니 여기도 그 정도 나올 것이라고 판단하는 등 아쉬운 경우가 한두 번이 아니다. 문제는 이러한 말을 하는 개발 담당이 예상하는 매출이 나오지 않더라도 그 책임은 오롯이 점주의 몫이란 것이다. 실제로 개점 후 매출이 생각보다 저조하여 본부에 대한 불만을 얘기할 때면 속상하고 아쉽게 느껴진다. 예상 매출은 단순히 직원 개인의 생각일 뿐이다. 궁금하다면 참고용으로 한번 정도는 물을 수 있으나 그 이상의 분석은 점주가 해야 한다. 며칠을 두고 주변 상권을 지켜보고, 이동 동선을 확인하고, 야간 고객 수를 체크해야 한다. 반드시 명심해야 한다. 누구도 내 매출을 보장해주지 않는다는 것을.

② 기존점의 예상 매출은 미래보다는 현재에 집중하라

기존점의 경우는 그나마 예상 매출에 대해서는 분석이 쉬운 편이다. 예전부터 운영을 했던 기록이 있기 때문인데 그럼에도 역시 주의할 점은 있다. 보통 지인의 소개를 받거나 본부의 추천을 받아 기존점 양도양수(전환)에 대한 상담을 시작하는데 대부분의 팀장들은 해당 점포의 1년치 매출을 가지고 얘기를 시작할 것이다. 그러나 문제는 여기에 있다. 기존에 운영을 하던 점주가 양도양수를 요청했다면 분명 어떠한 무슨 문제가 있어서일 것이다. 건강상의 문제나 다른 사업을 위해 넘기는 것이라면 상관이 없겠지만 다른 이유라면 좀 더 따져보아야 할 부분이 있다. 때문에 단순히 1년치의 매출 하락으로는 해당 점포의 현황을 파악할 수가 없다. 적어도 3년치는 확인해서, 매출이 매년 떨어지고 있는지, 갑자기 상권이 바뀌어 최근 1년 사이에 떨어진 건지 반드시 확인해야 한다. 또한 가장 중요한 부분은 처음 편의점을 접하는 사람에게 기존에 운영하던 점포를 넘기는 경우에는 대부분 매출이 저조하기 때문으로 본부에는 주는 지원금에 대한 부분을 잘 살펴야 한다. 이때 본부 직원이 분명 앞으로 매출이 오를 것이라고 희망적으로 이야기할 텐데 그 말을 그대로 믿어서는 안된다. 그건 본부에서 양도양수가 급하기 때문에 하는 소리에 불과하기 때문이다. 만약 생각만큼 매출이 오르지 않는다면 손해를 본부에서 책임져 줄까? 당연히 아닐 것이다. 그러니 반드시 기존 매출에서 지원금을 줬을 때를 따져 최소한의 손익으로도 내가 생계가 유지될 수 있는지 생각해보고 결정해야 할 것이다.

③ 계약서 이외의 약속은 기록해 두어라

이 부분은 신규점과 기존점 모두에 해당하는 것으로 본부 직원과 면담을 진행하면서 약속한 지원금이나 각종 공사 내용 등에 대해서는 꼼꼼히 기록을 해야 한다. 그나마 손익이 저조할시 본부에서 지급해주는 지원금의 경우는 계약서를 체결할 때 문서에 정확히 기재되어 있으니 넘어가도 되지만, 공사의 경우는 그렇지 않은 상황이 종종 발생하기 때문이다. 실제로 다니다보면 개점을 하기 전 혹은 인수 전에는 뭐든 다 해줄 것처럼 얘기해 놓고 막상 운영을 시작했더니 약속한 내용의 공사 진행을 안해준다며 불평하는 점주들을 심심치 않게 볼 수 있다. 거기에 더해 나중에 얘기하다 보면 약속한 부분을 서로 다르게 생각하여 진행 자체가 불가능하게 되는 경우도 수두룩하다. 물론 예비 창업자가 원하는 모든 공사가 가능한 것은 아니다. 프랜차이즈인 만큼 정해진 디자인과 색상이 있을 것이며, 레이아웃에 따라 있어야 할 집기가 따로 정해져 있기 때문이다. 즉 애초부터 구체적으로 본부에서 해줄 수 있는 것과 불가능한 것에 대한 협의가 사전에 이루어져야 하는 것이다. 그러니 상담을 확정하기 전 반드시 다시 한번 서로 메모된 기록을 확인해보며 꼼꼼히 챙기는게 나중에 발생할 오해를 줄이는 현명한 방법일 것이다.

본부는 과연 손해일까

편의점 창업을 생각하고 있거나 현재 영업을 하고 있는 점주들이 특히나 궁금해하는 내용 중 하나가 바로 본부와 점포의 수익에 관련된 부분일 것이다. 매출이 높으면 높은대로 고생은 점주가 하는데 왜 본부가 많은 수익을 가지고 가냐고 하고, 낮으면 낮은대로 점주는 인건비도 부족해서 힘든데 본부는 따박따박 수익을 얻어가냐며 불만을 표하는 상황이 종종 발생한다. 그 중에서도 잘못된 정보로 인해 일부 점주들 사이에서 본부는 점포의 매출이 아무리 저조해도 무조건 이익이 생기는 구조라 여기저기 입지에 상관없이 개점을 하려 한다고 비난하지만, 맞는 부분도 있고 전혀 다른 내용도 있기 때문에 좀 더 정확한 숙지가 필요하다. 그리고 이러한 차이를 설명하려는 이유는 서로의 차이를 알아야 오해로 인한 관계 악화를 사전에 방지할 수 있으며, 추후 재계약을 할 때 좀 더 효율적으로 일을 진행할 수 있기 때문이다. 특히 지금부터 언급할 본부와 점포의 초기 투자금과 회수에 대한 구조는 반드시 알고 창업이나 재계약을 진행하면 좋을 것이다.

① 본부는 초기에 투자금이 많이 들어가지만, 시간이 지남에 따라 그 금액을 회수한다

점주 입장에서 가장 오해하기 쉬운 부분은 본부와 수수료율을 나누면 그 금액이 그대로 본부의 순수익이 된다고 생각하는 것이다. 예를 들어 매출이익이 1,000만원 나오는 점포에서 본부와 70:30의 비율로 나누기로 했다면 본부의 순수익을 400만원이라고 생각하는 것이다. 그래서 일부 점주들은 본부는 아무것도 하지 않고 돈을 벌어가고, 고생은 점주들이 다 한다고 푸념하기도 한다. 물론 아주 틀린 말은 아니지만 여기에는 아주 중요한 항목이 누락되어 있는데, 바로 본부가 매월 지출해야 하는 고정적인 비용이다. 그리고 그 중에서도 가장 큰 비중을 차지하는 금액이 바로 초기에 투자된 공사 비용이다. 앞의 글에서도 자주 언급했듯이 편의점은 특성상 개점시 점주에게 부과하는 공사에 대한 비용이 별도로 없기 때문에 초기 투자금액이 적다는 것이 장점이겠지만, 본부 입장에서 보면 대략 6,000만원 내외의 공사비를 초기에 먼저 투자하고 시작하는 것이다. 그리고 이 금액을 가맹계약 기간 60개월로 나눠서 月 100만원씩 본부의 수익에서 차감하는 것이다(이러한 이유로 가맹계약의 중도해지 시 공사에 대한 잔존가가 발생하게 된다). 거기에 상생지원금, 상품발주장려금, 투자금에 대한 이자, 추가 장려금 등을 다 제외하고 남은 돈이 비로서 본부의 순수익이 되는 셈이다. 그러니 매출이 아주 적더라도 본부는 무조건 돈을 가져갈 수 있다는 얘기는 분명 잘못된 내용이다. 즉 일매출이 낮은 점포라도 초기 공사에 대한 비용마저 적게 투자하는건 아니기 때문에 자칫 마이너스의 손실이 발생할 수 있는 것이다. 결론적으로, 본부는 점주가 내야할 초기 투자금을 대신 지불해주고 그 금액을 60개월로 나눠 점주에게 받는 시스템이니 본부는 무조건 돈을 번다는 얘기는 잘못되었으나, 매출이 일정부분 나오면 특별한 사정이 없는한 안정적으로 매월 투자금을 회수할 수 있다는 말은 사실이라고 할 수 있겠다.

② 점주는 초기 투자금이 낮은 대신, 노동력을 제공해서 매월 본부에 수익을 지급한다

요즘들어 점포의 수익이 점점 더 낮아지고 있는데 그 이유는 바로 인건비 상승 때문이다. 이미 언급했듯이 본부의 공사 비용 지원으로 인해 점주는 초기 투자금이 적은 대신 매월 본부와 수익률을 나눠서 이익을 얻게 되고, 그 이익금에서 다시 가장 변동이 심하고 큰 금액인 인건비를 전액 부담하면 최종적으로 점주가 얻는 순수익이 된다. 즉 본부는 폐기 및 전기요금, 임차료 등과는 다르게 인건비에 대한 비용은 점주와 배분율대로 나누지 않는데, 그 이유는 스태프에 관해서는 몇 명을 채용하던 전적으로 점포의 권한으로 생각하기 때문이다. 물론 몇 년 전부터 시작된 갑작스러운 최저임금 상승으로 인해 메이저 편의점마다 울며 겨자먹기 식의 '상생'이라는 명목으로 일부 지원을 해주고는 있지만, 그 금액은 현장에서 느끼는 인건비 체감에 비해 상당히 미미하다고 할 수 있겠다. 예를 들어 매출이익의 60~70%에서 전기요금과 임차료, 폐기 금액, 각종 수선비 등을 제외하고 난 금액을 통장으로 받은 후 다시 최종적으로 인건비까지 빼야한다고 생각해 봐라. 과연 30~40%의 수익을 얻는 본부보다 유리하다고 할 수 있을까? 물론 본부도 공사비 등 일부 비용은 지출하겠지만 요즘같은 높은 인건비 정도는 아닐 것이다(실제도 야간 인건비에 주휴수당, 그리고 4대 보험료까지 더해지면 그 금액은 상당히 높다). 거기에 더해 점점 더 주변에 많은 점포가 개점하는 등 치열한 경쟁으로 인해 일매출 역시 하락하고 있는 상황에서 점주가 오롯이 다 부담해야하는 스태프들의 인건비까지 오르고 있으니, 편의점 수익은 당연히 계속해서 더 떨어질 수밖에 없는 상황인 것이다. 그리고 이러한 이유로 인해 다른 업종의 사업도 물론 마찬가지겠지만 365일 24시간을 운영해야 하는 편의점의 경우는 더욱 더 인건비 싸움이라는 얘기가 나올 수 밖에 없고, 점주들이 매장에서 근무하는 시간은 더욱 늘어나고 있는 실정이다.

이제 어느 정도 편의점 프랜차이즈 구조에 대해 이해하시겠나요? 본부는 초기에 많은 금액을 투자하고 매월 매장에서 그 금액을 회수하는 것이고, 점주는 초기 투자금은 적지만 매월 운영을 해서 그 금액을 본부에 지불한다고 보면 된다. 세상에 적은 투자금으로 많은 벌수 있는 그런 이상적인 사업은 현실에는 없다. 그러니 본부는 그냥 돈만 벌고 점주만 고생한다거나, 점주는 편하고 본부에서 다 지원해준다는 식의 일방적인 구조가 아니다. 각자의 자금 사정과 원하는 수익에 맞게 편의점 창업과 운영을 계획하면 되는 것이다.

편의점 권리금에 대한 이해

어떤 자영업을 시작하던 새로 모든걸 시작하지 않고, 기존에 매출이 높은 매장을 인수하려면 권리금이 필요하기 마련이다. 이러한 인수 방법은 새롭게 시작함으로 인해 발생할 수 있는 위험함과 번거로움을 없애주는 대신 어쩔 수 없이 추가적인 비용이 발생할 수밖에 없는 것이다. 편의점 사업도 마찬가지인데 초기 운영하는 방식 중 하나인 기존 점포의 양도양수(전환) 시에는 신규점 투자 금액에 더해 권리금 항목이 추가로 발생가게 된다. 기존 점주가 오랫동안 매장을 깔끔하게 꾸미고 서비스 및 행사에 집중하여 단골을 확보하고 매출을 올려놓은 덕분에, 새로 인수한 사람은 잘 차려진 밥상에 숟가락만 얹어 안전하게 매출을 올릴 수 있으니 그에 대한 대가를 지불하는 것은 어찌보면 당연하다고 할 수 있겠다. 다만 일부 공인중개사, 창업지원 업체 등에서 편의점 시스템에 대한 올바른 이해없이 수수료를 챙기기 위해 과도한 권리금을 책정하여 점포(점주)와 예비 창업자를 연결시켜주려 하는데 이러한 불상사를 피하기 위해서는 사전에 몇 가지 사항을 반드시 숙지해야 할 것이다.

① 편의점은 시설 투자에 대한 권리금이 없다

편의점에 대한 구조를 조금만 이해하게 된다면 일부 몰상식한 사람들이 요구하는 시설인테리어 투자에 대한 권리금 부분을 사전에 차단할 수 있을 것이다. 현재 우리나라에 있는 메이저 편의점 모두 특정 형태(CU P1, GS25 GS1특약, 7-11 기본투자형 등)가 아닌 이상 대부분이 본부에서 공사비 전액을 투자하고, 이러한 조건으로 점주에게 60개월 동안의 운영을 의무적으로 약속받는 시스템이다. 그 이유는 바로 매월 점주와 본부가 분배하는 수수료율 때문인데 6:4 혹은 7:3 식으로 본부가 수취하는데 초기 본부의 투자금을 60개월간 나눠서 상쇄하기 위함이다. 즉 이렇게 되면 점주는 초기 투자금이 적으니 창업을 함에 좀 더 접근하기가 쉽고, 본부는 비록 초기 투자금이 발생하여도 점주에게 60개월 동안 나눠서 수수료율대로 받으면 되니 양쪽 모두에게 괜찮은 조건이 되는 셈이다. 결국 일반 사업과 다르게 개인에게 시설인테리어 등에 대한 투자가 없는 편의점을 넘기면서 상대방에게는 공사에 대한 권리금을 요구하는 것은 당연히 불합리한 것이라고 할 수 있겠다.

② 편의점 담배 권리금은 없어진지 오래다

간혹 편의점을 인수할 사람을 구하는 광고 내용 중에서 담배권에 관한 권리금을 요구하는 경우가 종종 있는데, 속된 표현으로 완전 'X아치'라는 생각이 들곤 한다. 좀 더 구체적으로 얘기하자면, 본인이 직접 돈을 주고 담배권을 취득했는가? 그리고 담배권이라는 것이 개인끼리 돈을 주고 사고팔고 하는 것인가? 절대 아니다. 일반적으로 담배권 취득을 지자체에 신청하면 주변에 기존 담배권이 있는지 여부를 확인하고, 문제가 없으면 발급해주는 시스템이다. 또한 개인이 돈을 받고 담배권을 넘겨줄 수 있는 것도 아니고, 돈을 받은 사람이 폐업 신고를 하면 돈을 준 사람이 새로 지자체에 신고해 취득하는 것이다. 문제는 그러는사이 다른 곳에서 동시에 담배권을 신청하는 경우인데 이럴때는 결국 추첨까지 가서 결정이 되는 것이다. 이것이 정확한 팩트이므로, 담배권에 대한 금전적인 요구가 있는 점포가 있다면 해당 점포에 대한 인수 고민은 접는 것이 좋다. 나중에 다시 판매할 수도 없으며, 과도한 권리금으로 추후 회수하는데도 상당한 어려움이 생기기 때문이다.

③ 편의점은 권리금 자체가 낮을 수밖에 없다

편의점은 이미 포화 상태로 경쟁도 심하고 변동성이 심한 업종 중 하나이다. 전문적인 기술이 필요없는 창업의 문턱이 낮은 사업으로, 인근에 경쟁점이 들어올 확률이 높고 그에 따라 매출 변동이 심하기 때문이다. 그리고 이 말은 권리금에 대한 안정성이 보장되기 힘들다는 뜻이기도 하다. 실제로 편의점을 하면서 상권의 변화로 인해 기존에 주고 들어온 권리금을 그대로 받고 넘기는 사례는 점점 줄어들고 있다. 그럼 권리금의 계산 방식을 알아보도록 하겠다. 일반적으로 권리금이란 1년치 순수익을 기준으로 정하는 경우가 대부분으로 매월 순수익이 400만원이면 곱하기 12개월을 해서 4,800만원 정도로 측정한다. 그러나 편의점에서는 이렇게 계산할 경우 금액이 적을 수밖에 없는데 그 이유는 24시간에 대한 높은 인건비 때문이다. 편의점의 경우 평균 이익금이 700~750만원이면 보통 수준이라고 하는데 여기에서 인건비를 제외하면 순수익은 상당히 줄어든다. 예를 들어 점주가 주말 제외하고 하루 평균 10시간 근무를 한다면 스태프 인건비로 500만원 정도가 나올 것이고, 남은 차액 200~250만원이 점주가 갖는 순수익이 된다. 여기에 점점 치열해지는 경쟁점 개점 등 주변 상황을 고려하면 실제로 적정 권리금은 1,000~1,500만원 내외가 되는 것이다(그러나 실제로는 점점 높아지는 인건비로 인해 이정도 수익으로는 권리금을 받기 어려운 실정이다).

④ 매출이 높다면 본부에 넘기는 방법도 있다

그러나 편의점도 일부 매출이 높은 점포에서는 당연히 권리금도 높을 수 밖에 없다. 월 평균 이익금이 대략 1,000만원이 넘으면 고매출 점포라 할 수 있는데, 이럴 경우 요구하는 권리금도 1억원이 넘는 등 상당하다. 그러나 편의점의 특성상 권리금을 주고 해당 점포를 인수 받더라도 집기도 내것이 아니고, 원하는 브랜드로 바로 바꿀수도 없으며, 60개월이라는 의무계약 등의 부담으로 인해 큰 금액을 지불하려는 예비 창업자는 많지 않다. 이럴 경우 점포의 임대차 계약을 본부에 넘기는 방법도 있는데 요즘같이 브랜드별로 경쟁이 심한 상황에서는 좋은 방법이라 할 수 있다. 예를 들어, 가맹계약 기간이 만료되는 즈음에 해당 브랜드 혹은 다른 브랜드에 연락을 하여 임차권을 넘기겠다고 하면 요즘같이 뺏고 뺏기는 편의점 시장의 특성상 서로 권리금을 높여가며 유지 혹은 뺏으려 할 것이다. 즉 본부에서는 권리금을 주고 임대차 권리를 인수한 후 본부임차형으로 운영할 새로운 점주를 찾으면 되고, 기존 점주는 높은 권리금을 받고 점포를 넘겨줄 수 있으니 서로 윈윈이 아닐 수 없다.

※ 필자가 이 글을 쓰는 이유는 위에서도 언급했듯이 편의점 권리금에 대한 정보가 잘못된 경우가 많고, 이로 인해 피해를 보는 점주들이 상당히 많기 때문이다. 매출이 높아 손익이 좋은 점포를 인수하는 경우라면 그 동안의 점주가 들인 노력에 대한 대가를 주는건 당연한 일이지만, 그 금액이 과도하다면 분 잘못된 것이다. 반드시 위의 항목을 잘 살펴보고 진행하여 정직한 거래가 이루어지길 바란다.

제2장
편의점
운영하기

발주는 어떻게 해야할까

현재 편의점을 운영하고 있거나, 추후에라도 창업을 생각하시는 분들 중에는 점포의 입지(상권)가 매출의 가장 중요한 요소라고 여기는 경우가 대부분일 것이다. 물론 어떠한 사업을 시작하건 업종을 불문하고 주변에 무엇이 있으며, 유동인구는 많은지 등 입지의 중요성은 두말할 필요가 없겠지만, 편의점의 경우에는 예전에 비해 그 중요도가 점차 낮아지고 있는 것도 사실이다(그렇다고 입지가 중요하지 않다고하는 얘기는 절대 아니다). 가장 큰 이유는 주변에 이미 너무 많은 메이저 편의점들이 몰려 과도한 경쟁을 하고 있기 때문으로 다시 말하면, 워낙 촘촘하게 편의점을 개점하다보니 비슷한 상권 내에서 원하는 상품이 없다면 고객이 조금만 이동하여도 인근의 다른 편의점으로 이동할 수 있다는 점이다. 결국 요즘같이 경쟁이 치열한 시대에는 입지의 중요성에 더해 발주에 대한 영향력이 동시에 높아지고 있으므로, 반드시 내 점포에 어울리는 상품과 판매량에 대해 분석한 후 계절 및 요일, 날씨에 따라 어떻게 발주를 진행할지에 대해 좀 더 알아볼 필요가 있겠다.

① 계절에 따른 발주

보통 계절에 따라 잘 팔리는 상품이 다른데, 그 중에서도 가장 큰 카테고리는 바로 맥주 및 음료일 것이다. 물론 모든 점포가 동일하지는 않겠지만 보통 여름에는 음료 냉장고(워크인)에는 청량감이 뛰어난 탄산이나 이온음료 등의 판매량이 올라가고, 겨울에는 유제품 냉장고에 있는 가공유(딸기/초코우유 등)나 두유, 컵커피 등의 매출이 상승하는게 일반적이다. 또한 여름철에는 외부 활동이 많아 녹지도 않고 간편하게 먹을 수 있는 젤리의 판매가 높아지고, 기온이 낮은 겨울에는 열량이 많이 필요하기 때문에 초콜릿류의 판매율이 좋다. 그리고 가장 계절 상품의 가장 대표적인 격이라 할 수 있는 여름철의 썬크림, 팔토시, 데오도란트와 겨울철의 핫팩, 장갑/귀마개 등을 미리 구비하여 놓는다면 추가적인 매출을 올릴 수 있다. 이렇듯 계절에 따라 잘 팔리는 고회전 상품이 달라지는 만큼 변화되는 시즌에 맞춰 1년에 1~2번 정도는 골든존의 상품을 교체해주면 효과를 볼 수 있을 것이다(잘 나가는 상품을 골든존으로 확대 진열하고, 안 나가는 상품은 축소해서 운영하는 식으로 진열 변경을 하면 좋다).

② 요일에 따른 발주

요일에 따른 발주의 차이가 생기는 이유는 보통 주말과 주중으로 나눌 수 있는데, 주로 방문하는 객층이 다르기 때문이다. 이러한 요일별 상품 판매의 차이는 특히나 입지에 따른 영향이 상당히 있는 편이라 할 수 있는데, 예를 들어 평일에는 보통 학생들로 인해 컵라면 매출이 높은데 반해 등하교가 없는 주말에는 판매율이 저조하다. 그러나 반대로 금요일과 토요일에는 맥주와 소주 같은 주류의 매출이 높지만, 평일에는 그다지 높지 않다. 이런 식으로 평일과 주말의 판매 상품에 따라 발주량을 조절하면 상품이 없어 못 파는 '기회로스'를 방지할 수 있는데, 주로 평일에는 간편 식사류(도시락, 삼각김밥, 샌드위치 등), 가공유, 음료수, 컵라면, 과자 등 가볍게 낱개로 구매할 수 있는 상품을 넉넉히 준비하고 주말에는 주류, (냉장) 안주, 감자칩류, 숙취 음료 등 좀 더 묵직한 상품들 위주로 챙기면 매출에 도움이 될 것이다. 다만, 요일에 따른 발주는 입지에 대한 영향이 높은 만큼 내 점포가 유흥가 입지인지, 학원가 입지인지, 아니면 주택가 입지인지 등을 분석한 후 이에 맞는 상품을 구비해 놓는게 좋을 것이다.

③ 날씨에 따른 발주

이 방법은 발주 중에서도 상당히 어려운 경우인데, 날씨에 따라 발주량의 강약을 조절하는 개념이다. 여러가지 상품들 중에서도 특히나 날씨에 영향을 받는 카테고리가 있는데, 바로 간편식사와 가공유가 여기에 포함된다. 즉 날씨가 좋냐, 나쁘냐에 따라 판매량에서 상당한 차이를 보이고, 폐기와도 바로 연결되는 상품인 것이다. 그나마 가공유의 경우는 유통기한이 일주일 정도이니 괜찮지만, 도시락이나 김밥, 샌드위치와 같은 간편식사는 유통기한이 보통 하루이틀이기 때문에 날씨에 상관없이 기존과 동일하게 발주했다가는(춥거나 비나 눈이 오는 날에는) 폐기량이 엄청나게 발생할 수 있다. 그리고 이렇게 날씨가 좋지 않아 폐기가 많이 발생한 다음날에, 또다시 폐기에 대한 걱정으로 날씨가 좋은 다음 날에도 발주를 줄이게 되면 판매할 상품이 없어 '기회로스'가 발생하는 악순환이 벌어지게 되는 것이다. 때문에 어느 정도 운영에 노하우가 있는 점주라면 반드시 매주 일주일치의 날씨에 대한 정보를 확인하여 그에 맞는 적정 발주를 진행하여 고객의 불평과 매출의 하락을 방지하여야 할 것이다.

이외에도 학원가 입지에서의 학기 및 방학에 따른 발주, 관광지에서의 성수기와 비수기에 따른 발주 차이가 발생할 수 있으니 내 점포에 맞는 발주 방식을 잘 분석하여 '기회로스' 및 폐기가 발생하지 않도록 주의해야 할 것이다.

상품의 위치에 따라 고객의 동선이 달라진다

이번 글에서는 상품챠트, 그 중에서도 상온 상품으로 과자, 라면, 마른 안주 등의 먹을거리와 건전지, 치약/칫솔과 같은 비식품이 진열되어 있는 중앙 진열대에 대해 알아보려고 한다. 보통 중앙 진열대 상품의 경우 음료수나 유제품, 냉장안주가 있는 중집기(음료 냉장고, 유제품 냉장고, 냉동 쇼케이스 등) 상품에 비해 매출을 차지하는 비중이 상대적으로 낮은편에 속한다고 할 수 있겠으나, 점포의 볼륨감을 느끼게 해주고 고객이 이동하는 동선을 길게하여 객단가를 높이는 등 매출 상승에 중요한 역할을 하는 만큼 절대 소홀히 운영해서는 안된다. 또한 이러한 상온 진열 상품에는 망치, 손톱깎기, 자체 PB상품 등 경쟁점과 차별화를 할 수 있는 다양한 종류의 아이템들이 있는 만큼 좀 더 꼼꼼히 신경 쓴다면 단골고객 확보에도 큰 도움이 될테니 반드시 점검해야 할 것이다. 그럼 지금부터 중앙 진열대 상품들의 위치별 진열 요령에 대해 알아보도록 하겠다.

① 엔드 진열대에는 인기 상품 및 +1행사상품을 진열한다

편의점에서 엔드 진열대라 함은 점포에 들어갔을 때 가장 먼저 보이는 진열대로 고객에게 첫 이미지를 판단할 수 있게 하는 중요한 상품을 진열하는 곳이다. 물론 점포의 레이아웃(도면)에 따라 이러한 엔드 진열대가 없기도 하며 예전에 비해서는 활용도 면에서 많이 줄어들기도 했지만, 아직까지 많은 점포에서는 엔드를 행사상품 진열용으로 활용하고 있는데, 본부에서 진행하는 '+1상품'을 다양하게 진열하여 고객이 느끼는 가격 저항을 감소시키고 경쟁점과의 차별화를 강조하고 있다.

특히 1+1행사상품을 대량으로 진열시 눈에 띄는 효과로 인해 평소보다 높은 매출을 올릴 수 있으니 내 점포에 맞는 상품을 잘 선택하여 적극적으로 진행해보면 좋을듯 하다. 또한 이 외에도 매가 인하 등을 통한 자체 초특가 할인상품이나 그때그때 핫한 SNS 인기 상품 등을 진열하여 고객의 충동구매를 유도하는 방법도 있으니 참고하기 바란다.

② 도시락 쇼케이스 맞은편에는 빵이 있다

일반적으로 식사류가 진열되어 있는 도시락 냉장고의 맞은편을 보면 대부분 빵이 진열되어 있는데 이는 도시락, 삼각김밥, 샌드위치, 햄버거 등의 간편식사와 동반구매를 하도록 하거나 밥 종류가 당기지 않을 때 빵으로의 대체 구매를 빠르게 유도하기 위함이다. 즉 식사를 하기 위해 점포에 방문한 고객은 우선 도시락 등이 있는 곳으로 이동할 것이며, 여기에 먹을 만한 상품이 없거나 하나로는 부족하다면 바로 맞은편에 빵이 보이게 된다. 그리고 이렇게 먹을거리를 구매하게 되면 다시 마실거리를 찾게 되는데, 바로 옆에는 유제품 냉장고로 우유나 과즙 음료, 커피 등의 냉장 식품이 진열되기 때문에 고객은 한 곳에서 식사에 필요한 모든 상품을 구매할 수 있으며 실제로도 개별 판매보다는 상당한 동반구매 효과를 보이고 있다. 물론 콜라나 이온음료, 커피 등이 진열되어 있는 음료 냉장고도 있지만 이동이 번거로운 고객들은 이 곳에서의 동시 구매율이 높으며 특히 동절기에는 냉장 음료보다는 유제품 음료의 판매량이 높기 때문에 더욱 큰 효과가 있다고 할 수 있겠다.

③ 유제품 냉장고 맞은편에는 컵라면과 상온 즉석식이 있다

유제품 냉장고에는 주로 가공유, 과즙 음료, 컵커피 등의 음료 상품들과 핫바, 김치, 냉장안주류가 진열되어 있다. 특히 유제품과 같은 상품들은 일반 개인이 운영하는 슈퍼마켓과 가장 차별화되는 중요한 카테고리로 아이템 및 재고에 특별히 신경써야 할 것이다. 실제로 개인슈퍼에서는 유통기한(폐기) 등의 문제로 다양한 종류의 유제품이 없는 경우가 대부분이기 때문이다. 그리고 이러한 컵라면과의 맞은편 진열 역시 음료와의 동반구매를 유도하기 위한 것으로, 많은 고객들이 출출함을 해결해주는 라면과 핫바 그리고 마실거리인 유제품을 같이 구매하는 이유가 바로 마주보는 진열상의 효과인 것이다. 특히 한때 학생들 사이에서 인기있던 불닭볶음면의 경우 컵라면의 구매와 동시에 바나나우유나 쥬시쿨 등을 동시에 가져와서 계산하는 경우가 상당히 많았는데 역시 같은 이유라 할 수 있겠다.

④ 스낵과 비스킷은 양쪽으로 마주보고 있다

보통 스낵(봉지과자)과 비스킷(곽과자)은 중앙 진열대 가운데에 양쪽으로 마주보고 진열되어 있는데 이는 고객의 점포 체류 시간을 길게 하고, 동시에 추가 구매가 이루어지게 하기 위함이다. 간혹 점포 모양으로 인해 진열대가 일렬로 길게 놓여있는 점포에서는 부득이하게 스낵과 비스킷을 같은 방향으로 길게 붙여서 진열하는 경우가 있는데 이런 상황에서는 고객이 상품을 한 번 보고 그냥 지나치는 경우가 많아 주로 추가 구매보다는 단품 구매가 많이 이루어진다. 즉 이럴 경우 가까이에 있는 스낵을 구매 후 멀리에 진열되어 있는 비스킷은 보러가지도 않거나, 멀리에 있는 비스킷을 구매 후 다른 상품들을 쇼핑하러 가버린다거나 하는 경우가 빈번히 발생하게 된다. 때문에 되도록이면 고객이 움직이지 않으면서도 스낵과 비스킷을 한 시야에서 볼 수 있게 양쪽으로 진열을 하게 되면, 고민의 체류 시간이 길어짐에 따라 고민의 시간이 길어지고 이에 따라 추가 구매의 확률이 더욱 높아지는 것이다.

⑤ 음료 냉장고 맥주 맞은편에는 마른안주가 있다

마른안주는 술과 동반구매가 되지 않으면 매출이 거의 일어나지 않는 판매 회전율이 굉장히 낮은 카테고리 중 하나이다. 물론 꾸이맨이나 숫다리와 같이 일부 상품 중에는 입이 심심할때 가볍게 먹을 수 있는 간식용도 있지만, 가격이 높은 오징어류와 같은 상품들은 대부분 중년 남성층에서 술안주용으로 구매하는 경우가 대부분이다. 그렇기 때문에 이러한 마른안주는 되도록이면 술과 가까운 곳에 진열하는게 효과적으로 보통 맥주의 맞은편 진열대를 활용하는게 일반적이다(일부점포가 협소한 곳에서는 진열대 부족으로 맥주가 진열된 곳에서 가까운 벽면을 벽면을 활용하여 마른안주를 걸어놓기도 한다). 그리고 진열을 할 때에도 단순히 섞어놓기 보다는 오징어는 오징어끼리, 육포는 육포끼리 모아서 고객이 고르기 편하게 한다면 좀 더 좋을 효과를 얻을 수 있을 것이다. 또한 좀 더 기분을 내고 싶은 고객들을 위해 마른안주와 함께 혹은 가까운 곳에 고가의 양주나 와인 같은 분위기를 한층 더 할 수 있는 상품들도 함께 꾸며 놓기를 강력히 추천한다.

정산서 점검시 확인해야 할 내용은?

본부와 계약을 맺는 방식인 프랜차이즈 편의점을 운영하게 되면, 스스로 수익 관리를 하는 개인 자영업과는 다르게 매월 본부로부터 특정일에 이익금을 받게 된다. 즉 점주가 직접 돈을 관리하는게 아니라 매일 발생하는 매출을 본부로 송금하면 다음달에 정산을 하여 통장으로 해당하는 급여를 지급하는 시스템인 것이다. 그리고 이렇게 받은 이익금에서 월세와 스태프 인건비만 제외하게 되면 점주가 받게 되는 최종 순수익이 되니 복잡하게 직접 계산할 필요가 없다는 장점이 있다. 그렇다면 본부에서 알아서 계산해서 이익금을 주는 것이 과연 좋은점만 있을까? 물론 그렇지만은 않다. 문제는 이러한 시스템으로 인해 많은 점주들이 매달 나오는 본부 정산서를 확인하지 않은 채 알아서 잘 계산했거니 하고 생각하는 것이다. 물론 대부분의 메이저 편의점들은(GS25, CU, 7-11, 이마트24) 중견급 이상의 기업들이므로 철저히 계산하고 배포하겠지만, 그래도 내 점포와 관련된 금전 문제이니 전부는 아니더라도 중요한 항목은 반드시 점주가 직접 점검하는게 좋다.

① 총매출액과 매출이익, 이익률 확인은 기본이다

매월 내 점포에서 판매한 금액과 이익률을 확인하는 업무는 정산서에서 가장 기본이 되는 항목이다. 물론 매일 기본적인 매출을 확인하기는 하지만, 한 달 동안 모두 얼마를 팔았는지, 지난달 및 지난해와 비교해서는 어떤지 등을 확인하는 작업은 상당히 중요하다고 할 수 있다. 그 이유는 이렇게 전체적인 매출의 흐름을 파악하여야만 전년 혹은 전월에 비해 추세는 어떠한 방향으로 가고 있는지, 경쟁점 개점으로 인한 문제점은 없었는지, 상권의 변화로 요일별 매출의 차이는 없는지 등을 좀 더 수월하게 파악할 수 있기 때문이다. 다음으로 이익률 또한 상당히 중요한 요소라 할 수 있는데, 보통 일반적인 매장의 평균 이익률은 30~31% 내외로 담배가 많이 판매되는 점포일수록 이보다 낮은 이익률이 나타나고(담배판매 구성비가 40~50%), 판매가 적다면 평균적으로 32% 정도의 이익율을 보이게 된다. 즉, 내 점포에서 이번달에 일반상품이 많이 판매되었는지, 담배가 많이 판매되었는지 확인이 가능하고 부족하다면 이익율이 높은 일반상품의 재고와 판매를 높여야 할 것이다. 또한 위의 매출에 이익률을 곱한 매출이익에서 본부와 수수료율대로 이익을 나누기 때문에 굉장히 중요한 수치라 할 수 있겠다.

② 내 점포에 들어오는 지원금을 확인한다 (수입)

지원금(혹은 장려금)은 본부에서 내 점포에 지원해주는 수입으로 정산서상 다양한 항목으로 표기되어 있다. 그 종류는 다양한데 가장 비중이 큰 대표적인 항목들로는 운영(매출)장려금, 전기료지원금(22년 메이저 편의점 3사 모두 삭제), 폐기지원금, 상품발주장려금, 상생지원금(전기료지원금 삭제 후 등장) 등이 있다. 특히 이 중에서도 운영장려금에 대한 부분을 잘 확인해야 하는데, 해당 지원금은 초기 계약(개점) 혹은 재계약 당시 추가로 지원해주기로 한 수수료율 금액이기에 반드시 제대로 들어오는지 확인해야 한다. 다시 말해, 신규점 개점 조건으로 4%의 지원을 약속했다면, 위에 설명한 매출이익에서 4%에 해당하는 금액을 기본 가맹수수료율에 더해 받아야 하는 것이다(기본 60% 조건이라면 64%). 그러니 반드시 정산서가 나오면 가장 먼저 운영장려금 항목부터 확인 후 금액이 잘 들어왔는지부터 계산기로 두르려 확인해야 한다. 또한 편의점 회사마다 조금씩 다르긴 하지만, 도시락/김밥 등의 간편식사에 대한 폐기지원금, 신상품 초기 도입에 따른 상품발주장려금, 회사마다 다른 상생지원금 역시 꼼꼼히 체크하고 확인해야 할 내용이니 참고하길 바란다.

③ 내 점포에서 나가는 비용을 확인한다 (지출)

정산서 확인시 본부에서 지원해주는 수입내역 만큼이나 신경써야 할 부분이 바로 정기적으로 지출되는 비용이다. 아무리 매출이 높아도 빠져나가는 금액이 많다면 매월 받는 이익금에서 차이가 별로 없어지기 때문이다. 이러한 비용의 가장 대표적인 항목으로는 전기요금 및 폐기

금액 두 가지와 3~4개월에 한 번씩 발생하는 재고 조사 과부족 금액이다. 그리고 이 중에도 특히 신경써야 하는 비용은 폐기금액이라 할 수 있는데, 폐기의 과다를 결정하는 주요 원인이 바로 상품을 얼마나 잘 발주하느냐이기 때문이다. 즉 매출에 대비하여 상품이 적으면 폐기는 발생하지 않지만 팔아야 할 상품마저 부족하여 고객클레임이 증가하고 매출이 빠질 것이며, 반대로 상품을 너무 과하게 시키면 많은 폐기로 인해 배(매출)보다 배꼽(폐기)가 더 커져 마이너스가 발생할 수 있는 것이다. 결국 적정한 수량의 발주를 해야한다는 뜻으로 데이터를 분석하여 요일 및 날씨, 계절에 따라 내 점포에 알맞는 재고수량을 찾아내는게 중요하다 할 수 있다. 그리고 이러한 폐기금액은 점포마다 매출에 따라 조금씩 다르겠지만 보통 한 달에 30~50만원 사이면 적정하다고 볼 수 있겠다.

④ 해당 월의 특이사항 확인으로 마무리하면 된다

이렇게 정산서에서 매출과 이익률을 비롯하여 수입과 지출까지 모두 점검했다면 90% 이상은 완료된 상황이므로, 마지막으로 특이사항 및 상호계산계정의 확인만 하고 끝내면 된다. 보통 특이사항이라고 하면 매월 나가는 수선비(각종 집기 등의 고장에 따른 비용 발생)나 전기요금 등이 평균 대비 크게 늘거나 줄었을 경우 확인하는 것이고, 상호계산계정 확인은 가장 큰 항목인 매출 및 재고는 전월과 비슷한데 금액은 전월 대비 심하게 차이가 있는지 등을 확인하여 이상 유무를 점검하면 된다. 즉, 전월에는 500만원이었던 상호계산계정이 매출과 재고가 비슷한 상황에서 갑자기 이번달에 -300만원이 되었다면 분명 문제가 있는 것이므로 계정을 꼼꼼히 분석하여 그 원인을 찾아내야 할 것이다. 특히 상호계산계정은 계약기간 동안 점주가 계속해서 사용해야 하는 일종의 마이너스 통장으로, 종료시 (+)면 돈을 받고 (-)면 돈을 내야 하는 항목이니 매월은 아니더라도 전월과 차이가 크다면 반드시 영업 담당의 도움을 받아 세부 항목에 대해 점검을 할 필요가 있다.

반품 처리 및 유통기한 관리의 중요성

편의점 운영을 하다 보면 점포에서 발생하는 폐기와 함께 특히 신경써야 할 부분이 바로 반품 상품 관리이다. 메이저 브랜드별로 조금씩 차이는 있겠지만 매출에 따라 매월 반품할 수 있는 금액이 한정되어 있기 때문에, 상품의 회전은 생각하지 않고 무작정 발주(주문)했다가는 유통기한이 초과되어 팔지도 못하는 체화 재고가 창고에 산더미같이 쌓일 것이기 때문이다. 문제는 그렇다고 상품을 주문하지 않을 수도 없는게 고객이 매장 내에 구매하고 싶은 제품이 없으면 그냥 돌아가게 되고, 결국 매출은 계속해서 하락하게 될 것이다. 다시 말해 체계적인 반품 관리를 통해 진열 공간을 확보하여 신상품 등의 발주를 다양하게 하고, 이러한 상황이 반복되면 고객은 방문시마다 새롭고 넉넉한 상품으로 인해 구매가 많아지게 되어 결국 매출이 상승하는 선순환이 이루어지는 것이다.

① 전진입체진열(선입선출)은 필수다

전진입체진열이란 먼저 들어온 상품을 맨 앞으로 진열하고 나중에 들어온 상품은 뒤로 진열한다는 뜻으로 다른 말로는 선입선출이라고도 한다. 즉 유통기한이 얼마 남지 않은 재고 순으로 판매하여 반품의 양을 최소화하는 것이다. 특히 마른안주나 젤리같이 걸어서 진열하는 상품의 경우 전진입체진열이 잘 안되는 상품 중 하나인데 번거롭더라도 반드시 나중에 들어온 상품은 맨 뒤로 진열해야 유통기한이 지나서 판매하지 못하는 상황을 사전에 방지할 수 있다. 그리고 유제품이나 도시락, 김밥, 샌드위치 등 간편식사의 경우는 선입선출을 하여도 고객이 뒤에 있는 상품부터 먼저 골라 구매하는 경우가 있는데 이 부분은 어쩔 수 없으니 아예 진열하는 제품의 수량 자체를 우유는 3~6개 내외, 간편식사는 1회차, 2회차 상품을 나눠서 진열하고 나머지는 음료 냉장고에 따로 보관했다가 진열된 상품이 판매되면 조금씩 채워놓는 방법으로 운영하면 조금은 해결할 수 있을 것이다.

② 반품은 상하거나 냄새나는 상품부터 보낸다

반품으로 나온 상품들 중에서도 가장 먼저 처리해야 하는 종류로는 바로 냉장 안주나 핫바, 김치 등이 있다. 이러한 상품들은 유통기한이 초과되면 냉장 상품이라 별도로 보관할 공간도 부족할 뿐더러 설령 음료 냉장고에 보관한다고 하더라도 시간이 지나면 어쩔 수 없이 냄새가 심해져 정상적인 상품에까지 악취를 풍겨 불쾌감을 줄 수 있기 때문이다. 더욱이 월초에 다른 상품들로 인해 반품을 하지 못한다면 다음달 한도반품 금액이 들어오기까지 최소 한 달간은 보관하여야 하기 때문에 자칫 창고나 음료 냉장고에서 냄새가 계속 날 수 있으므로 가장 먼저 반품을 처리하여 점포 내에 보관하는 일이 없어야 할 것이다. 실제로 일부 점포에서는 냄새가 너무 지독해서 확인해 보았더니 창고 및 음료 냉장고에 상한 핫바와 족발 등 냉장안주류가 가득한 경우도 있었는데 이러한 악취가 매장에까지 퍼질 수 있으니 특히 주의해야 한다.

③ 유통기한 임박 상품은 할인하여 판매한다

점포마다 매출에 따라 사용할 수 있는 반품 금액이 약간의 차이는 있겠지만 무작정 반품을 다 보내기에는 액수가 턱없이 부족할 것이다. 더욱이 요즘에는 신상품도 많이 나오는 등 상품의 종류가 굉장히 다양해짐에 따라 발주를 계속 하다보면 기존 상품에서 유통기한이 지나는 경우가 허다하다. 이런 경우 무작정 날짜를 기다렸다가 판매하거나 반품을 보내기보다는 초특가로 할인하여 판매하는 방법을 추천한다. 예를 들어 진열대 한 대를 별도로 준비하여 그때그때 나오는 유통기한 임박 상품들을 모아서 20~30%씩 할인하여 판매하는 것이다. 유통기한이 임박했지만 아직 판매 날짜가 지난건 아니기 때문에, 바로 취식할 고객에게는 문제가 없는 상품들을 싸게 구매할 수 있는 혜택을 주는 것이고, 점주 입장에서는 저회전 상품을 빨리 처리하여 그 공간을 신상품으로 대체할 수 있으니 매장에 변화도 줄 수 있는 것이다. 또한 이 방법을 활용하면 고객은 저렴한 상품을 구매함과 동시에 다양한 신상품까지 구매하게 되니 매장의 입장에서는 체화 재고도 없애고 매출까지 올리는 일석이조의 효과를 볼 수 있을 것이다.

④ 상온 반품 상품은 마지막으로 미뤄라

라면이나 과자 등 가격이 저렴하고 상온(실온)에 보관하여도 상하거나 냄새가 나지 않는 상품들은 맨 마지막에 반품을 하는게 좋다. 그 이유는 보관이 용이하기 때문이기도 하지만 반품을 할 수 있는 금액이 부족하여 창고에 오래도록 보관하면 언젠가 본부 영업 담당이 와서 확인하고 나눠서 처리해 줄 가능성도 있기 때문이다. 좀 더 구체적으로 얘기하자면, 요즘같이 트렌드에 민감한 세상에서는 경쟁을 하기 위해 메이저 편의점마다 신상품 발주에 상당히 열을 올리고 있다(실제로 영업 담당들의 실적 평가에 신상품이 들어가는 경우도 많다). 이런 상황에서 기존에 유통기한이 지난 체화 재고로 인해 신상품 발주가 부담된다고 하면 아마 대부분의 영업 담당들은 본인에게 주어진 반품 금액을 사용해서라도 처리해주려고 할 것이고, 점주는 그걸 이용해서 반품을 보낸 후 신상품을 받는 식으로 문제를 해결하면 되는 것이다.

이렇듯 여러가지 다양한 종류의 상품을 운영하다 보면 당연히 유통기한이 지난 상품이 발생할 수밖에 없다. 오히려 도시락, 김밥, 샌드위치 같은 간편식사 상품은 판매 시간이 지나면 계산 자체가 안되니 마음 편하게 고객에게 판매할 수 있으나, 그 외의 상품들은 자칫 소홀히 점검했다가는 실수로 유통기한이 지난 상품을 판매할 수 있으니 특히나 주의해야 한다. 예전에 어느 점포에서 유통기한이 지난 핫바를 임산부 고객이 구입하고 취식하여 상당한 문제가 될 뻔한 적이 있는데, 이러한 유통기한 문제는 건강과 고객과의 신뢰가 걸린 문제인 만큼 더욱 꼼꼼히 점검해야 할 것이다. 또한 유통기한 초과 상품을 판매하여 고객이 보건 당국에 신고했을시 벌금이 최대 30만원 정도 부과될 수 있으므로 지금부터 언급하는 다양한 현장 노하우 중 내 점포에 가장 어울리는 방법을 선택하여 체계적으로 관리하시길 바란다.

① 유통기한 체크리스트

우선 점포에서 체크리스트를 만들어 자체적으로 유통기한 상품을 관리하는 방법이 있다. 체크리스트 양식은 간단한데 왼쪽에는 상품명을 작성하고 오른쪽에는 유통기한을 적는 것이다. 보통 한 달 정도의 기간을 정해서 그 기간 내에 있는 상품을 전부 기재한다. 예를 들어 현재 3월이고 신라면 유통기한이 3월 27일이라면 신라면을 왼쪽 상품 항목에 기재하고 오른쪽에는 날짜와 개수를 구체적으로 쓰면 된다. 이러한 방법으로 모든 스태프들이 발견할 때마다 수시로 체크하고 공유하면서 해당일이 되면 유통기한 초과 상품을 철수하면 된다. 다만 이러한 방법은 한 장의 체크리스트로 모든 스태프들이 같이 사용해야 하며 중복된 상품을 계속 발견하게 됨으로써 시간 활용의 효율성이 떨어진다는 단점이 있으니 사전에 중복되지 않도록 진열대별로 스태프를 지정해서 움직이는 게 좋을 것이다.

② 달력을 활용한 유통기한 임박 상품 점검

두 번째로는 카운터에 달력을 배치하고 스태프들끼리 수시로 유통기한이 다가오는 상품을 기재하는 방법이다. 사용 방식은 체크리스트와 유사하나 날짜를 따로 일일이 기재하는 것이 아니라, 달력의 해당 날짜에 상품명만 표시하면 되니 중복을 피할 수 있고, 해당일에 근무하는 스태프는 그 날짜에 포함되는 상품만 철수하면 되니 훨씬 편리하게 이용할 수 있다. 또한 달력은 다음달 유통기한 임박 상품도 쉽게 표시가 가능하기 때문에 근무자들이 수시로 상품 점검을 하는데 있어서 시간을 상당히 단축할 수 있다. 다만 달력을 사용하는 경우 사이즈가 작아 한눈에 해당월의 유통기한 만료 상품을 보기에는 편리하나, 특정일에 유통기한이 지난 상품이 많을 경우 기재할 수 있는 공간이 적어 표기가 어렵기 때문에 되도록이면 큰 사이즈의 달력을 사용하는 것을 추천한다.

③ 어플로 해당 상품을 다 같이 공유

마지막은 요즘 새롭게 등장한 방법으로 유통기한 점검 어플을 사용하여 관리하는 방법이다. 이러한 어플의 종류에는 여러가지가 있는데 그 중에서도 대표적인 것으로는 BEEP를 들 수 있다. 이 어플은 유료 서비스로써 해당 점포의 점주가 핸드폰으로 어플을 깔고 일정 금액을 결제하면, 근무하는 스태프들도 다 같이 해당 어플을 사용할 수 있게 되는 시스템이다(일종의 넷플릭스처럼 공유가 가능한 것이다). 사용법으로는 상품의 바코드를 사진으로 찍어놓고 날짜와 시간을 등록하면, 그 상품의 유통기한이 임박할시 점포에서 일하는 모든 스태프에게 휴대폰으로 알림이 오는 시스템이다. 즉 유통기한이 지난 상품을 점검하는 것은 각자의 근무시간에 알아서 하면 되고(중복될 경우 등록 불가), 모든 스태프들에게 각자 점검한 상품들의 유통기한을 동시에 알려주니 상당히 편리한 방법이라 할 수 있겠다.

고객클레임 대응하기

어느 업종이건 마찬가지겠지만 매장에서 발생할 수 있는 고객클레임은 사업을 할 때 누구나 겪게 되는 고충일 것이다. 특히 그중에서도 편의점은 다른 업종에 비해 객단가(고객 1인당 평균 구매액)가 낮고, 반대로 방문하는 고객의 수는 많은 업종이다보니 그만큼 클레임 발생 빈도도 잦은 편이다. 이러한 클레임이 매장 혹은 본부에 접수되면 보통은 귀찮고 피하고 싶어서 대충 처리하고 넘기려 하지만, 오히려 이를 제대로만 활용한다면 단골 고객을 확보할 수 있고, 내 점포의 단점을 파악할 수 있는 중요한 기회로 삼을 수 있다. 그러니 단순히 번거로운 일로만 넘기지 말고 좀 더 적극적으로 대응해서 추가 매출을 올릴 수 있도록 해야 할 것이다. 그럼 지금부터 필자가 직접 현장에서 목격한 사례 중, 점주가 클레임에 슬기롭게 대응함으로써 단골 고객을 확보한 경우와 그것을 보면서 느낀 점을 말해보고자 한다.

① 클레임 발생 시 반드시 점주가 직접 연락한다

프랜차이즈 편의점을 운영하는 경우 고객이 클레임을 접수할 때 해당 매장이 아닌 본부의 고객센터로 직접 연락하여 등록하는 경우가 대부분으로, 그 이유는 직접 매장에 가서 불친절했던 점주 혹은 스태프의 얼굴을 보면서 싫은 얘기를 하는 번거로움도 없으며 좀 더 친절하고 적극적인 응대를 받을 수 있기 때문이다. 그리고 이렇게 접수가 되면 본부 영업 담당과 점주에게 연락이 가고, 영업 담당은 다시 점주에게 구체적인 내용을 고지한다. 그런데 이러한 상황에서 간혹 점주는 별거 아니라는 식으로 대응하면서 영업 담당에게 대신 고객에게 연락하고 사과해 줄 것을 부탁하는 경우가 있다. 그러나 이것은 굉장히 위험한 처사이다. 내 점포의 사과를 영업 담당이 하면 업무 처리는 할 수 있을지 몰라도 그 고객을 다시 내 매장의 고객으로 오게 할 수는 없기 때문이다. 그러니 반드시 점주나 스태프가 직접 고객과 통화하여 진심이 담긴 사과를 해야 한다. 그래야 그 고객은 내 점포를 믿고 다시 방문하게 되는 것이다.

② 내 점포에서 사용 가능한 상품권(기프티콘)을 증정하면 좋다

이것은 실제로 매장에서 활용된 굉장히 우수한 사례인데 이 방법을 통해 해당 점포에서는 오히려 고객 수가 늘어나는 효과를 보게 되었다. 일반적으로 클레임을 건 고객에게 사과를 하면 특별한 경우가 아니면 90%이상은 적당히 마무리가 된다. 그러나 문제는 해당 고객이 사과를 받고 클레임 건은 잘 마무리 되지만, 실제로는 다시 매장에 재방문하지 않는 경우가 대부분이라는 점이다. 결국 매장에서는 작은 실수로 인해 고객 한 명을 잃게되는 것이고, 그만큼 매출은 하락하게 된다. 그리고 이러한 문제를 해결하기 위해 점주가 사용한 방법이 있었는데 바로 내 점포에서 사용할 수 있는 3,000원짜리 모바일 쿠폰을 증정했던 것이다. 그러면 고객은 적은 금액이지만 아까워서라도 그 상품권을 사용하기 위해 다시 매장을 방문해야 하고, 실제로 대다수의 고객이 재방문 후 3,000원 이상의 상품을 구매하여 서로 윈윈할 수 있었다고 한다(거리가 아주 멀리 있는 고객은 타 점포에서 사용할 수 밖에 없지만, 인근에 거주하고 있는 고객은 해당 점포를 재방문할 확률이 높다). 더욱이 이 방법의 가장 좋은 점은 적은 비용으로도 고객과의 신뢰를 쌓을 수 있는 노하우로 현장에서 직접 적용해도 좋을듯 하다.

③ 고객에게는 사과를, 스태프에게는 격려를 해라

편의점은 방문하는 객수가 워낙 많기 때문에 일부 몰지각한 고객으로 인한 막무가내식 클레임이 발생하는 경우도 간혹 있다. 이런 경우 본부 혹은 매장으로 클레임이 접수되었다는 이유 하나만으로 상황에 대한 앞뒤 확인없이 스태프를 질책한다면 서로간의 신뢰는 생길 수 없을 것이다. 그러니 우선 내용을 확인하고 고객의 잘못으로 일이 발생했다면 스태프에게 괜찮다고, 고생했다는 식으로 격려해야 한다. 그래야 그 스태프도 점주를 믿고 더욱 열심히 일을 챙길 것이다. 그리고 그 후 점주가 고객한테 사과하면 된다. 물론 이러한 행동으로 속상한 생각이 들기도 하겠지만 아주 심한 경우가 아니라면 점주는 고객에게 무조건 사과하는 게 좋다. 잘잘못을 떠나서 눈 한번 질끈 감고 고개를 숙여보는건 어떨까? 그러면 고객은 본인의 잘못이 많은데도 불구하고 점주가 직접 사과를 하는 행동에 미안해질 것이고, 결국은 점주가 이기게 될 것이다. 잊지 마라. 영업 담당은 바뀌면 그만이고, 스태프는 그만두면 끝이다. 내 점포를 끝까지 책임질 사람은 점주 본인밖에 없는 것이다.

재고 관리는 매일, 자주, 직접

편의점을 창업하기 위해서는 해당 상권의 입지를 봐야하고, 점포를 운영함에 있어서는 상품의 발주력이 중요한 요소라 할 수 있는데, 여기에 한 가지 더하자면 발주한 상품을 잘 관리하는 업무도 상당히 중요하다. 다시 말해, 고객의 편의를 위해 매일 발주하는 적정량의 상품을, 매일 체계적으로 관리하여 재고 로스(부족)가 발생하지 않게 하는 것으로, 일명 재고 관리라 한다. 그리고 이러한 재고 관리가 점포에 있어서 특히나 중요한 이유는 아무리 상품을 잘 팔아서 매출이 좋다 하더라도 재고에 대한 관리를 제대로 못하여 로스가 발생하게 되면, 정산서상의 이익금에서 그만큼 차감되어 결국엔 손해가 발생하기 때문이다. 이러한 재고에 대한 조사는 브랜드 편의점마다 약간씩의 차이는 있을 수 있으나, 보통은 3~4개월에 한 번씩 하는게 일반적으로, 지금부터 어떻게 하면 이러한 재고를 좀 더 효과적으로 관리할 수 있는지에 대해 알아보도록 하겠다.

① 담배 재고는 스태프들에게 매일 인수인계한다

재고 관리에 있어서 가장 자주 그리고 크게 로스가 발생하는 카테고리가 바로 담배이다. 한 갑당 원가가 높고 분실해도 티가 잘 나지 않기 때문에 특히나 신경을 써야 한다. 특히 담배는 카운터에 있는 상품이기 때문에 실제로 재고로스가 난다면 도난이나 분실이라기보다는 점주가 매출을 타각하지 않고 그냥 피우거나, 스태프가 몰래 한 갑씩 빼서 피우는 경우가 대부분이다. 그 중 점주가 피우는 경우는 본인이 해당 내용은 알고 있고 해당 금액만큼 정산금에서 차감하니 상관없겠지만, 스태프가 몰래 피우는 경우는 3~4개월에 한 번씩 재고 조사를 하기 때문에 실제로 로스 금액이 100만원 이상 발생하는 경우도 간혹 발생한다. 또한 스태프가 두 달만 일하고 그만두는 경우 다시 불러서 문제를 해결해야 하는 번거로움이 생길 수 있으니 반드시 수시로 점검해야 하는데, 이런 경우 활용할 수 있는 방법이 매일 스태프들간 인수인계를 하면서 담배 재고를 맞추는 방식이다. 즉, 해당 시간의 마무리 업무를 하는 스태프가 금액과 함께 담배 재고를 확인하고 넘겨주는 것이다. 보통 메이저 편의점의 경우 스태프가 발주를 하는 기계인 PDA로 담배를 스캔하고 수량을 확인하여 입력하면 출력을 할 수 있는 시스템으로 해당 출력본을 다음 스태프에게 넘겨주고 퇴근하는 식이다. 그리고 다음 날 점주가 PDA로 직접 발주하면서 담배 재고를 다시 한번 확인하면 되는데, 이렇게 수시로 점검을 하게 되면 스태프들과 점주간 재고를 확인하는 시간도 줄어들고, 그만큼 로스가 발생할 확률도 거의 없어지게 된다.

② 즉석조리는 시간을 정해 폐기 등록한다

즉석조리의 대표적인 상품으로는 치킨(튀김)이 있다. 이러한 상품은 메이저 편의점마다 처리하는 방법이 약간씩 다른데, 폐기를 등록하는 방법도 있고 폐기를 등록하지 않고 3개월에 한 번씩 이익률로 반영하는 방법도 있다. 그런데 혹시라도 후자의 방식을 사용하고 있는 점주가 있다면 지금부터라도 반드시 폐기를 등록하기 바란다. 왜냐하면 폐기를 등록하지 않고 일괄적으로 이익률에 반영할시 정확히 얼마의 금액에 해당하는 폐기가 발생하였고, 그래서 어느 정도의 이익률이 하락하였는지 알 수 없기 때문이다. 그리고 두 번째 이유는 즉석조리 상품의 경우 유통기한이 상당히 민감한 만큼 정해진 시간의 조리와 정해진 시간의 폐기등록을 해야하기 때문이다. 다시 말해, 즉석조리의 경우 정해진 폐기시간이 없기 때문에 폐기 등록을 하지 않는 경우 스태프가 아무 때나 폐기를 처리하는(버리거나 먹거나 하는) 경우가 종종 발생한다는 점이다. 이럴 경우 치킨 등의 즉석조리 상품이 제대로 운영이 안되고 조기 폐기가 발생하거나, 폐기를 하지 않아 고객이 지난 상품을 구매할 수 있으니 정해진 시간에 점주가 조리를 하고 스태프에게는 정해진 시간에 상품을 뺀 후 폐기 등록은 익일 점주가 직접 하면 된다(빼낸 상품은 확인 후 스태프가 원한다면 취식하도록 해도 무관하다).

③ 간편식사는 폐기 영수증 출력(등록) 후 취식하게 한다

도시락, 삼각김밥, 줄김밥, 샌드위치 같은 간편식사의 경우는 짧은 유통기한(시간)으로 인해 매일 폐기가 발생하기 때문에 보통 한 번은 점주가, 나머지 한 번은 스태프가 해당 상품을 빼는 것이 일반적이다(대략 14시와 02시에 해당 업무를 진행한다). 여기서 점주가 직접 업무를 하는 14시의 경우는 바로 등록을 하면 되니 크게 문제가 되지 않는데, 스태프가 진행하는 경우 실수로 폐기 등록을 누락하는 경우가 종종 발생한다. 그렇게 되면 물론 재고에서 로스가 발생하는 금액과 폐기를 등록하는 금액이 동일하게 때문에 금전적인 부분에서는 상관이 없겠지만, 폐기 금액에 대한 적정성 부분(매출에 따라 다르지만 폐기금액은 보통 한달에 50만원 내외가 적정하다)과 제대로된 시간에 폐기를 찍는지에 대한 확인이 불가능하기 때문에 신경을 써야 한다. 그래서 이런 상황을 방지하기 위해서는 저녁 스태프에게 시간이 지난 상품을 뺀 후 폐기등록 영수증을 출력하게 하고, 점주가 익일 처리하는게 효과적이라 할 수 있다(일부 점주가 폐기 시간이 지나면 취식을 한 후 영수증만 따로 모아두라고 하는 경우가 가끔 있는데, 신뢰가 없는 경우 폐기 시간이 되기도 전에 취식 후 영수증만 따로 보관하는 불상사가 생길 수도 있으니 주의하기 바란다).

④ 냉장식품 모아둔 후 일괄 반품한다

족발이나 닭다리, 순대 등의 냉장안주류나 핫바와 같은 냉장간식류
들은 유통기한은 도시락이나 유제품에 비해 길지만, 원가가 비싸고 매
일 반품이 발생하는 상품이 아니기 때문에 깜빡하고 버리거나 헷갈려
서 폐기 등록을 해버리면 나도 모르게 로스가 발생하게 된다(이러한 냉
장상품의 경우 대부분이 폐기가 아니라 반품처리를 해주고 있다). 때문
에 특히나 신경을 써야 하는데, 유통기한도 제각각이고, 핫바를 제외하
고 많이 판매되는 상품도 아니기 때문에 여간 귀찮은게 아닐 수 없다.
이런 경우 효과적인 방법이 있는데, 음료 냉장고 안에 냉장식품 반품함
을 따로 마련해두고 초과 상품이 나올 때마다 해당 근무자들에게 조금
씩 모아두게 하는 것이다. 그리고 일주일에 한 번씩 모아진 상품을 점
주가 직접 반품 처리를 하게 되면 로스가 발생하는 일을 사전에 방지할
수 있다. 다만 이러한 냉장식품들은 아무리 냉장고라도 시간이 지나면
냄새(악취)가 날 수 있기 때문에 너무 오랫동안 보관하는건 지양해야
할 것이다.

스태프 채용에도 노하우가 있다

24시간 영업을 해야하는 편의점 특성상 함께 일하는 스태프의 중요성
은 일반 타업종에 비해 상당히 높다고 할 수 있겠다. 아무리 점주의 열
의가 높고, 체력이 좋다해도 혼자서 24시간 동안 매일 근무를 할 수는

없으므로 스태프를 최소 한 명 이상은 무조건 채용해야 매장이 정상적으로 돌아가기 때문이다(물론 가족끼리만 운영하는 점포도 있지만 극히 일부분임). 또한 편의점은 사장과 함께 일하는 음식점이나 술집 등과 다르게 스태프 혼자서 근무하는 시간이 많기 때문에 스태프의 접객 태도에 따라 매출에 상당한 영향을 받을 수밖에 없다. 즉, 혼자서 점포를 지키는 스태프가 어떻게 근무하느냐에 따라 점주도 모르는 사이에 매출이 오를수도 있고, 떨어질수도 있는 것이다. 그럼 지금부터 이렇듯 중요한 스태프를 채용할 때 점검해야 할 사항들을 몇 가지 알아보도록 하겠다.

① 다른 편의점에서의 근무 경험을 확인하라

편의점에서의 근무 경력을 확인해야 하는 이유는 바로 포스(계산대) 조작과 관련이 있다. 물론 메이저 편의점별로 약간씩 다르긴 하지만 동종업에서 일해 본 경험이 있으면 계산하는 법도 비슷하고, 업무도 금방 배우는 등 많은 장점이 있다. 그럼에도 불구하고 필자가 걱정하는 부분은 아주 극소수이긴 하지만 포스로 불필요한 행동을 하는 경우가 간혹 있다는 것이다. 예를 들어 상품을 찍고 이유없이 취소를 한다던지, 환불 건수가 과도하게 많다던지 등 정당한 이유라면 상관없겠지만 그렇지 않을 경우 어떤 사유인지 확인해 보아야 한다. 지금이야 많이 줄었지만 2+1행사상품을 모르는 고객이 2개의 상품을 가지고 왔을때 내용을 고지하지 않은채 3개를 계산한 후 고객에게는 2개만 주고 나머지 1개는 자신이 취식을 하거나, 월말에 2+1 혹은 1+1행사상품을 구매하여 3개를 받은 후 다음 달 초에 행사가 끝나고 해당 상품을 환불하는 식으로 부당한 이득을 취하는 케이스가 종종 있었기 때문이다.

② 처음 며칠은 친구들의 방문을 체크하라

위에서 말했듯이, 편의점은 스태프 혼자서 근무를 하는 경우가 많은 데 이럴때 가장 문제가 되는 부분이 바로 스태프의 친구가 방문하는 것이다. 보통 친구들과 어울리는게 가장 좋을 때인 어린 학생들을 채용하면 이러한 문제가 발생할 가능성이 높다. 물론 친구들이 가끔 와서 매출도 올려주고 잠깐씩 대화를 나누는건 큰 문제가 아니지만, 그 횟수가 잦아지면 고객을 응대하기 어렵고 서비스의 질이 떨어지게 된다. 더욱이 친구와 함께 카운터 안에 들어가 같이 대화를 하는 경우도 종종 있는데 계산하려는 고객의 입장에서는 상당히 부담스럽고, 본인에게 집중하는 것 같지 않아 불쾌감마저 느껴질 수 있는 상황이 된다. 그리고 일부는 친구가 오면 점내에 있는 시식 공간에서 얘기를 하면서 고객이 계산하려고 하면 그때서야 카운터로 이동하는 경우도 있는데 역시 스태프가 점포에 관심이 없다는 느낌을 줄 수 있으니 이런 행동은 반드시 자제하도록 지도해야 할 것이다.

③ 카운터 내부에서의 체류 시간을 점검하라

물론 일을 하면서 카운터에 있는 행동이 그 자체로 나쁜건 아니다. 편의점에서 계산은 반드시 해야하는 중요한 업무 중 하나이고, 고객이 방문했을때 스태프가 카운터에 있어야 필요하거나 궁금한 사항을 물어보는 등의 행동을 취할 수 있기 때문이다. 다만 문제는 점포에 고객도 없고, 해야 할 일들은 많은데도 불구하고 계속해서 카운터에만 앉아 있는 행동이다. 이전 글에서도 얘기했듯이 편의점에는 계산 이외에도 할 일이 상당히 많다. 바닥 청소, 비어있는 상품 채우기, 유통기한 확인 등 수시로 매장을 왔다갔다 하면서 해야 하는 업무들이다. 그런데 이런 일들은 하지 않고 스태프가 카운터에만 있다면 점포 청결 상태는 엉망이 되고, 상품은 비어있으며, 어떤 상품들이 추가로 필요한지에 대해 전혀 알수가 없을 것이다. 즉 그냥 시간만 때우다 가면 되겠지 하는 생각일 가능성이 크다. 그러니 채용 후 교육을 할 때 이 부분에 대해 명확히 고지를 하고 점주가 함께 일하면서 편의점 업무에 대해 수시로 알려주어야 할 필요가 있다.

④ 일 잘하는 것보다 웃는 얼굴이 좋다

마지막으로 스태프에게서 확인해야 할 것은 바로 웃는 얼굴이다. 한가지 예를 들어보겠다. 만약 내 점포에서 스태프로 일하고 싶어 하는 사람이 두 명 있는데 한 명은 일은 잘 못하지만 얼굴에 항상 미소를 머금고 있고, 나머지 한 명은 일은 프로같이 너무 잘하지만 불평불만이 많고 항상 찡그리고 있다고 하겠다. 여러분이라면 과연 누구를 채용하겠나? 이 경우는 필자의 경험상 100% 전자가 답이다. 물론 일하면서 능숙하게 잘하는 것도 중요하다. 그러나 편의점 일이 장인처럼 전문적인 기술을 필요로 하는 업무는 아니다. 성실함만 있다면 업무를 배우는데 시간 차이가 있을 뿐 누구나 잘 할 수 있다는 뜻이다. 그러나 웃는 얼굴로 고객을 대하는 것은 쉽게 배울 수 있는 게 아니다. 더욱이 편의점처럼 객단가가 낮고, 고객이 계속해서 방문하는 업종에서는 당연히 웃는 얼굴로 고객을 대하는 것이 무엇보다 중요하다 할 수 있겠다.

스태프 교육 및 해야 할 일은?

개인 사업을 하던 프랜차이즈 사업을 하던, 규모가 큰 사업을 하던 작은 사업을 하던 내 점포에서 일하는 스태프는 매우 중요한 역할을 한다. 특히 24시간 영업을 하는 편의점의 경우 대부분 점주가 근무하는 시간보다 스태프가 단독으로 매장에서 일하는 시간이 훨씬 길기 때문에 더욱 신경 써야 할 것이다. 왜냐하면 그렇게 해야 점주 본인도 모르게 매출이 하락하는 상황을 사전에 방지할 수 있기 때문이다. 그러나 아쉽게도 스태프를 교육하는 것이 쉽지 않고, 방법 또한 매우 다양하여 점주들이 고충을 많이 겪고, 실제로 이러한 이유 때문에 점포를 더 운영하고 싶어도 스태프 관리 문제로 고민하는 경우가 대부분이라 할 수 있다. 그럼에도 필자가 편의점 관련 일을 15년 이상 해오면서 느낀 한 가지 공통점을 얘기하자면, '점주가 하는 대로 스태프는 닮아간다'는 것이다. 다시 말해, 점주의 매장 관리 스타일이 꼼꼼하면 스태프들도 청소를 잘 하고, 점주가 잘 웃으면 스태프들도 잘 웃는다. 반대로 점주가 매사에 귀찮아하는 성격이라면 근무자들 역시 하루 종일 앉아서 휴대폰만 하는 경우가 태반이다. 이렇듯 스태프를 교육할 때 점주의 근무 태도와 상대방을 배려하는 마음은 굉장히 중요하다고 할 수 있는데, 그 중에서도 실전에 도움이 될 만한 몇 가지를 언급해 보고자 한다.

① 면접 장소는 반드시 사무실로 정한다

대부분의 편의점 점주들은 스태프 구인 후 면접자가 점포에 오면 실내의 고객 시식 공간에서 대화를 하는 경우가 많다. 매장도 넓으니 앉아서 편하게 얘기할 수 있으므로 꼭 나쁜 건 아니지만 문제는 대화의 흐름이 끊어져 집중하기가 어렵다는 점에서 좋지 않다. 아직까지 우리나라 편의점은 일본과 달리 1인 근무가 일반적이라 구직자가 오면 점주는 카운터에서 나와서 면접을 치르게 되는데, 이렇게 이것저것 물어보다가도 고객이 오면 다시 카운터로 가서 계산을 해야 하는 상황이 반복된다. 그렇다면 이때 상대방은 어떤 느낌을 받을까? 본인을 앞에 두고 계속 왔다갔다 하면서 무성의하게 대한다는 느낌을 받으면서 좋아할 사람은 아무도 없을 것이다. 그러니 면접에 좀 더 집중할 수 있는 환경을 만들면 좋은데, 기왕이면 사무실로 이동하여 조용한 공간에서 면접을 진행해 보는건 어떨까? 그렇게 상대를 존중하면서 천천히 대화를 하는 것이다. 이때 간단히 마실 것을 준비한다면 더욱 좋다. 그리고 이렇게 하기 위해서는 면접을 보는 30분 내외의 시간 동안 카운터에서 계산해 줄 사람을 미리 알아봐야 하는데, 만약 힘들다면 매주 오는 영업 담당에게 그 시간대를 알려주어 부탁하면 크게 어려움은 없을 것이다. 잊지 말아라. 내가 배려한 만큼 상대도 나를 배려하고, 그 결과는 고객에 대한 친절로 이어져 매출이 상승한다는 것을.

② 담당 청소 구역을 지정하라

대부분의 스태프는 교육을 하면 잘 따라온다. 그런데 시간이 지날수록 잘되지 않는 부분이 있는데 바로 청소이다. 처음에는 점주가 같이 여기저기 꼼꼼히 청소를 해야한다고 교육을 하면 스태프들은 열의에 차서 열심히 쓸고 닦는다. 그러나 시간이 지나면서 점점 소홀해지게 되는데 그 이유는 청소할 곳의 범위가 넓고 제대로 확인이 안 되기 때문이다. 편의점은 여러 사람이 근무하는 곳으로 청소를 해야 할 공간이 상당히 많다. 그러다보니 스태프들끼리 서로 미루게 되고, 심지어 앞 타임 근무자가 청소를 성의 없이 하고 가버린 것에 화를 내기도 한다. 이럴 경우 문제를 해결할 수 있는 방법은 바로 구역을 지정해 주는 것이다. 예를 들어, A근무자는 라면과 과자 진열대, B근무자는 음료 냉장고과 도시락 쇼케이스, C근무자는 시식 공간과 음식물 쓰레기통 등으로 지정해 놓는다면 좀 더 체계적으로 관리가 되고, 누가 담당하는 구역인지 확인이 가능하기 때문에 책임감이 디욱 높아지게 된다.

③ 교대 시 인수인계표를 만들어라

이 방법은 공통의 업무 진행시 효율적이다. 청소 구역은 스태프별로 나눈다고 해도 작은 일까지 다 나눠서 할 수는 없다. 갑자기 지저분해진 곳을 청소해야 하는 상황이나 새롭게 생긴 업무들은 그때그때 처리해야하는 것이 편의점의 특성이다. 이럴 때 인수인계표를 사용하면 좋은데, 앞 근무자가 무엇을 했는지, 반복해서 하는 일은 없는지, 다음 근무자가 오기 전까지 무슨 일을 해야 하는지 등을 기록하면 좀 더 효율적으로 일을 진행할 수 있다. 더욱이 본인 근무시간 전후로 일하는 스태프와 서먹함도 없앨 수 있고, 인수인계표에 작은 응원의 메시지까지 함께 작성해 준다면 더욱 분위기 좋게 근무를 할 수 있을 것이다.

④ 폐기할 식품은 먹을 수 있도록 허락한다. 단, 기록하고

편의점 스태프들 중 요즘은 나이가 어느 정도 있는 중장년층이나 시니어분들도 계시지만 아직까지는 대부분 어린 학생들인 경우가 일반적이다. 항상 배가 고프고 한창 먹을 나이대인 것이다. 이런 경우 편의점 폐기를 잘 활용하면 좋은데, 무조건 시간이 넘었다고 남아있는 음식을 주는 건 좋지 않다. 또는 스태프들을 믿지 못해 폐기 나오는 상품을 그대로 빼놓고 건들지도 못하게 하는 점주도 있는데 역시 인색하다는 생각이 들어 추천하지 않는다. 폐기는 대략 하루에 두 번 점심과 늦은 밤 시간대에 주로 나온다. 평일에는 오전 시간대에는 점주 근무가 많기 때문에 직접 폐기를 처리하면 되고, 밤 시간대의 폐기만 신경써서 관리하면 된다. 보통 심야에는 스태프들이 폐기상품을 빼는데 POS에 등록하는 방법까지는 알려 주지 말고, 먹을 것과 가져갈 것을 인수인계표에 기록하고 처리하게 하면 된다. 그러면 서로 신뢰도 쌓게 되고 고마워하는 마음에 열심히 일할 것이며, 곧 폐기될 식품을 먹고 싶어서 정상 상태인 상품을 폐기 1시간 전에 미리 먹어버리고, 시간이 되면 폐기 등록을 하는 불상사도 막을 수 있다.

⑤ 한 달에 한 번 정도는 함께 식사를 하라

편의점 스태프들은 아르바이트 형태로 근무하므로 유독 근무 기간이 짧은 편이다. 그런데 필자가 스태프들의 근무 기간이 길고, 점주와 유대 관계가 잘 이루어지고 있는 매장을 확인한 결과 비법은 바로 '점주와의 정기적인 식사'에 있었다. 앞에서도 언급했듯이 편의점은 1인 근무가 대부분이라 서로 같이 일하면서도 누가 누구인지, 어느 시간대에 일하는지도 모르고 그만두는 일이 허다하다. 그러니 서로 사정이 생겨서 도움을 주고받고 유대 관계를 유지하는건 당연히 불가능할 수 밖에 없다. 이럴때 스태프 관리에 유능했던 해당 점주는 문제를 좀 더 손쉽게 해결하기 위해 정기적으로 식사 자리를 마련했던 것이다. 물론 근무 시간대가 저마다 다르기 때문에 같이 모여서 밥을 먹는게 쉽지 않기는 하지만 평일 야간과 주말 오전, 평일 오전과 주말 야간 식으로 시간을 맞추면 2~3명이 모이는 것은 가능하다. 그리고 그렇게 모인 자리에서 점주는 서로의 애로사항과 요구를 들어주며 자연스럽게 친해지고, 스태프들의 잦은 퇴사도 방지할 수 있게 되었다.

다음으로는 스태프가 해야 할 업무들로 24시간을 운영하는 편의점의 특성상 점주 외에도 많은 스태프가 근무를 하고, 그 스태프들은 점주 없이 혼자서 1인 근무를 해야한다. 그렇기 때문에 스태프 업무에 대해 정확히 숙지하지 않으면 서로 간에 불만이 나오게 되고 이러한 상황이 반복되면 불친절한 접객으로 이어져 매출이 하락하게 된다. 그러므로 점주는 반드시 스태프 채용시 각자의 역할 분담 및 업무 내용에 대해 교육을 해야 하고, 거기에 더해 노트에 메모를 해두어 근무시 수시로 보게끔 하면 더욱 효과가 좋을 것이다.

① 시재 인수인계

스태프들이 출근 후 가장 먼저 해야 할 일은 시재 점검으로, 계산대 금액이 정확히 맞는지 확인하는 업무이다. 돈과 관련되다 보니 자칫 대충하다가 실수하거나, 인계자를 퇴근시키고 나서 확인했는데 액수가 틀리면 근무가 끝나고 다음 스태프에게 인계시 차이가 나는 만큼 본인이 금액을 채워 넣어야 하는 불상사가 생길 수 있으니 반드시 꼼꼼히 확인해야 한다. 또한 서로 바쁘다고 전 근무자를 퇴근시키고 천천히 시재 점검을 하는 경우 서로 오해가 생길 수 있으니 번거롭더라도 함께 있을때 함께 확인해가며 하는 것이 좋다.

② 상품 채우기

상품이 팔리고 빈자리에 같은 상품을 채워주는 일은 주로 아침 시간대 근무자와 야간 근무자가 하면 좋다. 야간 근무자의 경우 밤 시간대에는 방문객 수가 많지 않아 시간적으로 여유가 있을 것이니 근무 중간중간에 비어있는 상품을 채워주면 아침에 발주를 하면서 계산을 해야 하는 근무자(주로 점주) 입장에서 굉장히 수월하게 업무를 처리할 수 있게 된다. 또한 아침 스태프가 근무를 하고 퇴근하면서 상품을 다시 한번 정리해주면 퇴근 후 먹을거리나 술을 구매하는 등 손님이 많은 가장 바쁜 시간대에 일하는 저녁 스태프의 일 처리가 쉬워지니 서로서로 배려해준다면 한층 수월하면서도 즐겁게 근무할 수 있을 것이다.

③ 매장 청소

편의점 청소는 대부분 점주가 하기 때문에 스태프는 보통 국물통과 바닥, 시식 공간 등 특정 구역만 하면 된다. 이 또한 구역별로 지저분해지는 시간대가 있기 때문에 해당 시간대 근무자가 청소를 하게하면 된다. 바닥은 아침에 출근하자마자 가장 먼저 청소해야 하므로 주로 아침 근무자가, 시식 공간은 대개 점심시간부터 학생들 학교 시간에 많이 이용하니 오후 근무자가 출근하자마자, 국물통은 보통 하루의 일과가 끝나는 밤 12시 이후에 야간 근무자가 처리하는 식으로 스태프별로 업무를 분담해서 하면 좀 더 효율적으로 진행할 수 있다.

④ 폐기 등록 및 반품 상품 빼기

간편식사(도시락, 김밥, 샌드위치 등)의 경우 폐기를 해야하는 시간이 매일 일정하게 정해져 있으므로 주로 오전 스태프나 야간에 일하는 스태프가 각각 처리하면 되지만, 유제품이나 기타 일반상품의 경우 유통기한 시간도 제각각이고 또한 일자별로 되어있기 때문에 근무시 수시로 점검하면서 골라내야 한다. 그 중에서도 우유와 같은 유제품이나 빵 등은 고객의 안전을 위해 유통기한이 끝나기 1~2시간 전에 빼야할 것이고, 유통기한이 상당히 긴 편인 라면이나 과자의 경우는 보통 일주일 전에 진열대에서 철수하여 미리 반품을 진행하면 좋다.

이외에는 상품 정리, 중앙 진열대 매대 청소, 상품 전진입체진열, 카운터 정리 등이 있는데 이러한 업무들은 일을 잘할거 같은 스태프 중 한명을 골라 제대로 교육시킨 후 그 스태프를 중간 타임에 근무시켜 출근시 인수업무와 퇴근시 인계를 시키도록 하면 효과가 더욱 빠르게 나타날 것이다. 그리고 잊지 말아야 할 것은 앞서 얘기했듯이, 편의점업은 스태프 근무가 많은 시간을 차지하고 매출에도 영향을 미치기 때문에 무엇보다 점주가 일방적인 지시보다는 솔선수범해서 함께 일하는 모습을 보여주는게 가장 중요하다고 할 수 있겠다.

폐기는 아끼지 말고, 지원은 받아라

편의점 운영을 하다보면 가장 어려운 업무 중 하나가 바로 상품의 발주와 그에 따른 폐기 관리일 것이다. 특히, 그중에서도 매일 들어오고 유통기한도 하루 이틀 밖에 안 되는 간편식사(삼각김밥, 김밥, 도시락, 샌드위치 등)의 경우 더욱 어려움을 느낄 수 밖에 없다. 상품을 안 시키자니 고객이 방문했을 때 해당 상품이 없으면 인근 경쟁점으로 고객을 뺏겨 기회로스가 발생할 수 있고, 그렇다고 넉넉히 시키자니 버려야 할 폐기가 엄청 나오니 말이다. 물론 신이 아닌 이상 고객이 구입할 상품만 적정 수량을 발주하고 진열해 놓을 수는 없지만, 그 상품의 판매량을 분석하면 어느 정도는 개선할 수 있다. 즉 점포에서 진행하는 일자별 발주 패턴을 보면 되는 것이다. 보통 어느 점포를 가도 음료 냉장고에 있는 맥주나 라면, 과자 등 유통기한이 길고 한 번 발주하면 대량으로 들어오는 상품이 없는 경우는 흔하지 않은데, 아무리 귀찮아도 한번 시켜놓으면 며칠 동안은 팔 수 있고 유통기한도 길기 때문이다. 그리고 이러한 상품의 경우는 필요할 때만 시키기 때문에 특별히 패턴이랄 것도 없이 창고에 재고가 떨어지면 시키면 된다.

하지만 위에서도 언급했듯이 도시락, 김밥 등 간편 식사의 경우 편의점에서 결품(상품이 없음)이 가장 많은 카테고리로 유통기한이 짧고, 고객의 니즈가 매일 다르기 때문에 발주하기가 여간 힘든 게 아니다. 그렇다고 이러한 간편식은 개인이 운영하는 슈퍼나 대형마트와 가장 크게 차별화되는 상품이고, 그 매출액 역시 무시할 수 없는 규모이기 때문에 소홀히 할 수도 없는 노릇이다. 그러나 편의점 매장의 현실은 어떠할까? 필자가 본 80~90% 이상의 점포에서는 매일 같은 수량과 같은 상품의 발주를 한다. 즉 고객이 원하는 상품과 판매 수량은 분석하지 않는 것이다. 분명히 점포마다 잘 팔리거나 덜 팔리는 상품 아이템이 있는데, 점포에서 발주하는 수량과 아이템은 주중/주말, 날씨 등에 상관없이 늘 비슷하다. 그리고 차이가 있어 봐야 1~2개 정도일 것이다. 그러니 고객들이 인기가 있는 품목이나 본인이 먹고 싶은 걸 찾아도 매장에 없는 경우가 발생하고, 어쩔 수 없이 다른 종류의 상품을 구매하면 점주는 본인이 폐기가 발생하지 않게 잘 발주했다고 뿌듯해하는 어처구니없는 상황이 반복되기도 한다. 정말 큰 문제가 아닐 수 없다. 결론적으로, 간편식사의 경우 반드시 상품마다 발주하는 수량에 분명한 차이가 있어야 한다. 즉, 가장 인기있는 상품을 가장 많이 발주해야 하고, 또한 그 상품에서 가장 많은 폐기가 나야 한다. 반대로 인기없는 상품은 점진적으로 줄여나가야 한다. 절대 똑같은 수량을 발주해서는 안되고, 그래야 고객은 자신이 원하는 상품을 언제든 충분히 구매할 수 있는 것이다.

다음으로 결품이 심한 카테고리는 우유, 요플레 등이 진열되어 있는 유제품 냉장고이다. 아이템이 다양하고 상품 사이즈 대비 진열 공간이 부족하여 일부 고객이 조금만 대량 구매해도 바로 결품이 생겨 빈 공간이 생기기 일쑤이다. 그렇다면 어떠한 방법으로 발주를 해야 할까? 바로 일주일간 그 상품의 일평균 판매량과 유통기한을 살펴보면 된다. 예를 들어 흰우유의 경우, 일주일간 일평균 판매량이 7개이고 유통기한이 5일이라면 해당 상품을 최대 35개(7개*5일) 구비해도 크게 문제는 없다는 뜻일 것이다. 물론 매주 판매량 데이터가 다르기 때문에 공식까지는 아니지만 필자는 그래도 최소 이것의 60%인 20개 이상은 재고로 유지하길 추천하는 바이다. 그러나 그것도 힘들다면 상품 아이템의 정비를 추천한다. 바로 유통기한이 길고, 판매량이 많은 상품으로 진열을 확대하는 것이다. 다시 말해, 컵커피가 이에 해당하는 상품으로 유통기한이 30일 정도로 길고, 유제품 카테고리 내에서 매출도 가장 높은 상품이라 부담없이 활용할 수 있다(다만 어차피 선택과 집중을 하는 경우는 저가형보다는 고가의 컵커피 위주로 확대하는 것이 매출에 효율적이다). 이렇듯 유제품 냉장고의 경우 우선 결품이 생기면 빈공간이 생겨 고객의 구매 의욕을 상당히 떨어뜨릴 뿐 아니라 타상품(과자, 라면 등)과의 동반구매도 떨어지는 품목이므로 반드시 적정 재고량을 유지해야 객단가 하락에 의한 매출 감소를 방지할 수 있을 것이다.

마지막 방법으로는 본부의 지원을 받아서 발주를 늘리는 방법이 있다. 메이저 편의점마다 약간씩의 차이는 있겠으나 영업 담당마다 폐기지원을 할 수 있도록 일정 금액이 배정되어 있을 것이다. 이러한 경우 점주가 고집을 피우기보다는 본부에서 원하는 신상품 위주로 증량하거나 유제품 아이템을 확대하여 결품을 방지하는 방향으로 협상을 한다면 충분히 지원받을 가능성이 있으니 본부의 정책을 잘 활용하기 바란다.

다음은 본부 지원 부분인데, 프랜차이즈로 점포를 운영하는 것의 가장 큰 장점은 혼자서 모든 걸 알아서 해야 하는 것이 아니라는 것이다. 개인슈퍼만 봐도 창업을 결정한 순간부터 사업자등록증을 시작으로 공사업체 섭외, 상품매입 업체 관리, 세금 문제, 마케팅 등 하나부터 열까지 모든 문제를 스스로 해결해야 한다. 그러나 편의점의 경우는 다르다. 내가 원하는 상권에 창업을 하기로 결정한 순간부터 모든 것을 본부의 개발 담당과 함께 처리하면 되는 것이다. 더욱이 그들은 업무 처리에 있어서 숙련된 노하우가 있기 때문에 점주는 매출 이외에 신경쓸게 없을 정도이다. 다만, 개점 후 운영하면서 원치않는 상황에 영업 담당이 간섭한다고 생각하여 번거롭고 귀찮기도 하겠지만, 필자의 경험상 본부로부터 얻어낸 이득이 더욱 많기에 그들이 언급하는 내용을 잘 숙지하고 활용하여 내 점포에 도움이 되도록 하길 바란다.

① 간편식사 폐기 금액 지원

본부에서 가장 많이 활용하는 점포 지원 방법 중 대표적인 것으로 간편식사(도시락, 김밥, 삼각김밥, 샌드위치)나 유제품 폐기에 대해 일정 금액을 지원해주는 것이 있다. 편의점을 운영하다 보면 개인이 운영하는 슈퍼나 마트와 가장 큰 차별을 만들 수 있는 상품이 매일 배송되는 간편식사라 할 수 있겠다. 개인슈퍼의 경우 유통망의 어려움으로 도시락과 삼각김밥 같은 상품을 매일 받기는 불가능하고, 대형마트 역시 집에서 해먹는 음식 재료 위주로 판매하는 특성상 바로 먹을 수 있는 간편식사의 매출이 크지 않기 때문이다. 그러나 편의점에서도 이러한 간편식사는 폐기 관리 문제로 인해 재고를 적정 수준으로 유지하기가 어려운 경우가 대부분인데, 판매하는 금액보다 폐기 금액이 많다면 손해가 더 크므로 점주들은 당연히 발주를 하지 않으려 하기 때문이다. 더욱이 문제는 간편식사의 경우 일자별로 판매 기복이 심하고, 언제 얼마나 팔릴지 아무도 모른다는 것이다.

그러면 어떻게 하면 좋을까? 영업 담당에게 간편식사 진열 공간을 꽉 채우고 싶다고 어필해 보면 어떨까? 본가 역시 편의점에서 간편식사의 재고를 충분히 유지하는 것을 가장 중요하게 생각하기 때문에 효과가 바로 있을 것이다. 물론 메이저 편의점마다 약간 시스템 차이는 있겠지만 대부분 영업 담당에게는 점포별로 일정 금액(폐기)을 지원해 줄 수 있는 권한이 있다. 역으로 생각하면 본부에서도 간편식사에 대한 발주 증량 지도를 가장 어려워하고 스트레스를 받는다는 뜻이다. 그러니 점주는 조금만 생각을 전환하여 단순히 폐기 문제로 간편식사를 발주하지 않겠다고 고집을 부리기보다는 어떠한 상품을 얼마나 늘리고 싶으니 본부에서 지원을 해주면 좋겠다고 협상을 제의한다면 수용될 가능성이 충분히 높을 것이다. 폐기 지원을 통해 상품 재고를 늘리고 그에 따라 판매도 동시에 늘어난다면 본부 돈으로 매출을 올릴 수 있는 것이니 점주에게는 얼마나 좋은 일인가?

② 상온상품 반품 금액 증액

운영을 하다 보면 유통기한이 지난 상품 처리에 많은 어려움이 있을 것이다. 예전 편의점 운영 초창기에는 이러한 상품들 대부분을 공짜로 반품시켜 주었기에 큰 문제가 되지 않았으나, 회사의 규모가 커지고 있는 요즘에는 무조건 반품을 강요할 시 해당 업체에 대한 갑질 행태로 인식되어 반품 처리가 예전에 비해 어려워지게 되었다. 그래서 대부분의 메이저 편의점에서는 매월 매출 대비 일정 금액 정도만 반품 금액을 지원해 주고 있는 실정이다. 그리고 이러한 문제를 해결하려면 영업 담당이 원하는 상품 위주로 적극적으로 발주하면 된다. 어차피 상온상품의 경우 경쟁점보다 우위를 점유하기 위해 유통기한이 지나치게 짧지 않는 이상 발주하는데 큰 어려움은 없을 것이다. 물론 입지와 너무 상관없는 상품을 발주해서는 안 되겠지만, 이러한 경우 역시 영업 담당이 미안해서라도 추후 미판매분에 대해서는 알아서 처리해 줄 테니 너무 걱정할 필요도 없다. 그렇게 본부가 적극적으로 어필하는 상품을 발주하여 관계를 유지하면서 다른 상품까지 반품할 수 있도록 반품 금액을 늘릴 것을 요청하면 된다. 그러면 아마 본부에서 진행한 상품보다 많은 금액을 지원해 줄 것이다.

③ 리뉴얼 공사

이 부분은 특히나 영업 담당과의 협상력을 많이 필요로 한다. 점포를 운영하다 보면 집기가 오래되고 낡아서 매장의 분위기가 어둡거나 미관상 보기 좋지 않을 수도 있을 것이다. 또한 고장 날 염려도 있어 점주는 이래저래 불안할 수밖에 없다. 그러나 반대로 본부의 입장은 다르다. 계약 당시 약속하지 않은 이상 중간에 추가 공사를 하게 되면 비용이 발생하여 본부가 손해를 보기 때문에 되도록 그대로 유지하려고 할 것이다. 그러나 여기에도 중요한 협상의 포인트가 있다. 바로 공사를 요청할 때는 단순히 오래된 집기를 교체하기 위해서만이 아니라 레이아웃 변경 등 인테리어 공사도 포함하여 매출을 올리겠다는 의지를 보이는 것이다. 예를 들어 진열대가 오래되었으면 단순히 진열대만을 바꾸는 것이 아니라 진열대를 축소하고 그 옆에 휴게 공간을 추가로 설치하는 식으로 말이다. 그러면서 치킨이나 원두커피를 도입하여 객단가를 높이겠다고 하면 더욱 좋다. 편의점은 아시다시피 수익을 매월 배분율에 따라 나누는 구조이므로 점포의 매출이 오르면 당연히 본부에도 이익이고, 그래야만 본부에서도 추가로 비용을 투자해서라도 공사를 진행해 줄 것이다.

복수점은 인건비가 핵심이다

편의점의 경우 예전에는 여러 개의 매장을 동시에 운영하면서 박리다매 식으로 많은 수익을 얻었던 점주를 쉽게 볼 수 있었다. 2~3개 정도의 점포는 기본이고, 많게는 서로 다른 브랜드 편의점으로 5개까지 운영하는 점주도 있을 정도이다. 이러한 이유로는 앞서 자주 언급했듯이 창업에 드는 투자 비용이 타 업종에 비교해서 상당히 저렴하고, 최저임금에 대한 개념이 명확하지 않아 저렴한 시급으로도 스태프 채용이 가능한 시기였으니 충분히 두세개 매장의 개점이 가능했던 것이다. 그러나 요즘은 시대가 완전히 달라졌다. 최저임금은 9천원을 넘어 1만원을 육박하고 있으며, 4대 보험 및 주휴수당 등 각종 비용의 증가로 인해 24시간 운영을 해야하는 편의점의 인건비는 상당히 증가하게 된 것이다. 그러니 당연히 예전처럼 점포를 몇개씩 운영하면서 24시간 스태프로만 매장의 운영을 돌리는 시스템은 왠만한 매출이 나오지 않고서는 이익을 내기가 쉽지 않다. 때문에 단순히 하나의 점포를 운영해보고 괜찮다는 생각에 무작정 추가로 개점을 했다가는 기존에 있던 점포의 이익에서 복수점의 손실까지 매꿔야하는 불상사가 발생할 수 있으니 몇가지 주의사항을 점검 후 진행하길 바란다.

① 반드시 첫 번째 점포를 성공시킨 후 시작해라

기본적으로 복수점을 운영하기 위해서는 현재 운영하고 있는 매장의 매출이 어느 정도 나온 후 진행해야 한다. 물론 여기에 정해진 이익금은 없지만 개인적인 생각으로는 인건비 포함 12개월 평균 900~1,000만원 정도면 적당하지 않을까 한다. 그 이유는 새로 운영할 복수점의 불확실성 때문이다. 만약 운 좋게 복수점을 개점해서 처음부터 매출이 잘 나오면 다행이지만, 그렇지 않다면 과다한 인건비로 인해 마이너스가 발생할 수 있는데 이런 경우를 대비하자는 것이다(특히, 복수점의 경우 점주가 직접 근무를 할 수 없기 때문에 대부분이 스태프로 운영되는데 그 인건비가 상당하다고 할 수 있다). 그리고 혹여나 현재 매장에서 매출이 좋지 않아서 하나를 더 하려는 점주가 있다면 필자는 절대 반대이다. 자칫 추가로 개점한 점포의 매출이 저조할 시 이런 상황은 더 이상의 회복이 불가능하기 때문이다. 결론적으로 신규점도 그렇고 기존점 양도양수(전환)도 마찬가지인데, 편의점은 상권이 수시로 바뀌기 때문에 아무리 현재의 예상 매출이 좋다고 해도 언제든 최악의 상황을 대비하여 안전장치인 고매출 점포가 반드시 있어야 한다는 것이다.

② 풀오토시 인건비를 넉넉히 염두해둬라

복수점을 운영하기로 생각했다면 가장 먼저 중요하게 생각해야 할 부분이 있는데 바로 스태프 인건비이다. 온 가족이 점포에 매달려 함께 운영을 하지 않는 이상 한 명의 점주가 발주는 동시에 할 수 있어도 근무는 불가능하다. 이럴 경우 하루종일 스태프만으로 점포 운영을 해야하는데 주인이 없으니 당연히 서비스 질이 떨어질 것이고, 이로인해 매출은 하락할 것이며, 동시에 인건비는 상승하여 지불해야 할 비용은 상당히 늘어나게 된다. 일반적으로 요즘에는 예전에 비해 인건비가 상당히 높아져서 점주 근무없이 스태프로 24시간 풀운영시 대략 650만원 내외의 비용이 발생하는데, 만약 본부에서 매월 받게되는 이익금이 이 금액보다 적으면 기존점에서 벌어서 복수점에 비용을 채워야하는 악순환의 상황이 발생할 수밖에 없는 것이다. 그리고 이러한 인건비 과다 지출이 복수점을 운영하는 점주의 수가 지속적으로 감소하게 된 주요 원인 중 하나라 할 수 있겠다.

③ 두 번째 점포는 되도록 점주임차형을 해라

처음 개점하는 점포는 가맹계약 형태를 고를 때 점주임차형이나 본부임차형 둘 다 크게 상관이 없지만, 두 번째 점포는 되도록 직접 임대차를 맺어서 하는 점주임차형으로 하는게 좋다(특히, 초보자의 경우 첫 점포는 본부에서 상권을 분석해서 개점시키는 본부임차형이 안전하다). 그 이유는 바로 임대차 계약과 관련이 있는데 만약 매출이 저조하여 폐점을 하고 싶어도, 본부에서 임대차를 맺고 운영하는 형태라면 2년의 임대차 계약 기간이 끝난다해도 60개월의 가맹계약 기간을 핑계로 잘 해주지 않을뿐더러 오히려 임대차 계약 기간을 연장하려 할 것이기 때문이다. 더욱이 처음부터 본부가 임대차 계약 기간을 임차료 상승 우려 및 안정적인 점포 운영을 위해 5년으로 체결했다면 좀 더 신중히 접근해야 하는데, 중간에 문제가 생긴다해도 가맹계약 기간 60개월과 임대차 계약 기간 5년으로 인해 점주는 아무것도 할 수 없기 때문이다. 그러나 반대로 점주가 애초에 임대차 계약을 직접 2년으로 맺은 후, 운영을 하다 매출이 저조하여 폐점을 하고 싶으면 임대차 계약 기간에 맞춰 건물주와 잘 협의하고 그 임대차 계약 만료를 사유로 본부와의 계약 해지도 어느 정도 얘기가 가능하다. 다시 말해, 임대차 계약이 만료되면 아무리 가맹계약 기간이 남아있다 하더라도 아무런 의미가 없는 것이다. 그리고 점주가 임차하는게 좋은 또 한가지 이유는 매출이 잘 나오게 되면 재계약을 할 때 브랜드를 고를 수 있는 칼자루를 쥐게 되니 일석이조라 할 수 있겠다.

④ 가능한 매출이 높은 경쟁점이 있는 곳에 개점해라

이 부분은 복수점 매출이 저조했을 때를 대비하기 위한 방안으로, 보통 주변에 경쟁점이 없는데도 불구하고 일매출이 낮다면 본부에서도 개선 의지가 덜하고 폐점도 진행하기 수월해진다. 이럴 경우 점주는 양도양수(전환)도 어려워지고, 폐점에 따른 비용도 발생하는 등 어려움이 따를 수밖에 없다. 그러나 인근에 경쟁점이 있다면 상황은 달라진다. 이런 경우 서로 조금만 더 버티면 이긴다는 생각을 하고 있을 것이며, 특히 경쟁이 심한 브랜드끼리는 서로 폐점을 하지 않기 위해 본부에서 엄청난 노력(지원)을 쏟을 것이다. 좀 더 구체적으로 말하면 기존 점주에게 추가로 지원금을 주거나, 폐기를 지원하고 대형행사 진행 등을 하는 방법으로 말이다. 또한 본부의 이러한 지원에도 불구하고 점주가 폐점을 요청한다면, 본부에서는 폐점을 막기 위해(경쟁사를 이기기 위해) 새로운 점주를 찾기 위해 다시 엄청난 노력을 쏟을 것이다. 더욱이 처음에 경쟁점이 있으면 지원금을 요청하기 수월하나 나중에 경쟁점이 생기면 그렇지 못하니 복수점을 운영할 시에는 가능한 매출 좋은 경쟁점이 인근에 있는 큰 상권으로 알아보는게 혹시 모를 저매출 상황을 생각하면 훨씬 이득인 셈이다. 다만 무턱대고 아무 경쟁점도 없고 유동인구도 없는 위험을 감수하지 말라는 얘기이지, 외곽 등 독점할 수 있는 좋은 위치가 있다면 그곳이 정답이니 헷갈리지 않도록 해야 한다.

영업 담당과의 관계 유지하기

프랜차이즈 편의점을 운영하게 되면 일반 개인 자영업과는 다르게 일명 SC, OFC, FC라고 하는 영업 담당의 지도를 받을 수 있다는 장점이 있다. 이러한 영업 담당들은 보통 일주일에 한두 번 정도 점포에 방문하여 상품 지도 및 홍보물 정비, 각종 애로사항 처리 등의 업무를 도와주고 있는데, 점주의 입장에서 보면 상당히 중요한 역할을 하는 사람이라고 할 수 있겠다. 그 이유는 24시간 영업을 하는 편의점의 특성상 점주는 내 점포에만 머무르기 때문에 다른 점포의 동향이나 최신 트렌드를 알 수 없을 뿐만 아니라 매출 개선을 위한 마케팅, 고객 홍보용 POP

출력 및 부착 등의 업무를 혼자서 다 할 수 없기 때문이다. 이럴 때 본부 직원은 매장에 와서 점포의 매출을 올리기 위해 여러가지 본부가 진행하는 서비스를 제공하고 점주를 도와 점포를 정리하게 되는 것이다. 그러므로 편의점 브랜드를 고를 때 단순히 눈에 보이는 부분만이 아닌 관리적인 측면(영업 담당) 역시 굉장히 중요하다 할 수 있겠다. 그런데 아쉽게도 이런 부분을 간과하고 회사를 결정했다가 나중에 후회하는 경우를 쉽게 볼 수 있는데, 개인적으로 이러한 영업 담당의 관리 능력을 회사별로 나누자면 CU = GS25 〉 세븐일레븐 〉 이마트24 순이라고 생각하고 있으니 참고하기 바란다.

① 영업 담당 방문시 음료수라도 대접해라

편의점 개점을 하게 되면 몇 개월간의 신규점 담당의 교육을 거쳐, 영업 담당이 정해지고 본격적으로 운영에 관해 조언을 해 줄 것이다. 그리고 이렇게 정해진 담당들은 일주일에 최소 한 번은 점포에 방문하게 되니, 실제로 가족을 제외하면 운영하면서 가장 많이 만나는 사람이 될 수도 있는데, 자주 점포를 방문하는 가장 큰 이유는 바로 매출을 올려주기 위함이다. 이러한 영업 담당에게 매번은 아니더라도 고생이 많다, 감사하다는 뜻을 담아 가벼운 음료수라도 건네주면 어떨까? 그러면 담당 직원도 사람인지라 분명 다른 점포에 비해 내 점포에 좀 더 신경을 써 줄 것이며, 각종 행사가 있을시 가장 먼저 집기도입이나 폐기지원을 해주려 할 것이다. 더구나 이러한 직원의 권한이 생각보다 많은데 간편식사에 대한 폐기지원, 반품에 필요한 금액지원, 각종 소형집기 제공 등이 있다. 관리하고 있는 점포들에 해줘도 그만 안해줘도 그만인 것들로 온전히 영업 담당의 판단에 따르는 것이다. 그런데 가끔 보면 본부에서 해주는 지원이 하나도 없다며 온갖 불평불만을 늘어놓는 점주가 있는데,

한번 자신을 돌아보면 좋겠다. 점포(점주)의 기브(give)가 없는데 어떻게 본부(영업 담당)의 테이크(take)를 기대할 수 있겠는가?

② 영업 담당의 지도는 우선 수용하라

가끔 점포를 가보면 운영 경력이 오래된 점주들 중에서 영업 담당의 연차가 얼마되지 않는다며 조언을 무시하고 따르지 않는 경우를 가끔 볼 수 있는데, 정말 어리석은 행동이라 할 수 있겠다. 물론 영업 담당의 업무 경험이 오래되지 않아 모르는게 많을 수도 있다. 그러나 그렇다고 본부 직원으로서 점포에 도움을 줄 수 있는게 전혀 없지는 않다. 영업상 문제점을 개선하기 위해 선배들에게 물어봐서 더 빠르게 알려 줄 수도 있고, 체력을 필요로 하는 일은 더 적극적으로 할 수도 있다. 또한 젊은 세대의 트렌드를 더 잘 알기 때문에 점포에 접목하는 능력도 기존 선배들보다 훨씬 우수하다. 그러니 단순히 연차만 보고 해당 직원을 판단하지 말고, 일정 기간만이라도 담당의 말을 그냥 믿고 따라보는 것은 어떨까? 그러면 그 직원은 책임감을 느껴 더욱 더 노력하고 배워서 점포에 뭐든 알려주려고 할 것이다. 필자도 실제로 15년 전 신입사원 시절 강원도 영월의 어느 점주에게 뭐든지 담당을 믿고 시키는대로 따르겠다는 말을 들은 적이 있다. 그래야 자신이 나중에 문제가 생기더라도 할 말이 있을 것이라면서 말이다. 그리고 필자는 그 말을 듣는 순간 상당한 부담과 함께 정말 제대로 지도해야겠다는 엄청난 책임감이 밀려왔다. 실제로 행사를 하다 재고에 문제가 생겨서 자비로 상품을 구매한 적도 있었다. 그러니 무조건 믿어라. 상대는 내가 믿어주는 만큼 행동하기 마련이다.

③ 영업 담당이 내 점포에 와서 쉴 수 있게 하라

당연한 얘기지만, 영업 담당도 사람이다. 누군가의 사랑스러운 자식이고, 아빠이고, 남편일 것이다. 브랜드 편의점별로 조금씩은 다르지만 직원 한명당 보통 13~18개의 점포를 관리하는데, 매일 여러명의 점주를 만나다보면 얼마나 스트레스를 받겠는가? 이럴때 내 점포에서만이라도 마음 편하게 쉴 수 있게 해주면 어떨까? 그렇다고 직장인의 본분인 일은 하지 않고, 놀기만하다 가도록 하라는 의미는 절대 아니다. 직원의 지도를 잘 따라주고, 같이 애로사항을 얘기하고, 서로 힘내자고 토닥여 주자는 의미이다. 이런식으로 대하면 해당 직원은 어떻게 반응할까? 분명 내 점포를 편하고 좋게 생각하여 다른 점포보다도 자주 방문할 것이다. 그리고 이렇게 자주 방문하게 되면 아마 본부측의 지원이 있을 때도 내 점포를 1순위로 넣어줄 가능성이 클 것이다. 물론 이렇게 계산을 하면서 잘해주라는 의미는 아니지만 그래도 혜택을 받으면서 운영하면 좋은거 아닌가? 점주도 그렇지만 직원도 90% 이상은 먹고살기 위해 일하는 것이다. 그러니 서로 이해해주고 도와가며 윈윈할 수 있는 관계가 될 수 있도록 노력해 보시길 바란다.

옆에 경쟁점이 생기면 어떻게 할까

편의점뿐만 아니라 타업종의 사업을 운영하더라도 주변에 언젠가는 경쟁점이 생길 수 밖에 없다. 즉 공산주의가 아닌 자유로운 시장경제 안에서는 너무나 당연한 일인 것이고, 이에 따라 각자의 자리에서 선의의 경쟁을 펼쳐야 함은 말할 필요도 없다. 그러나 실제로 닥치고나면 현실은 그렇지 호락호락하지 않다. 이러한 당연한 이치를 누구나 알면서도 막상 내 점포 인근에 다른 점포가 들어온다고 하면 초조하고 불안할 것이다. 또한 화도 나고 어떻게 해야 할지 모를 수도 있다. 더욱이 낮은 창업 문턱으로 점포 수가 기하급수적으로 늘어나고 있는 편의점 업계의 경우는 이러한 상황이 더욱 흔하게 발생하기 마련으로, 매출이 잘 나온다는 소문이 조금만 나돌아도 인근에 바로 경쟁점이 들어오고 매출은 하락하게 된다. 그러면 이러한 상황에서 점주들은 어떻게 대응해야 할까?

① 공사를 시작하면 경쟁점의 매장 크기(평수)를 확인한다

내 점포 인근에 경쟁 편의점이 들어온다고 했을때, 가장 먼저 해야 할 일은 바로 상대 점포의 크기를 확인하는 것이다. 앞으로 수시로 언급하겠지만, 편의점 매출에 있어서 점포 크기와의 연관성은 상당히 높기 때문이다. 즉 점포가 넓을수록 진열할 수 있는 공간이 넓기 때문에 상품을 다양하게 구비할 수 있으며, 고객들이 편하게 쉬었다 갈 수 있는 휴게공간을 만들수 있는 것이다. 그러므로 우리 점포가 면적이 협소한 상황인데 앞으로 들어올 경쟁점이 큰 규모로 인근에 개점을 시도한다면 매출에 있어 예상보다 큰 타격을 받을 가능성이 높다. 그러니 점포 운영을 하면서도 수시로 인근에 비어있는 상가가 없는지, 있다면 평수는 얼마나 되는지 그리고 그 주변에 담배권이 가능한 곳이 없는지 등을 확인해야 경쟁점의 입점을 최대한 차단할 수 있을 것이다.

② 본부(영업 담당)와 협의하여 집기를 추가한다

개점할 경쟁점의 점포 크기가 확인되었다면 다음으로는 본부와의 협의를 통해 추가 집기의 도입과 공사를 요청하는 것이다. 다시 말해 경쟁점과 싸워야하니 상품운영의 다양화를 위해 냉동 및 냉장 집기를 추가하거나 멀리서 방문하는 고객에게 우리 점포가 좀 더 잘 보이게끔 커다란 에어간판을 설치하는 등의 대응을 해야한다. 또한 파라솔에서 야간에도 편하게 음식을 먹을 수 있도록 LED 조명을 설치하여 주변을 환하게 할 수도 있다. 즉, 경쟁점이 들어오기 전에 우리 점포의 장점을 더욱 극대화할 수 있는 점포에 대한 리뉴얼을 사전에 진행해야 하는데 이는 반드시 본부와 사전에 협의해야 한다. 예를 들어서 내 점포에서 아이스크림이 잘 팔린다면 아이스크림 냉동고를, 맥주가 잘 나간다면 음료 냉장고를 추가하는 식으로 말이다. 단, 여기서 주의할 점은 집기나 공사의 진행 시 단점을 커버하기 위함이 아니라 반드시 장점을 극대화할 수 있는 내용으로 진행해야 효과가 좀 더 빠르게 나타난다는 사실 또한 숙지하고 있어야 한다.

③ 초특가 할인, 무료 증정 등 자체행사를 진행한다

이러한 하드웨어적인 공사의 협의가 완료되었다면 다음은 소프트웨어 부분으로 상품에 대한 행사를 진행하면 된다. 대개 일반적으로 어느 업종이든 개점을 하게 되면 지인이나 주변 사람들이 궁금해서라도 가보게 되는 개점빨(?)이라는게 있다. 즉 새로운 곳이 어떤지, 어떤 상품을 판매하는지 등 한번 둘러보기 위해서 가보는 것이다. 이때 위험한 것이 고객이 경쟁점에 한두 번 정도 방문했을때 좋은 이미지가 생겨서 계속해서 방문하게 되는 것이다. 더욱이 상대는 첫 개점을 하는 것이니 의욕이 높아서 굉장히 질 좋은 서비스를 제공할 확률이 상당히 높다고 할 수 있다. 그렇기 때문에 우리도 거기에 맞게 적절한 대응이 필요한데 신규점이라 상대보다 점포의 깨끗함은 따라갈 수 없으니, 잘 팔리는 몇몇 아이템을 정해 초특가행사를 하거나 특정 상품을 구매하면 서비스로 라면 등을 증정하는 행사를 하면 효과가 좋다. 실제로 이러한 방법은 신규점의 깨끗함과 친절함이라는 강점을 차별화된 자체행사(단독행사)라는 강력한 무기로 대응하는 마케팅으로서 기존 단골 고객의 이탈을 막는데 효율적으로 사용되고 있다.

④ 개점 후 무조건 방문한다(상품 및 레이아웃 분석)

경쟁점이 개점을 하게 되면 일주일 내로 무조건 경쟁점에 방문해야 한다. 상대를 알아야 내가 어떤 방법으로 싸울지 좀 더 구체적인 방향이 보이기 때문이다. 그렇다고 단순히 방문해서 해당 점포의 집기가 깨끗하다거나 우리한테 없는 집기가 있다거나 하는 식의 무의미한 부분을 체크해서는 안된다. 그럼 어떤 부분의 어디를 살펴보아야 할까? 바로 상품과 레이아웃에 대한 부분이다. 상품이 우리 매장과 비교하여 어떤 카테고리의 종류가 많은지? 음료 냉장고는 도어 수(문짝)가 몇 개인지? 진열대 높이는 몇인지? 등 얼마나 많은 상품을 운영하고 있는지 확인해야 한다. 다음으로 레이아웃에 대한 부분은 고객이 어디로 들어와서 어디로 나가는지? 고객이 쉴 수 있는 공간은 있는지 등을 점검하는 것이다. 그리고 이러한 점검이 끝나면 우리 점포로 돌아와서 상품에 대한 재점검, 동선 및 레이아웃의 효율성을 분석하여 효과적인 대응 방법을 찾으면 된다.

⑤ 개점 후 하락한 상품 카테고리를 확인한다

경쟁점 개점 후 일주일 정도가 지나면 대충 경쟁점으로 인해 우리 점포의 매출이 기존과 대비해서 어디서 얼마나 떨어졌는지가 나온다. 보통 일반적인 거리의 경합점이라면 10~20만원 내외, 강경합점이라면 30~40만원 정도의 일매출이 빠지는데 매출이 빠진다고 불평만하며 그대로 있어서는 절대로 안된다. 바로 하락한 상품의 카테고리를 찾아서 해당 상품이 어떠한 것인지 찾아야 하기 때문이다. 즉 라면은 얼마가 하락했고 그 중에서도 어떠한 상품이 예전에 비해 덜 팔렸는지, 맥주는 또 어느 시간대의 판매가 줄었는지 등 카테고리별로 구체적으로 분석해야 한다. 물론 경쟁점이 들어오면 가장 먼저 경쟁력이 약한 담배의 매출이 급격히 하락하는게 일반적이지만, 담배는 어느 편의점이라도 똑같은 상품으로 대응할 방법이 없기 때문에 따로 분석까지 할 필요는 없다. 결론적으로 일반상품 위주로 분석하여 어떤 방법으로 다시 매출을 끌어올릴지 고민하면 되는 것이다.

⑥ 하락한 카테고리를 커버한다

하락한 상품이 확인되었다면 다음으로는 해당 상품들의 매출을 어떻게 회복시킬 것인가 고민하는 단계이다. 가격을 할인할 것인지? 진열 위치를 골든존으로 이동할 것인지? 상품 아이템을 늘릴 것인지 등 적절한 방법을 찾아야 한다. 실제로 다양한 방법이 있지만 현장에서 가장 좋은 방법은 그 중에서도 아이템을 늘리는 것이다. 가격을 싸게 할인하는 방법은 단기적인 효과는 가장 빠르다고 할 수 있으나 장기적으로 보면 이익률을 떨어뜨리고 서로 제 살 깎아먹는 오래된 방법인 것이고, 골든존으로의 이동은 계속 신상품이 출시되는 상황에서 언제까지나 유지할 수 없기 때문이다. 그러면 아이템을 늘리는 방법은 어떠할까? 예를 들어 핫바의 매출이 하락했다면 반대로 핫바의 아이템과 수량을 늘려서 좀 더 공격적으로 잘 보이게 운영하는 것이다. 그러면 경쟁점에 비해 우수한 상품력으로 인해 자연스레 조금씩 떠났던 고객들은 돌아올 것이고 매출은 다시 회복하게 될 것이다. 그리고 이때 기왕이면 매출이 높았던 카테고리 상품을 선택하면 기본적으로 수요(고객)가 있었다는 뜻이므로 진열 및 종류의 개선시 좀 더 빠른 매출상승 효과를 볼 수 있다.

⑦ 경쟁점의 약점에 집중한다

마지막으로 경쟁점의 약점을 파고드는 것이다. 가장 중요하고 점포에서 제일 적극적으로 해야하는 부분으로 상대가 부족한 부분을 찾는 것이다. 예를 들어 경쟁점이 치킨(튀김)을 운영하고 있지 않다면 즉시 치킨(튀김) 집기를 도입하여 운영하고, 유니폼과 명찰을 착용하고 있지 않다면 우리는 모든 직원에게 착용시키는 것이다. 또한 그 점포에 테이블이 없다면 우리 점포에는 원목테이블을 설치하여 고객에게 편의를 제공하면 된다. 매주 혹은 매월 이렇게 상대의 약점을 찾아내서 우리의 강점으로 하나씩 만든다면 예전에 비해서 오히려 더 나은 점포로 될 가능성이 높다. 그러니 단순히 인근에 경쟁점이 들어온다고 걱정을 하거나 불평만 늘어놓을 것이 아니라 적극적으로 대응하여 추가적인 매출을 올릴 수 있도록 노력해야 한다. 실제로 매출만 어느 정도 나와준다면 경쟁점이 있는 편이 주변에 아무것도 없는 것보다 앞으로의 상권변화 걱정도 덜 되고, 좀 더 적극적인 운영을 할 수 있다.

제3장

편의점 재계약 및 폐점을 하려면

재계약시 어떤 혜택이 있을까

운영을 하다보면 전산 시스템, 리뉴얼 공사, 발주 노하우 등 각종 기본적으로 궁금하신 사항이 많겠지만 그 중에서도 재계약 시점이 도래하여 가맹계약 기간을 연장하게 되면 어떠한 혜택이 있는지가 가장 관심 있지 않을까 한다. 보통 편의점 창업을 해서 특별히 매출이 아주 저조하거나 개인적인 사정이 생겨서 중도해지를 하지 않는다면, 대부분 의무계약 기간인 60개월의 운영기간을 채우게 될 것이다. 그리고 그 운영기간이 종료된 후 그대로 폐점을 할지? 다시 추가로 운영을 계속할지? 결정을 하게 되는데 만약 연장을 진행하게 된다면 편의점은 편의점만의 독특한 점포지원 시스템이 있다.

그렇다면 지금부터 재계약시 점포에서 받을 수 있는 혜택(장려금, 공사)에 대해 알아보도록 하겠다.

우선 미리 얘기할 부분은 재계약을 하면서 추가 인센티브를 받기 위해서는 물론 본부임차형 가맹형태도 간혹 있지만 대부분 임대차 계약을 본인이 직접 얻어서 하는 점주임차형 방식으로 가맹계약체결을 해야한다는 기본조건이 있다.

그 이유는 간략히 말해서,

1) 직접 임대차 계약을 하고 편의점 가맹계약 진행을 하는 경우: 가맹계약 기간이 끝나면 그 임대차 계약을 바탕으로 타브랜드(CU, GS25, 세븐일레븐 등) 중 본인 마음대로 선택해서 바꿀 수 있다.

2) 본부에서 임대차 계약을 하고 편의점 가맹계약 진행을 하는 경우: 본부가 임대차 계약을 바탕으로 가맹계약 종료 후 마음에 안들시 인센

티브는 커녕 점주를 바꿀 수 있다.

그럼 본격적으로 인센티브 관련 얘기를 하기에 앞서 이러한 시스템이 가능한 편의점 시장의 독특한 구조에 대해 알아보겠다.

기본적으로 인센티브란 개념은 일반 개인사업이나 대부분의 프랜차이즈에서 조차도 일반적이지도 흔하지도 않은 풍경이다. 본인의 사업을 운영하다가 계약기간이 끝났다고 해서 재계약 조건으로 본부에 인센티브라는 지원을 요청한다는게 다른 업종과 비교해도 누가봐도 일반적이지 않기 때문이다.

그리고 그 이유는 바로 편의점들끼리의 '과도한 경쟁'에 있다.

현재 우리나라의 편의점업은 서로간에 경쟁이 상당히 심하기 때문에 본부에서는 가맹계약 기간이 끝나는 고매출 점포의 타브랜드로의 이탈을 막고 싶어하고, 그렇게 하기 위해 본부손익이 마이너스가 발생하지 않는 범위내에서 최대한 지원을 해주면서까지 가맹계약을 유지하려 한다는 것이다(60개월이 지나면 초기 공사에 들어간 감가상각 비용이 없어지기 때문에 일반적으로 본부의 손익은 상승하게 되고, 이 비용을 점포에 지원해주는 구조라 할 수 있다). 또한 타브랜드에서는 계약기간이 만료되는 이러한 고매출의 점포에 인센티브를 주어서라도 갖고 오고 싶어하는 상황으로, 양측의 이러한 입장이 맞아 떨어져서 편의점 프랜차이즈만의 독특한 인센티브 지원시스템이 탄생하게 된 것이다.

그러면 그러한 지원에는 어떠한 것들이 있을까? 바로 '장려금(지원금)'과 '리뉴얼 공사'이다.

① 우선 장려금부터 살펴보면 일시금 및 정액, 정율이라는 세 가지 형태의 지원방식이 있다

일시금 지급은 가맹재계약 혹은 연장을 시작하는 시점에 일정금액의 목돈을 한 번에 지급해주는 방식이고, 정액은 매월 정해진 일정금액을, 정율은 매월 판매한 매출이익액에서 정해진 해당 %로 지원해주는 방식이다. 각 방식에 따라 장단점이 있기에 상황에 따라 적절한 방식의 지원 형태를 선택하면 되는데 우선 일정금액의 목돈을 받는 일시금은 큰 돈을 한 번에 받아서 사용할 수 있다는 장점이 있으나, 장려금 수취시 해당 금액에 대한 담보(이행보증보험, 근저당 등)가 필요하며 또한 장려금에 대한 세금을 사전에 빼고서 준다는 점, 중간에 가맹계약을 해지하게 된다면 전액 돌려주어야 한다는 단점이 있다(기존에는 여러가지 이유로 중간에 가맹계약을 해지하게 되면 남아있는 기간만큼만 일할로 계산해서 그 금액을 위약금으로 돌려주면 되었지만, 현재는 메이저 편의점 모두 중간에 계약 해지시 전액 돌려받는 방식을 선택하여 점포의 이탈을 방지하고 있으니 점주 입장에서는 일시금에 대한 지원을 선택할시에는 신중히 고려해야 할 것이다).

다음으로 매월 정해진 일정금액을 받는 방식은 앞으로 매출이 하락할 가능성이 많은 점포에서 선택하면 좀 더 유리하다. 즉 매출이 하락하여도 매월 받는 금액이 일정하기 때문에 매출의 상승폭에 따라 지원금이 다르게 산출되는 정율의 방식보다 안정적이라 할 수 있겠다.

그리고 마지막으로 매월 매출이익에서 %로 지급하는 정율의 방식은 앞으로 매출이 상승할 가능성이 많은 점포에서 선택하면 좋다. 즉 매출이 올라가면 올라갈수록 점포에서 받을 수 있는 장려금 금액이 커지게 되니 유리하게 되는 것이다(실제는 본부에서는 의욕이 없어도 매출이 떨어져도 매월 일정금액을 지급하는 정액보다는 점주가 열심히 할수록 매출이 올라 점포와 본부 모두에게 이익이 되는 정율 방식을 선호하는 편이다).

다만 여기서 주의할 것은 지원금의 한계선이다. 편의점의 구조는 점포의 매출이 적으면 서로 이익을 나누어 가지는 방식이기 때문에 점포뿐만 아니라 본부의 손익도 저조할 수 밖에 없다. 그리고 이 장려금의 최대치는 본부의 손익분기점 내에서 진행이 가능하기에 협상시 인근 점포와의 단순 재계약조건 비교가 아닌 본인 점포의 매출에 따라 적정한 금액의 장려금 지원 요청이 필요하다고 할 수 있겠다.

② 두 번째로 받을 수 있는 혜택은 리뉴얼 공사 요청이다

편의점을 창업 후 운영하면서 60개월이 지나면 집기가 고장나거나 인테리어가 노후화되어 점포 이미지가 악화되고 심지어 매출까지 하락하는 경우가 종종 있다. 그리고 이러한 이유로 점주는 가맹재계약시 본부에 리뉴얼 공사를 요청하면 된다. 물론 재계약시 본부에서 지원할 수 있는 금액이 해당 점포의 매출에 따라 정해져 있기 때문에 무조건적인 전체적인 공사 진행보다는 그대로 활용할 수 있는 부분은 놔두고 꼭 필요한 공사만 진행하는 것이 효율적이라 할 수 있겠다. 즉, 재계약시 받을 수 있는 혜택이 총 6,000만원선 정도라면 5,000만원은 장려금(일시금, 정액, 정율) 방식으로 지원받고 1,000만원은 공사를 하겠다는 식으로 말이다.

또한 특성상 인테리어 공사는 고객이 내 점포에 들어왔을때 느끼는 변화에 가장 영향을 줄 수 있지만 중도해지시 잔존가라는 부분이 남는다는 단점이 있으며, 집기 공사는 잔존가가 아니라 철수비이기 때문에 부담은 덜하지만 고객이 느끼는 변화의 체감도는 떨어진다는 단점이 있으니 잘 선택해서 공사 부분을 정해야 할 것이다(즉 점포 밝기를 강화한다던지 바닥을 수리한다던지의 인테리어 공사는 금방 알 수 있지만 도시락/유제품 냉장고나 진열대 같은 집기의 교체는 고객들에게 크게 느껴지지 않는다).

그리고 주의할 부분은 위에서도 잠깐 설명했듯이 리뉴얼 공사의 경우 진행을 하게 되면 점포의 입장에서는 바로 잔존가 및 철수비로 남는다는 점이다. 다시 말해 점포는 깨끗해지지만 혹시 중간에라도 계약해지를 하게 된다면 그대로 남아있는 잔존가를 손해배상금으로 물어내야 하니 반드시 적정한 수준에서의 공사를 추천한다.

재계약시 필요한 최소한의 공사는?

보통 메이저(GS25, CU, 세븐일레븐, 이마트24) 편의점을 창업하게 되면 60개월이라는 의무계약 기간이라는 반강제적인(?) 조건이 있어 해당 기간 동안에는 무조건 운영을 해야 한다. 그리고 그 약속을 지키지 못한다면 엄청난 손해배상금과 시설인테리어 잔존가, 집기 철거보수비 등이 점주에게 부과되는 시스템이다. 그러나 다행히도 높은 매출로 인해 60개월의 약속을 지키고도 계속해서 운영이 가능하다면 편의점만큼 달콤한 혜택을 주는 업종도 아마 없을텐데, 그 중에서도 가장 대표적인 혜택이 바로 지원금(돈)과 리뉴얼 공사이다. 좀 더 구체적으로 얘기하자면, 현재 우리나라의 편의점 업종은 많은 점포수와 브랜드간의 치열한 경쟁으로 인해 계약기간이 종료되는 점포에 대해 다양한 지원을 해주며 자사 점포를 유지하거나 타사 점포를 빼앗아오거나를 반복하고 있는 것이다. 그렇다면 지원금과 공사를 모두 넘치도록 받을 수 있을까? 물론 그렇지는 않다. 본부에서도 정해진 수준의 금액이 있기에 지원금을 많이 받으면 공사를 줄이던가, 아니면 공사를 늘리고 지원금을 많이 받을 수 밖에 없는 것이다. 그러면 어느쪽이 유리할까? 지원금만 받으면 안정적이기는 한데 점포가 오래되어 매출이 오를 가능성이 적고, 공사를 늘리면 점포가 깨끗해져서 매출이 오를 가능성은 높지만 낮은 지원금으로 불안정할 수도 있기에 정답은 지원금은 최대한으로 늘리는 동시에 공사도 최소한이라도 해야 한다는 것이다. 그럼 지금부터 60개월이 지나면 점포에서 반드시 해야하는 최소한의 공사에 대해 알아보도록 하겠다.

① 천정 도색 및 LED조명 교체

점포를 오랫동안 운영하다보면 가장 눈에 띄게 약해지는 부분이 바로 매장의 밝기이다. 물론 진열대 및 쇼케이스 등의 중집기도 지저분해지기는 하지만 고객이 느끼기에는 크게 차이가 없고, 작동에도 문제가 없으니 많은 비용을 써가면서까지 교체할 필요는 없다(공사 비용이 커지면 지원금이 줄어든다). 그러나 매장의 밝기는 상품을 좀 더 환하게 해주어 구매욕을 높여주고, 바깥에서 보기에도 밝은 조명으로 인해 고객을 유인할 수 있는 만큼 반드시 60개월이 지나면 공사를 해주는게 좋다. 거기에 일반 형광등에서 LED조명으로의 교체는 큰 금액은 아니지만 전기료의 감면 효과도 있으니 일석이조가 아닐 수 없다. 그러니 재계약 조건으로 공사에 대한 협의를 진행시 가장 먼저 요청해야 할 항목으로는 LED조명과 천정 도색을 들 수 있으며, 이러한 공사에 필요한 비용 역시 150~200만원 내외로 본부의 부담이 없으니, 나머지 금액을 점포에 지원금으로 줄 수 있는 것이다(공사 비용을 60개월로 나누면 월 3만원 정도의 본부 비용이 추가된다).

② 천정형 에어컨 및 음료 냉장고 추가

이 항목은 되도록 재계약 조건으로 진행을 해야 하는데, 그 이유는 운영 도중에는 높은 공사 비용으로 인해 진행이 어렵기 때문이다. 더욱이 음료 냉장고의 경우는 매출 상승에 상당한 영향을 끼치는 공사인 만큼 재계약 시즌에는 반드시 진행해야 하는 것이다. 요즘에는 예전에 비해 엄청나게 빠른 속도로 신상품이 출시되고 있는 추세로, 과자 및 컵라면 등의 일반적인 상품은 신상품이 들어와도 추가로 진열하기가 수월한 반면, 음료와 맥주 등의 상품은 공간이 한정되어 있어 여간 어려운 것이 아니다. 그러나 안타깝게도 매출의 대부분은 과자나 컵라면이 있는 중앙 진열대가 아닌 유제품이나 음료, 주류가 진열되어 있는 냉장고에서 발생하기 때문에 절대 소홀히 해서는 안되는 것이다. 즉 음료 냉장고의 진열공간이 추가로 필요하다는 얘기이다. 이럴때 물론 음료 냉장고 자체를 바꾸면야 더욱 좋겠지만 그렇게 되면 비용이 과도하여 지원금을 많이 받을 수 없으니, 최소한의 비용으로 할 수 있는 음료 냉장고 옆 스탠드형 에어컨을 천정으로 올리고 음료 냉장고 한대를 추가로 설치하는 것이다. 그러면 음료수와 맥주를 진열할 수 있는 공간도 늘어나고, 신형 에어컨으로의 교체로 전기료의 절감 효과도 볼 수 있으니 이보다 더 좋을수는 없는 것이다(비용은 대략 400만원 내외로 본부는 월 7만원 정도의 비용이 추가된다).

③ 데크(테라스) 설치 및 보수

마지막 필수 공사 항목으로는 데크 설치 및 보수를 들 수 있다. 물론 기존에 데크가 없고 설치 가능한 공간이 있는 점포라면 가장 좋은 효과를 볼 수 있겠지만, 기존에 데크를 운영 중인 점포인 경우에도 재계약 시에는 반드시 보수 공사를 해야 한다. 앞에서도 언급했듯이, 편의점은 계속해서 늘어나는 점포로 인해 경쟁이 더욱 심해지고 있는 상황으로, 고객은 조금만 마음에 들지 않으면 언제든 다른 점포로의 이탈이 쉬워지게 되었다. 이런 현실에서 점포 안에서 혹은 바깥에서 음식을 간단하게 먹을 수 있는 공간은 경쟁점과의 차별화를 할 수 있는 가장 큰 무기가 아닐까 싶다. 그리고 그 바깥은 공간은 바로 데크가 되는 것이다. 더욱이 물가가 급격하게 오르고 있는 요즘같은 경우는 비싼 카페나 식당보다는 편의점에 와서 간단히 아이스드링크나 도시락을 즐기는 고객이 늘어나고 있는 추세인 만큼 데크의 활용도는 점점 더 높아질 수 밖에 없는 것이다. 그러니 재계약시 데크의 신설 및 보수와 함께 일부 조명까지 추가한다면 객단가 면에서 많은 도움이 될 것이다(비용은 보수의 경우 대략 200만원, 신설의 경우 300만원 내외로 역시 월 본부는 3~5만원의 비용이 추가된다고 할 수 있다).

폐점은 어떤 과정을 거칠까

편의점을 운영하건 식당을 운영하건 무슨 사업이던지 계속 잘 되어서 자식에게까지 물려주지 않는 이상 언젠가는 폐업을 하게 되어있다. 특히 사회 트렌드와 사람들의 입맛이 상당히 빠르게 변화하는 요즘 같은 시대에는 점포가 새로 생겼다가 없어지는 주기가 더욱더 짧아지고 있는데 경합점이 많이 생기는 편의점도 경우도 예외는 아니다. 다만 편의점은 일반 자영업에 비해 폐업하는 점포 수가 상당히 적고 운영하는 기간이 긴데 틀린 얘기는 아니지만 좀 더 자세히 보면 어쩔 수 없는 통계라고 밖에 할 수 없다. 그리고 이러한 데이터를 가지고 편의점 개발 담당들은 창업하려는 사람들에게 희망을 주고 있는데 이에 현혹되지 않기 위해 의무계약 기간에 대해서 반드시 알아야 한다. 편의점은 계약을 하는 순간 특별한 상황을 제외하면 무조건 60개월(5년) 동안 운영을 해야 한다. 물론 중간에라도 폐점이 전혀 불가능한 건 아니지만 손해배상금, 시설인테리어 잔존가, 집기철거 비용 등 폐점에 따르는 거액의 비용을 알게 된다면 편의점을 하면서 가맹계약 기간 전에 폐점을 하려는 생각은 순식간에 사라질 것이다. 결국 대부분의 점주들은 매출이 좋으면 다행이지만 그렇지 않더라도 울며 겨자먹기 식으로 인건비를 줄여 자신이 일하는 시간을 늘리면서까지 가맹계약 기간 만료까지 운영하고 나서 폐점을 할 수 밖에 없으니 당연히 편의점은 다른 자영업에 비해 평균적으로 폐점률이 낮고 운영 기간이 긴 것으로 나타날 수밖에 없다.

<가맹계약 기간 만료 폐점>

① 가맹계약 기간 만료 2~3개월 전 내용증명 발송

가맹계약 기간이 종료되어서 더 이상 운영할 생각이 없다면 미리 본부측에 폐점에 관련된 사항을 기재하여 내용증명을 보내야 한다. 내용증명이란 우편물의 발송인이 수취인에게 어떤 내용의 문서를 언제 발송하였다는 사실을 우편관서가 증명하는 등기취급제도를 말하며, 문서로 최소 2개월 전에만 보내도 괜찮지만 넉넉하게 3개월 전에 보내 두는게 좋다. 물론 본부 영업 담당에게 사전에 구두로 폐점 의사를 전달해도 효력은 있지만 좀 더 확실하게 하기 위해서는 내용증명을 보내는 걸 가장 추천한다. 내용도 복잡할 것 없다. 점포명과 점주명을 기재하고 '가맹계약 기간 만료에 따라 OO월 OO일자로 당 점포의 폐점을 요청한다' 정도로만 간략히 기재해도 되니 크게 걱정할 필요도 없다.

② 영업 담당에게 폐점 비용 산출 요청

폐점할 생각이 확고하고 본부에 내용증명을 발송하였다면 다음으로는 폐점 시 발생하게 되는 비용을 알아봐야 한다. 물론 5년의 운영기간을 다 채우고 가맹계약 기간 만료에 따라 폐점하는 경우에는 잔존가와 손해배상금이 없기 때문에 그 금액이 크지 않지만 대략적으로라도 미리 알아두면 좋다. 아마 보통은 시설인테리어 잔존가는 없고, 집기 철거비와 폐점 수수료(500천원/ VAT별도)를 다 합쳐서 300~350만원 정도가 발생할 것인데 이 정도면 적당하다 할 수 있고 그 이상이면 어떤 문제가 있는 것인지 다시 한 번 확인해야 한다. 이러한 자세한 내역은 물론 본부 영업 담당 직원에게 요청하면 된다.

③ 폐점 확정 및 재고 축소

본부에 내용증명을 발송하고 폐점 비용에 대한 대략적인 확인이 마무리 되었다면 폐점을 하기 위한 중요한 업무는 대부분 끝난 상황으로 볼 수 있다. 이제 점주는 각종 비용을 변제하고 나면 어느 정도의 금액을 본부로부터 돌려받을 수 있을지, 폐점을 진행한 다음 해당 금액이 언제쯤 돈이 들어올지 그리고 본부에 들어간 점주의 담보는 언제쯤 해지할 수 있는지 등 남아있는 개인적인 부분에 대해 본부 영업 담당에게 확인하면 모든 업무는 마무리 된다. 그러면 점주는 폐점일에 맞춰 미리 상품 발주를 줄이면서 재고를 축소하고, 남아있는 상품은 할인 판매로 소진하면서 당일에 진행될 집기 철수 및 인허가 폐업 등 폐점업무를 준비하면 되는 것이다.

<가맹계약 기간 중도 폐점>

① 폐점 희망 월 최소 3개월 전 2~3회 내용증명 발송

가맹계약 기간이 만료되어 폐점하는 것이 아니라 어떤 사정이 있거나 일매출이 상당히 저조하여 폐점을 할 수밖에 없는 상황이라면 그 과정은 좀 더 복잡하다. 그 이유는 아직 많이 남아있는 손해배상금과 시설인테리어 잔존가 때문인데, 가맹계약 기간이 많이 남아있을수록 그 금액은 커진다. 물론 매출이 워낙 적어서 이러한 손해배상금과 잔존가를 모두 지불하고서라도 폐점을 원한다면 상관이 없겠지만 그렇지 않다면 쉽지 않은 것이다. 설령 모든 폐점 비용을 물어낸다고 하더라도 바로 다음 달 폐점하기보다 내용증명을 보내고 3개월 정도 지난 후 폐점을 해야 손해배상금이 꽤 줄어들기 때문에 사전에 내용증명을 보내는 게 좋다(본부측에 3개월의 여유를 두고 사전에 협의하여 폐점을 진행하면 중도해지가 되지만, 갑자기 1~2개월 전에 갑자기 내용증명을 보내 가맹계약 해지를 진행한다면 일방 해지가 되어 손해배상금이 두 배 이상 많아지기 때문이다). 또한 중도해지하는 경우 구두로만 폐점 의사를 밝힌다면 본부가 어영부영 미루며 대응을 하지 않을 가능성이 크기 때문에 반드시 내용증명을 보내서 확실히 해 두어야 할 것이다.

내 용 증 명

점포명 : ○○○○○
점주명 : ○○○

상기 본인은 당 점포의 매출 저조에 따른 생활비 부족, 건강 악화 등 개인적인 사정으로 인해 해당 점포의 운영이 더 이상 불가함을 알려드립니다. 이에 따라 해당 점포의 운영을 ○○년 ○○월 ○○일까지만 할 수 있도록 본부 측의 협조 부탁드립니다.

○○○○년 ○○월 ○○일
○○○ (인)

---

② 영업 담당에게 폐점 비용 산출 요청(특히 손해배상금이 중요)

내용증명을 발송하면 가맹계약 기간 만료 해지와 마찬가지로 폐점 비용을 확인해야 한다. 다만 여기서 주의해야 할 점은 중도해지의 경우 시설인테리어 잔존가와 손해배상금을 잘 확인해야 한다는 점이다. 60개월을 사용한다는 조건하에 본부의 지원을 받아 진행한 공사인 만큼 중도에 해약한다면 남아있는 금액을 배상해야 하기 때문이다. 예를 들어 초기에 본부가 공사에 3,000만원이라는 금액을 투자했는데 점주가 불가피하게 30개월만 운영하고 중도해지를 한다면 남아있는 30개월치에 대한 1,500만원을 본부에 물어내는 것이다. 물론 하나의 점포를 개점하는데 시설인테리어 3,000만원과 집기 3,000만원 정도가 들어가지만 잔존가는 시설인테리어만 남아있고, 집기는 언제 폐점을 하던지간에 단순히 철수에 필요한 비용만 발생하기 때문에 무조건 총 투자 비용에 대한 잔존가로 계산하지는 않는다는 점 참고하시기 바란다. 그리고 여기에 더해 운영한 개월 수에 따라 본부 가맹수수료에 대한 일정 개월치의 손해배상금도 있으니 계약서를 사전에 출력하여 본부 영업 담당이 가져다주는 금액과 맞는지 스스로 꼼꼼히 비교해야 한다.

③ 영업 팀장 및 부장 면담

폐점 비용까지 요청하는 과정을 끝냈다면 대부분 본부 영업 팀장이나 부장이 면담을 하러 올 것이다. 브랜드에 따라 조금씩 차이는 있겠지만 어느 회사건 폐점에 대한 부담은 크기 때문이다. 즉 폐점을 하겠다고 요청을 한다면 입지가 정말 가능성이 없는 곳이고, 매출이 아주 저조한 경우만 아니라면 본부 측에서는 팀장이나 부장을 보내 막으려고 할 것이다. 요즘처럼 경쟁이 치열한 시기에는 개점만큼이나 폐점에 대한 관리도 중요하기 때문이다. 그래서 점포 환경을 개선해 준다든지, 지원금을 좀 더 준다든지, 폐점을 하지 말고 점포 분위기 개선을 하면서 몇 개월이라도 연장하여 운영해주면 손해배상금을 줄여준다든지 등 각종 이유를 들어 폐점을 늦추거나 막으려 할 것이다. 이럴 땐 정답은 없으므로 점주의 상황에 맞게 대응하면 되는데 본부로부터 일부 지원금을 받아서 운영이 가능하다면 계속하면 되는 것이고, 양도 양수로 협의를 했다면 마지노선을 정해놓고 그때까지 운영하면 된다. 그러나 정 힘들다면 사정을 얘기하고 계획대로 폐점을 요청하면 된다.

④ 폐점일 및 폐점 비용 조정(확정)

이제 남아있는 단계는 폐점일을 협의하고 폐점 비용을 확정하는 것이다. 가맹계약 기간이 만료되어 폐점하는 경우 일자가 정해져 있으니 크게 신경 쓸 필요가 없지만 중도에 해지하는 경우는 정해진 일자가 없기 때문에 본부와 협의를 해야 한다. 보통 내용증명을 보낸 후 3개월이 지나면 바로 진행할 수 있지만 폐점에 대한 본부의 동의를 얻고 폐점 비용을 협상해야 하는 문제로 일정이 다소 늦어질 수는 있다. 그리고 이러한 일정을 서로 배려하면서 진행해야 비용을 조금이라도 더 줄일 수 있으니 일방적인 주장보다는 본부와의 유연한 대응을 하면 훨씬 좋은 결과를 얻을 수 있을 것이다. 이렇듯 여러 이유로 내용증명은 3개월 전이라면 미리 언제든 보내도 된다는 것이고 협상도 여유를 두고 미리미리 하는 게 이익이라는 것이다. 특히나 중도해지의 경우는 비용적인 측면에서 본부에서 줄여줄 수 있는 항목이 있는 어느 정도 있는 만큼 사전에 여유롭게 일정을 잡아서 천천히 협상을 하는 것이 중요하다.

<폐점 확정 후 공통 업무>

① 폐점 3개월 전부터 상품 재고 축소

폐점에 대해 본부와 협의가 끝나고 일정이 확정되었다면 그 다음 해야 할 일은 남아있는 상품을 처리할 방안을 계획하는 것이다. 물론 브랜드마다 약간씩 다르기도 하고, 어느 정도의 반품을 받아주기는 하지만 제대로 계획을 세워 준비하지 않으면 남아있는 상품으로 인해 손해를 보는 경우가 많으니 번거롭더라도 사전에 좀 더 신경을 써야 한다. 그 중에서도 발주를 줄여야 할 가장 대표적인 카테고리는 비식품 카테고리이다. 비식품은 회전율이 낮을 뿐만 아니라 판매도 잘 이루어지지 않아 추후 반품을 하려고 하면, 원가도 비싸기 때문에 정해져 있는 반품 금액의 대부분을 사용하게 된다. 그리하여 다른 상품들을 보내지 못하게 되는 경우가 많다. 그러니 폐점 3개월부터는 비식품은 되도록 발주하지 말고 대신 유통기한이 길고 회전이 빠른 간편식사나 유제품을 폐점하기 직전까지 일정 수량을 유지하여 매출 하락을 방지하도록 해야한다. 또한 과자나 컵라면 등은 비록 BOX 단위로 발주하지만 원가가 비싸지 않고 판매에 대한 회전이 빠르기 때문에 크게 신경 쓰지 않아도 된다. 즉, 정리하자면 먹는 것은 그대로 운영하여 매출하락을 방지하고, 먹지 못하는 것은 재고를 최대한 줄이면 되는 것이다.

② 폐점 1개월 전 상품 할인 판매

폐점하기까지 1개월을 남기게 되면 이제 본격적으로 상품 재고를 대폭 줄여야 한다. 이때에는 단순히 발주를 줄이는게 아니라 기존 재고를 소진해야 하므로 이 때에는 할인 판매가 가장 효과가 좋다. 이러한 행사는 본부와 협의를 하여 진행하는데 단기간에 상품을 줄여야 하므로 일반적인 점포에서의 경우처럼 5~10% 정도 할인해서는 효과가 거의 없다. 마지막이라 생각하고 20~30% 내외의 공격적인 할인을 진행해야만 겨우 고객의 구매를 이끌어 낼 수 있다. 또한 이 시점에는 단순히 몇몇 특정 상품이 아니라 전 상품을 대상으로 행사를 진행하여 고객들에게 저렴하다는 생각을 불러일으켜야 한다. 특히 반품이 불가능한 술은 더욱 적극적으로 할인을 해서 재고가 거의 없도록 해야 한다. 폐점 한 달 전의 목표는 상품 판매가 아니라 재고를 줄이는 것이기 때문이다.

③ 폐점 당일 집기 철거 및 반품, 술·담배 지점 간 이동

폐점 당일에는 본부에서 거의 모든 업무를 진행하기 때문에 점주는 확인 작업만 하면 된다. 폐점 업무는 당일 아침 8~9시에 매장에 남아있는 상품에 대한 재고를 조사하는 것부터 시작한다. 이때 점주는 반드시 제대로 수량을 확인하는지 점검해야 하는데 그 이유는 돈과 연결되기 때문이다. 즉 반품을 하거나 타 점포로 점간이동을 할 텐데 재고조사 시에 현장에서 확인하고 넘기는 수량에 해당하는 돈을 추후에 점주에게 돌려주기 때문이다. 그러니 두 시간 가량 진행되는 재고조사 시 빠진 건 없는지 반드시 점주가 옆에서 꼼꼼하게 챙겨야 한다. 이후 재고 조사한 상품을 센터 차량에 보내고 집기 철거가 시작되는데 카운터, 음료 냉장고, 진열대 등 각종 집기가 하나씩 철수되는 동안 점주는 옆에서 지켜보고 완료되면 제대로 처리했는지 확인서를 쓰는 정도만 해주면 된다.

④ 철거 후 각종 인허가 폐업 진행

여러 집기의 철거 업무까지 끝나면 보통 15~16시 정도가 되는데 깔끔한 마무리를 위해 매장 내에 남아있는 점주의 개인 용품들과 쓰레기를 치운다. 그런 다음 시청, 보건소, 한국 전력 등을 돌아다니면서 각종 인허가와 관련된 사안에 대해 폐업 등록을 하면 된다. 물론 이러한 업무들은 긴급한 게 아니므로 나중에 해도 되지만 폐업하는 날에 모두 끝내면 추후에 수월할 것이다. 대표적인 인허가로는 사업자등록증, 담배 소매인, 전기·전화, 인터넷, 휴게음식업 등으로 동선을 미리 정해놓고 하나씩 폐업 신고를 하러 다니면 편하게 마무리를 할 수 있다.

⑤ 폐점일 70일 전후 최종 정산 금액 확인

마지막으로 각종 인허가까지 끝내면 폐점에 대해 점주가 할 일은 모두 끝난다. 이제는 휴식을 취하거나 다른 사업을 하면서 최종 확정된 정산 금액이 나오기를 기다리면 되는데 보통은 70일 내외가 걸린다. 그 이유로는 익월에 처리되는 신용카드라든지 각종 비용 처리 문제 때문으로, 아무리 길게 잡아도 70일 전에는 해결되니 크게 걱정하지 않아도 된다. 그렇게 최종 정산이 나오면 본부 영업 담당이 금액이 적힌 합의서를 가져오는데 항목별로 확인하고 서명을 할지 말지 판단하면 된다. 그리고 금액이 맞아서 서명을 하면 일주일 내로 통장으로 돈이 들어오게 되고, 만약 예상과 다르다면 본부 담당과 구체적인 내용을 확인해가며 재검토하면 모든 업무는 끝나게 된다. 물론 담보가 근저당이나 예금 질권으로 잡혀있다면 이러한 금전 관계가 모두 끝나는 동시에 같이 해지된다고 보면 될 것이다.

폐점 비용은 정확히 알아야 한다

모든 사업이 그렇듯 편의점 프랜차이즈 역시 창업을 한다고해서 무조건 매출이 높을 수는 없다. 특히 처음에 기대했던 것보다 주변 상권이 취약하여 기본 매출이 너무 낮거나 갑자기 인근에 경쟁점이 오픈하여 매출이 상당부분 줄어도, 24시간은 계속해서 운영해야 하므로 과도한 인건비를 제외하면 오히려 스태프보다 점주의 급여가 적게 되는 최악의 상황도 종종 발생하기도 한다. 이럴때 만약 개인 사업자라면 영업하는 시간을 축소하여 인건비를 줄인다던지, 점주인 내가 근무 시간을 좀 더 늘린다던지 하면서 폐점을 심각하게 고려하겠지만 편의점의 경우는 약간 다르다고 할 수 있다. 즉, 일반 타업종의 경우 폐점을 하게 되면 남아있는 집기를 중고업체에 싸게 팔거나 인테리어는 아깝지만 손실처리를 하면 되지만 편의점은 계약 당시 합의한 의무계약 기간 48개월 혹은 60개월을 채워야 하기 때문이다. 그렇지 않으면 본부에 지불해야하는 손해배상금이 상당하므로 반드시 편의점을 하고 싶다면 처음부터 창업 비용 뿐만 아니라 폐점 비용에 대해서도 꼼꼼히 따져봐야할 것이다. 즉, 중도해지시 남아있는 잔여계약 기간에 따라 일정 개월치의 가맹수수료를 손해배상금으로 정하기 때문으로 오늘은 이렇게 부득이한 폐점을 진행할 시 부과될 수 있는 비용에 대해 구체적으로 알아보도록 하겠다.

<가맹수수료란?>

① 가맹수수료의 뜻

: 가맹사업자가 매월 발생하는 수익(매출 이익) 중 일부를 수수료율에 따라 가맹본부에 지급하는 금액

② CU

: 24시간 P1 20% / P2 30% / G1 40% / G2 32%

: 19시간 P1 25% / P2 35% / G1 50% / G2 40%

③ GS25

: 24시간 GS1 27%(최소 17%) / GS2 33% / GS3 52%

: 19시간 GS1 32%(최소 22%) / GS2 38% / GS3 57%

③ 세븐일레븐

: 24시간 A 35% / A+ 27% / 기본투자형 20% / 공동투자형 40% / B, 안정투자형 55%

: 19시간 A 35% / A+ 32% / 기본투자형 25% / 공동투자형 50% / B, 안정투자형 55%

<CU 중도해지시 손해배상금>

① 해지일이 개점일로부터 36개월 미만일 때

: 직전 12개월 평균 가맹수수료 X 6개월치

② 해지일이 개점일로부터 36개월 경과한 때

: 직전 12개월 평균 가맹수수료 X 4개월치

③ 해지일이 개점일로부터 48개월 경과한 때

: 직전 12개월 평균 가맹수수료 X 2개월치

<GS25 중도해지시 해약수수료>

① GS1 타입

: 개점일 이후 36개월 미만일 때 직전 12개월 평균 월 매출이익 35% X 6개월치

: 개점일 이후 36개월 경과일 때 직전 12개월 평균 월 매출이익 35% X 4개월치

: 개점일 이후 48개월 경과일 때 직전 12개월 평균 월 매출이익 35% X 2개월치

② GS2 타입

: 개점일 이후 36개월 미만일 때 직전 12개월 평균 월 매출이익 35%
  X 4개월치

: 개점일 이후 36개월 경과일 때 직전 12개월 평균 월 매출이익 35%
  X 2개월치

: 개점일 이후 48개월 경과일 때 해약수수료 無

③ GS3 타입

: 개점일 이후 36개월 미만일 때 직전 12개월 평균 월 매출이익 35%
  X 4개월치

: 개점일 이후 36개월 경과일 때 직전 12개월 평균 월 매출이익 35%
  X 2개월치

: 개점일 이후 48개월 경과일 때 해약수수료 無

<세븐일레븐 중도해지시 영업위약금>

① A 타입

: 오픈 후 36개월 미만일 때 직전 12개월 평균 가맹수수료 X 6개월치
: 오픈 후 36개월 이상일 때 직전 12개월 평균 가맹수수료 X 4개월치
: 오픈 후 48개월 이상일 때 직전 12개월 평균 가맹수수료 X 2개월치

② B 타입

: 직전 12개월 평균 가맹수수료 X 총 가맹계약 기간의 10%에 해당하
  는 기간

<시설인테리어 잔존가(잔존가 O)>

① 개점 시 투자된 인테리어 공사 금액을 60개월로 나눈 후 남아

있는 기간의 잔존가 부과

: 3,000만원의 인테리어가 투자된 점포에서 25개월 남기고 폐점한다
면 50만원 X 25개월 = 1,250만원

② 벽체, LED등, 천정 등 시설인테리어 공사는 중간에 폐점시 다시
재활용할 수 있는 부분이 아니라 그대로 폐기를 해야하기 때문에 잔
존가가 남는다.

<집기 철거보수비(잔존가 X)>

① 중집기에 대한 철거 및 보수비로 평수, 집기의 수에 따라 다르지
만 대략 300만원 내외로 부과

: 도시락/유제품 냉장고, 음료 냉장고, 리치인, 진열대 등 집기에 대
한 철거 및 보수비

② 집기 철거보수비는 시설인테리어처럼 남아있는 잔존가 아니
라 철거와 보수에 필요한 비용이므로 어느 시점에 폐점을 하던지 동
일하게 부과된다.

<폐점 수수료(55만원/ VAT포함)>

① 재고조사 및 회계처리 등 폐점 시 부과되는 각종 부대 비용으로
모든 점포에 동일함

* 총 폐점비용 : 손해배상금+시설인테리어 잔존가+집기 철거보수비+
폐점 수수료

<사례 적용>

* 초기 개점 시 대략 시설인테리어 3,000만원 / 집기 3,000만원 정도의 공사 금액이 투자되었다면?

예시1) 개점한지 12개월 된 24시간 G1형태 점포에서 매출 저조로 중도 폐점을 하게 된다면 예상 폐점 비용은?(매출 이익 1,000만원 가정)

① 손해배상금: (매출 이익 1,000만원 X 가맹 수수료 40%) X 4.8개월치 = 1,920만원

② 시설인테리어 잔존가: (최초 투자된 3,000만원 ÷ 계약 기간 60개월) X 잔여계약 기간 48개월치 = 2,400만원

③ 집기 철거보수비 및 폐점 수수료 : 대략 300만원 + 55만원(VAT 포함) = 355만원

* 총 폐점 비용 : 1,920만원 + 2,400만원 + 355만원 = 4,675만원

예시2) 개점한지 40개월 된 24시간 P2형태 점포에서 부당한 사유로 일방 폐점을 하게 된다면 예상 폐점 비용은?(매출이익 1,500만원 가정)

① 손해배상금: (매출 이익 1,500만원 X 가맹 수수료 30%) X 4개월치 = 1,800만원

② 시설인테리어 잔존가 : (최초 투자된 3,000만원 ÷ 계약기간 60개월) X 잔여계약 기간 20개월치 = 1,000만원

③ 집기 철거보수비 및 폐점 수수료 : 대략 300만원 + 55만원(VAT 포함) = 355만원

* 총 폐점 비용 : 1,920만원 + 2,400만원 + 355만원 = 3,155만원

※ 물론 편의점 브랜드별로 가맹형태 및 영업기간에 따라 손해배상금의 부과 개월 수에 약간씩의 차이가 있을 수 있으니 가맹계약서를 꼼꼼히 확인 후 내용에 맞는 잔여계약 기간(개월 수)를 적용하면 될 것이다.

<협상 과정>

개점 후 매출이 저조하여 폐점하려 하는 경우 물론 점주의 힘든 상황

은 알겠지만 본부와의 잘못된 협상 방식으로 인해 손해를 보는 경우를 종종 보게 된다. 초기 개점 시 본부가 제시한 예상 매출과 현저한 차이 (30~50%)가 생기는 경우를 제외하고는 가맹계약서에 명시되어 있기 때문에 중도해지 시 점주는 당연히 '을'의 입장이 될 수밖에 없다. 그러니 당장 올라오는 '화'는 잠시 접어두어야 한다. 그 대신 차근차근 최소 6개월 전부터 영업 담당에게 폐점 관련 얘기를 하고, 3개월 전에는 반드시 폐점을 요청한다는 내용증명을 본부로 보내야 한다(중도해지 요청시 필수 사항). 그리고 최대한 현재 점주의 힘든 상황을 많이 어필하고, 더 이상 운영이 힘든 이유를 논리적으로 설득해야 한다. 또한 영업팀장과 부장 면담을 진행하는 과정을 지속적으로 반복하다보면 가능한 범위 내에서 최대한 손해배상금을 줄일 수도 있을 것이다. 물론 이것 역시 폐점 사유가 적절하다는 전제하에서인데, 개점 전 체결한 60개월 의무계약의 가맹계약은 어쩔 수 없이 서로간의 신뢰를 바탕으로 한 약속이기 때문이다.

중도 폐점시 해야 할 일은?

편의점을 운영하면서 계속해서 매출이 높아, 60개월(가맹계약 기간) 후 장려금을 받고 재계약까지 진행하게 된다면 더할 나위 없이 좋을 것이다. 그러나 자본주의 사회에서는 경쟁을 통해 돈은 버는 사람이 있으면, 반대로 돈을 잃는 사람도 반드시 존재하게 마련이다. 그 중에서도 특히 편의점 프랜차이즈의 경우는 더욱 경쟁이 심각한데, 그 이유는 바로 낮은 창업 문턱과 운영을 해야하는 의무계약 기간(60개월)이 정해져 있기 때문이다. 즉 특별한 기술이 필요없는 편의점 창업은 누구에게나 열려있으며, 운영을 하면서 매출이 저조하여 점주에게 돌아오는 이익이 없다고 해도 가맹계약 기간 내에는 임의로 폐점을 할 수 없으며, 이로인해 폐점은 적고 개점을 점점 늘어나는 경쟁이 심화되는 현상이 나타나고 있는 것이다. 그렇다면 중도에 폐점하는건 불가능할까? 물론 아니다. 일정 금액의 손해배상금과 잔존가 등 모든 비용을 정당하게 본부에 지불하면 당연히 폐점은 가능하다. 그러나 그 금액이 상당히 큰만큼 점주 입장에서는 손해를 최소화해야 하는데, 지금부터 매출 저조에 따른 가맹계약 중도해지에 필요한 진행(협상) 과정에 대해 알아보도록 하겠다.

우선 원칙적으로 가맹계약 기간 중도에 해지를 하게 되면 점주의 책임이 대부분이라고 본다. 그 이유는 첫째, 점주는 가맹계약을 맺을 때 이미 계약서에 나와 있는 60개월 혹은 48개월을 인지하고 있었기 때문이며 둘째, 본부는 60개월이라는 가맹계약 기간을 전제하고 개점 공사를 진행했고, 그 기간에 맞춰 본부 손익에서 매월 감가상각되는 금액을 빼고 있었기 때문이다. 그러므로 아래의 내용이 기준이나 원칙이라기 보다는 점주가 본부의 협상시 필요한 최소한의 진행 과정이라고 생각하면서 참고 정도만 하시길 바란다.

본격적으로 폐점(중도해지) 관련 얘기를 하기에 앞서 이러한 의무 계약 기간이 생기게 된 배경에 대해서 알아봐야 한다. 기존에도 수차례 언급했듯이 편의점은 초기 개점에 필요한 공사 비용을 전액 본부에서 투자하므로 점주는 창업에 필요한 비용이 타업종에 비해 상당히 적은 편이다. 공사 비용은 매장의 평수에 따라 다르지만 집기와 시설인테리어를 포함 대략 6,000만원 내외가 발생한다. 그렇다면 본부는 이 비용을 공짜로 해주는 것일까? 물론 아니다. 가맹계약 기간을 정해놓고 그 기간에 맞춰서 본부의 손익에서 상각 처리를 하는 것이다. 다시 말해, 본부가 공사비용으로 6,000만원을 투자하고, 점주와 60개월의 가맹계약을 체결했다면 본부는 매달 생기는 손익에서 매월 100만원의 비용을 제하고 가져가는 것이다. 그러니 본부에서는 점주가 60개월의 가맹계약 기간 약속을 지키지 못하면 당연히 손해가 발생하는 것이고, 이에 따라 손해배상금 및 잔존가 등을 회수하려는 것이다.

중도해지 진행 과정의 첫 번째 순서는 건물과의 임대차 계약 기간을 확인하는 것이다. 점주가 직접 임대차 계약을 체결한 점주임차형이던, 본부에서 임대차 계약을 체결한 본부임차형이던 임대차에 대한 계약 기간이 남아있다면 둘 다 가맹계약을 해지하더라도 의미가 없으며, 월세에 대한 부담은 계속해서 발생하기 때문이다. 그러므로 폐점을 고려하거나 요청하기 전에 반드시 남아있는 임대차 계약의 만료기간을 확인하고, 해당 업무를 진행해야 할 것이다(다행히 임대차 계약은 대부분 초기 2년간의 체결 후 1년 혹은 2년 단위로 갱신하는게 일반적이다).

두 번째로 바로 영업 담당에게 폐점 비용에 대해 문의하는 것이다. 가맹계약서에 개월 수에 따른 손해배상금은 나와 있기 때문에 그 금액은 대충이라도 알 수 있겠지만, 시설잔존가 및 집기철거비용은 본부 직원의 확인이 필요하다. 단순히 개인적으로 비용을 산출했다가는 나중에 금액차이가 많이 발생하여 준비하는데 애를 먹을수가 있으며, 본부에 폐점비용을 요청하는 행위 자체가 폐점을 하고 싶다는 의사를 사전에 미리 표시하는 것이므로 반드시 예상되는 폐점 월에 따라 발생하는 구체적인 비용을 항목별로 서면으로 받아두는 것이 좋다.

세 번째, 중도해지에 발생하는 금액을 확인했다면 본부측에 가맹계약 해지 내용증명을 발송한다. 내용증명을 발송하는 업무는 최소 폐점을 원하는 해당월 3개월 전에 진행해야 하는데, 그렇지 않을 경우 본부와의 합의해지가 아닌 점주측의 일방해지가 될 수 있기 때문이다. 즉 6월에 폐점을 원한다면 3월까지는 내용을 보내야하며 그 기간이 지나 일방해지가 되면 본부에 지불해야 하는 손해배상 비용은 합의해지보다 1.5배 정도 많아지게 된다. 그러니 반드시 기간은 잘 지켜야하며, 대신 3개월보다 일찍 보내는건 전혀 상관이 없으니 깜빡하고 잊어벌릴까 걱정이 된다면 미리 내용증명을 발송해 놓는것도 좋은 방법이라 할 수 있겠다. 그리고 내용증명을 발송한다고 해서 바로 해지되는 것도 아니고 본부의 업무처리 지연이 있을까봐 미리 폐점에 관해 정확히 의사 표시를 해 두는 것이니 크게 신경쓸 필요도 없다(본부에서 점주측의 중도해지 내용증명을 받았다고 바로 해지하겠다고 한 케이스는 아직 한번도 본 적이 없기 때문이다).

네 번째로는 일정을 확실히 잡고 본부 팀장급 이상의 면담을 요청하면 된다. 여기서 포인트는 점주의 요구를 들어주지 않는다해도 포기하지 말고 계속 더 높은 직급의 직원과 면담을 요청해야 한다는 것으로, 그래야만 본부에서 사안의 중요성을 좀 더 인지할 수 있기 때문이다. 다만 주의할 점은 대화 진행시 억지를 부린다거나 성질을 부려서는 안 된다는 것이다. 앞에서 언급했지만 중도해지는 특별히 본부에서 잘못을 저질렀거나 실제 매출이 개발 담당의 예상 매출에 현저히 미치지 못하거나 하는 상황이 아닌 이상 온전히 점주의 책임이기 때문이다. 그러니 감성에 호소하는 동시에 매출이 저조하여 생활이 어려운 상황을 적극 어필하는 편이 훨씬 효과적이라 할 수 있겠다.

그리고 다음으로는 내용증명을 다시 재발송한다.

이 내용증명은 처음의 폐점 의사 표시와는 다르게, 상황이 정말 힘들다는 호소를 담는다. 내용증명을 보내면 보통은 본부의 해당 부서에 접수가 되고, 그 다음으로 해당 영업부 관련자들에게 전달된다. 즉, 처리를 하지 않으면 계속해서 기록이 남아있게 되어있는 것이다. 그러니 본부와 면담을 했어도 해결되지 않고 점포를 계속 어렵게 운영하고 있는 중이라는 것을 다시 전달할 필요가 있는 것이다.

이러한 모든 과정이 끝나면 마지막으로 최종 담판을 지으면 되는데 그 담판의 내용은 본부에서 추가 장려금을 받고 계속 운영할지, 비용을 최소화하여 폐점할지의 여부이다.

본부의 수익이 플러스(+)이거나 마이너스(-)이더라도 주변 상권방어 차원에서 유지할 필요가 있다면 추가 지원을 해서라도 살리려 할 것이다. 그리고 이러한 상황이라면 점주는 추가로 지원해주는 지원금을 판단하여 운영 여부를 결정하면 된다. 그런데 만약 양쪽의 손해가 너무 크다면 폐점하는 쪽으로 방향을 잡을텐데 그럴 시에는 면제할 수 있는 비용에 대해 최대한 협의를 하면 된다. 아마 점주의 손해가 큰 상황에서 이런 모든 과정을 거쳤다면 본부에서도 일정 금액을 면제해 줄 수도 있기 때문이다.

※ 좀 더 수월하게 중도해지를 하고 싶다면 양도양수(전환)를 하는 방향으로 업무를 진행하면 좋다. 즉 내 점포를 운영할 다른 사람을 찾는 것이다. 이때 일반 점주들이 고민하는 것이 지금도 매출이 좋지 않은 점포를 누가 인수하겠느냐인데 그 부분은 본부에서 주는 지원금을 받아 해결할 수도 있으니 참고하길 바란다. 그 이유는 앞에서도 언급했듯이 내가 운영한 개월 수만큼 초기 공사 비용에 대한 감가상각이 되었을 테고, 새로운 점주와 다시 60개월의 가맹계약을 체결하게 된다면 본부가 가질 이익은 그만큼 늘어날 것이기 때문이다.

폐점 후 원상복구는 어디까지 해야할까

편의점을 창업한 후 운영하다 보면 어느덧 60개월이라는 의무 가맹계약 기간과 함께 임대차 계약 기간이 끝나는 시기가 올 것이다. 보통 임대차 계약 기간은 건물주와 초기 계약시 24개월 체결 후 가맹계약 기간과 동일하게 유지하기 위해 보통 1년씩 자동 연장하는 경우가 일반적이다. 물론 처음에 24개월 밖에 계약을 하지 못하여도 5년 동안은 운영을 보장하는 특약을 체결하니 영업을 하는 데 있어서 큰 걱정을 할 필요는 없다(실제로 19년 개정된 상가임대차보호법상으로는 10년간 임차인의 계약을 보장하고 있다). 그리고 이렇게 아무런 문제없이 60개월 동안 가맹계약과 임대차 계약을 유지 후 양측이 원만하게 재계약을 체결하면 상관없지만, 혹여라도 매출이 좋지 않아 부득이하게 폐점을 하게 된다면 점포 상태와 관련해서 약간의 문제가 발생할 수도 있다. 바로 해당 점포에 대한 건물주의 원상복구 요구에 대한 부분이다. 간단히 말해서 임대차 계약이 종료된 후 건물주가 세입자에게 이전의 점포 상태로 돌려놓을 것을 요구하는 경우 각종 공사 비용이 발생할 수도 있게 되는 것이다.

① 본부임차형이라면 신경쓰지 않아도 된다

해당 점포의 가맹계약 형태가 본부와 건물주가 임대차 계약을 체결한 본부임차 형태라면 점주는 폐점시 점포의 원상복구에 대해서 아무런 신경을 쓸 필요가 없다. 즉 점주임차형과 다르게 점주는 건물주와의 임대차 계약과 관련해서는 전혀 상관없는 구조이기 때문에, 가맹계약이 끝나서 폐점하게 되면 이것저것 신경쓸 필요없이 가볍게 몸만 빠져

나오면 되는 것이다. 그리고나면 반대로 임대차 계약을 체결한 본부는 본격적으로 건물주와 원상복구에 관련된 협상을 진행하게 된다. 결론적으로 본부임차형 가맹계약에서 점주는 본부와의 가맹계약 이외에는 일체의 어떠한 것에도 전혀 신경쓰지 않아도 되는데, 이것은 본부임차형 계약의 가장 큰 장점 중 하나로 점주는 월세 협상, 건물주 눈치, 원상복구 등 임대차와 관련된 모든 문제에서 자유롭다고 할 수 있겠다. 물론 이러한 본부임차 형태는 이와같이 안전함이 있는 반면, 재계약시에는 임차권의 부재로 인해 아무런 혜택도 없음을 미리 숙지하고 있어야 할 것이다.

② 원상복구에도 일정 부분 범위가 있다

어쩔 수 없이 점주가 직접 임대차 계약을 맺은 점주임차형 가맹형태라 해도 원상복구 진행에는 어느 정도의 범위가 있는데, 아무리 '갓물주'라고 해도 매출이 저조하여 폐점을 하는 상황에 모든 요구사항을 들어줄 필요는 없기 때문이다. 그러나 일부 사정을 잘 모르거나 몰지각한 건물주가 오래전 사진을 보여주며 점포를 예전의 새것처럼 돌려놓으라는 어처구니없는 요구를 하는 경우가 종종 있는데 법적으로도 문제될 것이 없으니 너무 걱정할 필요는 없다. 물론 그렇다고 점주가 본인이 판단하고 원하는 부분만 정해서 공사를 해도 안되는데 원상복구라고 하면 통념상 어느 정도의 기준은 있기 때문이다. 보통은 모든 집기를 철수 후 바닥 교체, 벽체 제거, 천장 텍스 보수 등으로 입점하기 전의 사양이나 그와 비슷한 수준으로 돌려놓으면 된다. 그리고 운이 좋게도 기존 점주가 나간 후 바로 다른 업종의 입점이 예정되어 있다면, 어차피 모든 공사를 새로 해야하기 때문에 가장 기본인 벽체 정도만 제거해주고 마무리하면 좋을 것이다.

③ 편의점 재입점시 담배권으로 상대하라

편의점의 경우 보통 타업종도 많이 들어오지만 시간이 걸리더라도 다른 브랜드의 편의점이 들어오는 경우도 많다. 이러한 경우에 원상복구 비용을 최소화할 수 있는 노하우가 있는데 바로 담배권을 가지고 협상을 하는 것이다. 담배권은 일반적으로 점포에 대한 영업을 종료한 후 점주가 직접 군청에 가서 폐업 신청을 하면 없어지는데, 그런 다음 다시 점포를 운영할 사람이 새로 담배권을 취득하는 시스템이다. 때문에 혹시라도 건물주가 과도하게 원상복구를 요구한다면 이런 점을 활용하여 담배권을 바로 폐업하지 않으면 된다. 즉, 보통은 점포의 폐점시 담배권 폐업도 같이 하지만 그렇게 하지 않는다고 문제가 되거나 뭐라고 할 사람은 없으며, 미폐업 기간은 길게는 3~4개월까지 끌 수 있다. 이러한 폐업을 직권폐업이라고 하는데 이렇게까지 시간을 지연시킨다면 담배권이 있으면 좋은 업종이거나 편의점이 새로 들어올 경우 그 기간 동안 담배를 판매하지 못하기 때문에 입점을 망설일 것이고, 건물주는 그 기간만큼 손해를 보게 될 것이다. 최악의 경우 담배권 폐업에 대한 소문이 퍼지게 되면, 인근 매장과의 경쟁으로 인해 담배권 취득이 불가할 수도 있어 입점 자체가 불가능하게 될 수도 있다. 그러니 점주는 건물주와 협상시 담배권 폐업 신고를 할 것이라는 의사를 밝힘으로써 원상복구를 최소화할 수 있는 방향으로 협상을 진행하면 좋을 것이다(물론 타브랜드의 편의점 입점시 그쪽에서 대부분의 공사를 진행해주기 때문에 특별한 상황이 아니라면 철거비 부분만 잘 협의하면 된다).

④ 타업종 입점시 매장 열쇠를 주지 마라

내 점포가 폐점 후 다른 업종이 들어오려고 한다면 담배권은 협상시 크게 중요한 역할을 못할 것이다. 식당이나 치킨집, 주점 등은 담배권이 필요없기 때문인데 이러한 경우에는 천천히 버티는게 답이다. 즉 편의점을 폐점하게 되면 모든 집기를 본부에서 철수하게 되는데, 그 후 원상복구를 하지 않은채 열쇠를 건물주에게 주지 않는 것이다. 그리고 당연히 그 명분은 원상복구에 대한 협의가 제대로 되지 않았다는 이유를 제시해야 한다. 집기와 간판을 철수하고 건물이 휑한 상태로 새로운 임차인을 구하기 어렵게 만드는 작전이다. 물론 이때도 주의할 부분은 입지가 좋아서 새로운 임차인이 잘 구해지는 경우에만 해당하는 것으로, 그래야 건물주 입장에서는 새로운 임차인이 빨리 들어와 매장을 꾸며 놓아야 건물도 살고 임차료도 잘 받을 수 있는데 기존 편의점이 버티고 있어서 그렇게 못하니 안달이 나게 되는 것이다. 그러나 다음으로 들어올 임차인이 없는 곳이라면 건물주 입장에서는 오히려 잘됐다 생각하고 보증금에서 월세를 제할 명분만 제공하는 셈이니 좀 더 세심한 주의가 필요하다. 그러나 어떠한 상황이라도 철수하고 난 뒤의 텅비고 지저분한 매장을 오래두고 싶은 건물주는 세상 어디에도 없을테니 어느 정도의 효과는 볼 수 있을 것이다.

폐점 정산시 이것만은 확인하자

앞서 설명한대로 내용증명 발송부터 시작해서 집기 철거 및 각종 인허가 사항의 폐업 신고까지 모두 마무리했다면 폐점 업무의 90%는 마무리된 것이다. 아직 남아있는 10% 업무는 각종 비용을 제외하고 점주가 최종적으로 얼마나 돌려받을 수 있을지 확인하는 것인데, 보통 모든 항목을 세세히 확인하기는 어렵겠지만 중요한 몇 가지 내용에 대해서는 반드시 꼼꼼히 챙겨야 손해보는 일이 없을 것이다. 이러한 최종 정산(금액)을 확인하는 업무는 메이저 편의점별로 약간씩의 차이는 있지만 대략 폐점일을 기준으로 해서 70일 이내에 점주가 본부로부터 받거나 지불해야 하는 금액이 산출되는데, 그 이유는 신용카드나 각종 수수료 등을 처리하는데 일정한 시간이 걸리기 때문이다. 그리고 이렇게 최종적으로 금액이 산출되면 해당 영업 담당이 와서 금액에 대한 대략적인 설명과 함께 사인 등을 요청하고, 양측 모두 금액에 대한 이의가 없으면 보통 2~3일 내로 점주 통장으로 해당 금액이 송금되고 모든 폐점 업무는 마무리 된다. 그러나 그렇지 않고 만약 금액에 의심되는 부분이 있다면 해당 금액에 대한 구체적인 세부 내역을 본부에 요청하고, 수긍이 될 때까지 사인을 하지 않으면 된다. 다만 아무 문제가 없음에도 불구하고 점주가 사인을 하지 않는다면 본부에서는 해당 금액에 대해 공탁 처리를 하고 정산 업무를 강제로 종결시킬 수 있으니 참고하기 바란다.

① 폐점 직전월 상호계산계정 금액

최종 정산이 나오기 전에 확인해야 하는 내역 중 하나는 바로 폐점 직전월의 상호계산계정 금액이다. 상호계산계정이란 쉽게 말해 점주가 편의점을 운영하는 기간에 사용하는, 보이지 않는 통장이라고 생각하면 된다. 구성은 대변(입금액)과 차변(지출액)으로 되어있고, 다양의 내역의 돈이 들어왔다 나갔다 하면서 매월 상호계산계정 금액이 달라지게 된다. 그 중에서 입금에 해당하는 대변의 가장 큰 부분을 차지하는 금액은 점주가 매일 송금하는 매출 정산금이고, 지출에 해당하는 차변의 가장 큰 부분은 매일 주문하는 상품 구입 비용이다. 그리고 이러한 금액은 매월 이월되면서 액수가 바뀌고, 최종적으로 폐점을 하게 되면 마침내 끝을 내서 정산을 하게 되는 것이다. 그러니 폐점을 하기 직전월에 대한 상호계산계정 금액이 (+)인지 (-)인지를 확인하면 최종 정산시 내가 돈을 받을지 내야할지를 대충 알 수 있으며, (+)인 경우 손해배상금을 지불하는 중도해지를 제외하고 본부에 금액을 지불하는 경우는 거의 없다.

② 폐점 직전월 상품재고 금액

다음으로 확인해야 하는 부분은 바로 폐점하기 직전월의 상품재고 금액이다. 상품재고 금액은 판매를 하면 일매출이 되어 상호계산계정의 대변으로 들어갈 것이고, 남아있는 재고는 반품할 경우 역시나 점주에게 그만큼 수입으로 돌아올 것이니 최종 정산을 대략적으로나마 확인하는데 도움이 된다. 즉 폐점하기 직전에 재고가 1,000만원이 있는데 폐점하기 전날까지 700만원을 팔았다면 그 금액은 매출로 잡혀 본부에 송금을 할 것이고, 나머지 300만원 재고는 폐점 당일 본부에 반품을 할 경우 역시 돌려받는 금액이 되는 것이다. 결국 매출액 700만원은 해당 월 정산시 그 만큼의 매출이익을 상승시키기 때문에 본부와 수수료율 대로 나눈 후 점포의 이익금으로 받게 될 것이며, 재고 300만원은 본부에 반품을 시켜 상호계산계정의 대변(입금액)으로 고스란히 들어가 추후 돌려받는 금액이 된다. 그러니 폐점이 결정된다면 일자별로 상품을 적정 수준으로 유지하여 판매에 대한 기회로스가 생기지 않게함과 동시에 반품금액 300만원을 과도하게 초과하여 이도저도 못하는 상황을 사전에 방지해야 한다.

③ 인테리어 잔존가 및 집기 철거 비용

폐점을 할 때 드는 비용 중 가장 큰 부분은 역시 시설인테리어 잔존가와 집기 철거비이다. 가맹계약 기간을 모두 채운 후 폐점을 하는 경우라면 잔존가가 0원으로 크게 신경쓰지 않아도 되지만, 그렇지 않은 경우라면 반드시 꼼꼼히 따져봐야 한다. 즉 초기 투자된 인테리어 잔존가를 확인하고 60개월로 나누고 잔여 계약 기간을 곱하면 된다. 예를 들어 정산서상 최초 인테리어 비용이 3,000만원 투자되었고, 48개월만 운영하다 폐점을 하게 되었다면, 잔존가는 3,000만원에 대한 60개월을 나눈 후 남아있는 잔여 12개월치를 곱해서 600만원이 되는 것이다. 다음으로 집기 철거비는 정해진 금액은 아닌데, 그 이유는 매장마다 크기가 달라서 들어간 집기도 다르기 때문이다. 그러니 점주가 직접 계산을 하기는 어렵고 폐점을 진행하기 전에 미리 영업 담당에게 확인하면 좋다(대략 300만원 내외가 가장 일반적이다). 그리고 이렇게 가장 비중이 큰 두 항목의 비용을 미리 알아둔다면 들어오는 비용에서 해당 비용을 빼면 되니 최종 정산 금액을 예상하는데 조금은 도움이 될 것이다.

④ 초기 투자한 담보 금액

요즘은 편의점 창업에 필요한 담보 설정시 대부분 이행보증보험으로 하는 것이 가장 일반적이지만 예전에는 땅, 건물 등의 근저당이나 현금이나 예금질권을 담보로 제공하는 경우도 꽤 있었다. 그리고 이러한 담보의 경우 폐점을 하게 되면 해지를 하거나, 현금의 경우 다시 돌려받게 되므로 끝까지 업무가 제대로 이행되었는지 반드시 확인해야 한다. 또한 이행보증보험이라도 담보를 잡은 점포에서 가맹계약 기간 중도에 해지를 하는 경우라면 선납한 보험료에서 나머지 잔액을 돌려받을 수 있으므로 역시 꼼꼼히 챙겨야 한다. 즉 최초에 5,000만원의 담보를 60개월 동안 이행보증보험으로 잡는 조건으로 보험료를 300만원을 선지급 하였는데, 부득이하게 60개월 중 30개월만 운영하고 폐점을 하게 된다면 보험료 150만원을 돌려받을 수 있는 것이다. 그리고 근저당을 담보로 잡은 경우 역시 영업 담당의 실수로 해지 업무가 누락되는 경우가 종종 있는데, 이럴 경우 등기부등본에 편의점 본부가 계속 남아있을 수 있으니 반드시 최종 정산 시점에 함께 점검하면 좋을 것이다.

제4장

매출은
어떻게 올릴까

객수 늘리기

대량으로 싸게 팔자

편의점을 운영하다 보면 가장 많이 받는 클레임 중 하나가 바로 가격에 대한 부분일 것이다. 특히, 주택가 입지이며 인근에 중년층 이상이 사는 곳일수록 심한데, 시골 같은 곳이 이에 해당한다. 이러한 곳은 고객의 대부분이 기존부터 편의점이 아니라 저렴한 슈퍼나 시장을 이용했던 세대로, 가격에 대한 저항감이나 작은 크기 상품에 대한 불만을 상당히 가지고 있기 때문이다. 이런 경우 점주 중 일부는 아예 포기하고, 다른 고객층을 타깃으로 매장 운영을 하는 모습도 가끔 보는데 이는 잘못된 것이다. 그 이유는 노년층의 방문이 많은 입지일수록 상권이 좁고 대부분이 아는 동네 사람일 가능성이 크기 때문으로, 터줏대감이라 할수 있는 어르신들에게서 등을 돌린다면 운영에 상당한 어려움을 겪을수 있다. 그러니 좀 더 적극적으로 대응을 해야 하고, 이러한 동네 어르신 고객층을 대상으로 효과적으로 판매할 수 있는 방법이 바로 묶음 할인판매를 하는 것이다. 어른들의 경우 기왕이면 크고 저렴한 걸 찾는 성향이 강해 묶음으로 할인 판매를 하게 되면, 매출도 올리고 단골도 확보하는 일석이조의 효과를 노릴 수 있다. 더욱이 이러한 방법은 객단가도 높아지는 만큼 이를 제대로 숙지하여 적절히 활용한다면 충성 고객과 함께 매출을 올리는 데에 큰 도움이 될 것이니 참고하길 바란다.

① 봉지면 묶음 할인판매
　라면 중에서도 봉지면은 의외로 어르신들이 가장 선호하는 상품 중 하나이다. 간단하게 한끼를 때울 수 있을 뿐만 아니라, 가격도 저렴하고 유통기한도 길어 집에다 보관했다가 두고두고 먹을 수 있기 때문이다. 그래서인지 어르신들이 많이 거주하는 지방(외곽) 동네의 마트에서는 봉지면이 판매하는 상품들 중에서도 높은 상위권을 차지하고 있다. 그러면 상대적으로 가격이 비싼 편의점에서는 어떻게 대응을 하면 좋을까? 바로 5개입으로 묶어서 나오는 라면을 할인해서 판매하는 것이다. 어른들은 한 번에 여러 개씩 구입하는걸 좋아하기 때문에 묶어서 할인을 해주면 오히려 반응도 좋고 판매도 늘어날 확률이 높다. 한편 젊은 층은 대량구매보다는 필요할 때 하나씩 구매해서 바로 취식하는 경향이 많고 가격에 대한 저항도 그다지 높지 않기 때문에, 낱개로 판매 시에는 그냥 정상적인 가격으로 팔아도 매출에는 큰 영향이 없을 것이다.

② 흰우유 묶음 할인판매

대용량 사이즈의 흰우유는 어르신들이 자주 구매하는 대표적인 상품이기도 하다. 주로 본인이 드시거나 놀러오는 손주들에게 먹이는 용도로, 우유는 마셔야겠는데 멀리 있는 마트까지 가기 힘들때 종종 가까운 편의점을 찾게 되는 것이다. 그리고 이런 불편한 상황에서 편의점이 두 개씩 묶어서 할인판매를 하게 되면, 고객들로부터 높은 호응을 얻을 수 있다. 또한 우유는 가격에 대한 민감도가 높은 상품인 만큼 할인을 해서 판매한다면 주변 동네 주민들로부터 호의적인 반응도 불러일으킬 수 있어 상당히 효과적인 방법이기도 하다. 다만, 여기서 주의할 것은 모든 큰 사이즈 상품을 묶어서 할인하는게 아니라 가장 인지도 높은 한 가지 상품으로만 행사를 하고 나머지는 정상 가격으로 판매하여, 한 개씩 구매하는 고객에게는 편리함을 제공하고 두 개씩은 구매하는 고객에게는 할인해서 판매한다는 저렴한 이미지도 심어줄 수 있어 일석이

조의 효과를 얻을 수 있을 것이다.

③ 간식거리 묶음 할인판매

핫바는 아이들 간식이나 술안주 등으로 가볍게 먹을 수 있는 인기 상품 중 하나이다. 특히 전자레인지를 활용해 간단히 조리할 수 있어서 즉석으로 혹은 집에 보관했다가 출출할 때 먹을 수 있는 좋은 아이템이라 할 수 있다. 더욱이 가격도 저렴한 편이라 고객이 구매하기에도 부담이 없는데, 한 개씩 판매하는 것도 좋으나 묶어서 판매하면 체감 가격이 더욱 저렴해져서 더 큰 효과를 볼 수 있다. 즉, 기본적으로 핫바는 2+1행사를 자주 하는데 이 행사를 그냥 진행하는게 아니라 핫바를 고무줄로 3개씩 묶어서 진열해 놓고 판매를 하는 것이다. 물론 고객이 알아서 3개를 집을 수도 있지만, 한 덩어리로 묶여 있으면 편리함으로 인해 구매율이 더욱 높아지기 때문이다. 실제로 고무줄로 묶어서 진열해 놓은 경우, 기존과 똑같은 행사를 했음에도 불구하고 120% 이상의 판매 상승을 보인 점포가 많은걸 보면 고객들은 묶어서 진열해 놓았을때 좀 더 싸게 판매한다고 생각하는 경향이 있는 듯하다.

시간을 정해 놓으면 지갑이 열린다

편의점에서 상품을 판매할 수 있는 방법은 상당히 다양하다. 예를 들어 분위기 연출, 카테고리킬러 같은 대량 진열, 어울리는 상품끼리의 동반 진열 등 적용할 수 있는 마케팅 기법은 여러가지가 있다. 그중 고객에게 혜택을 주는 동시에 초조함을 유발시켜 구매를 유도할 수 있는(지갑을 열게 하는) 기법이 바로 타임 세일이다. 이러한 타임 세일을 적극적으로 활용한다면 고객에게는 가격적인 혜택을 주어 충성스러운 단골 고객으로 만들 수 있으며, 점주에게는 폐기상품을 줄여 손해를 덜 보게 하는 등 일석이조의 효과가 있기 때문에 제대로 적용한다면 매출에 큰 도움이 될 것이다. 그럼 지금부터 타임 세일을 진행하는 구체적인 방법에 대해 알아보도록 하겠다.

① 일정 기간을 정해서 진행하는 행사

우선 첫 번째로 날짜를 정해서 할인하여 상품을 파는 방식으로, 주로 상온에서 진열이 가능하고 고객의 선호도와 인지도가 높은 상품을 판매하고자 할 때 효과적이다. 특히 이 방법은 인근에 경쟁점이 있을 때 진행하면 좋은데, 고객의 구매가 잦은 상품이기 때문에 할인 이벤트를 하는 순간 바로 주변에 홍보가 되고, 경쟁점의 고객을 쉽게 뺏어올 수 있는 가장 빠른 마케팅이기 때문이다. 또한 주차별로 고객의 니즈에 맞게 할인상품을 교체해가며 행사를 한다면 추가로 충동구매도 유도할 수 있기 때문에 객단가를 올리는 데도 많은 도움을 받을 수 있을 것이다.

② 특정 시간을 정해서 진행하는 행사

특정 시간을 정해서 하는 할인은 주로 유통기한이 짧은 도시락, 김밥, 샌드위치 등 간편식사에 적용하는 방법이다. 어차피 간편식사의 경우 야채나 과일 등과 달리 유통기한이 하루밖에 안되기 때문에 폐기 시간이 다가온다고 해도 상품의 질이 떨어지거나 하는 문제가 없다. 때문에 유통기한 임박시에 할인을 해서 팔아도 고객의 입장에서는 전혀 이상이 없고, 오히려 이 시간만 잘 맞추면 저렴하게 구매할 수 있는 이득을 얻을 수 있다. 게다가 점주 입장에서도 굳이 유통기한이 얼마 안되는 상품을 끝까지 가지고 있다가 폐기하는 것보다 일정 금액 할인을 해서라도 판매할 수 있다면 더 나을 것이다. 실제로 오피스 입지에서 원두커피를 아침 시간대에 할인하거나 대학가 일부 점포에서 도시락 및 김밥을 유통기한 마감 2시간 전 20% 할인, 1시간 전 10% 할인 행사를 통해 전년 대비 판매율을 130% 이상 올린 경우도 있으니 잘 활용해 보길 바란다.

③ 고정된 요일을 정해서 진행하는 행사

일정 요일을 정해서 할인하는 행사는 주로 금요일부터 토요일까지로 각종 안주류 위주로 하는게 일반적이다. 이것은 '불금'부터 들뜨기 시작하는 고객의 심리를 이용하는 방법으로 원칙상 술, 담배는 행사가 불가능하기 때문에 동반으로 구매할 수 있는 족발, 곱창, 건어물 등의 냉장안주류에 할인 이벤트를 적용하는 것이다. 이것은 최근 인기리에 행해지는 마케팅으로 행사 쇼카드 탈부착 등이 귀찮아 매장에서 활용을 잘 안하고 있기는 하지만 행사상품의 특성상 이익률이 좋고 판매 단가가 높기 때문에 매출 상승에 큰 도움이 되니 조금 더 신경쓰면 좋을 듯 하다.

객수 늘리는 가장 확실한 방법 1+1

고객의 입장에서 편의점을 이용할때 가장 좋은 이벤트가 바로 '1+1' 또는 '2+1'행사가 아닐까 한다. 이용하는 입장에서 보면 기본적으로 편의점은 접근성이 좋고 24시간 운영한다는 편의성 때문에 자주 이용하게 되겠지만, 슈퍼나 마트에 비해 가격이 월등히 비싸다는 불만이 생길 수밖에 없다. 그러나 점주 입장에서 보면 24시간 운영을 해야 하기 때문에 발생하는 비싼 전기요금과 높은 야간 인건비를 감당하려면 어느 정도의 가격은 받고 판매해야만 이익을 낼 수 있는 구조로, 서로의 입장이 다를 수밖에 없다. 이러한 상황에서 그나마 고객의 불만을 줄이면서도 점포의 매출을 올릴 수 있는 방법이 바로 이런 +1증정 행사이니 점포에서는 반드시 숙지하여 잘 활용하기 바란다. 특히 '2+1'행사보다는 '1+1' 행사의 전개가 아주 중요한데 겨우 1개 차이지만 심리적으로는 1개 이상의 굉장한 차이를 느끼게 할 수 있기 때문으로 되도록이면 '1+1'상품 위주로 대량으로 집중 전개하면 좋은 효과를 얻을 수 있을 것이다.

① 월말에 다음 달 행사상품을 검토한다

메이저 편의점마다 행사상품의 종류와 아이템 갯수는 매월 다르더라도 +1행사를 진행하는 건 동일하다. '1+1'행사는 물론 '2+1'까지 포함한다면 1,000품목이 넘는 상품에 대해 행사를 진행하는 것이니 그 품목이 굉장히 많다고 할 수 있겠다. 이러한 다양한 행사로 인해 고객은 좋은 혜택을 받을수 있지만 반대로 점주 입장에서는 많은 종류의 상품 중에서 내 점포에 꼭 맞는 상품을 골라 점포에 진열하기란 여간 힘든 일이 아니다. 편의점은 특히나 점포가 보통 25평 내외로 협소하기 때문에 고객의 니즈를 정확히 파악하지 못한채 상품을 발주 및 진열한다면 아무리 행사를 진행해도 판매되지 않고 체화재고로 남아있을 것이다. 그러니 우선 월말(보통은 마지막주 월요일)에 다음달 행사상품에 대한 고지가 뜨면 '1+1'행사상품만 전체적으로 둘러보고, 내 점포에 맞는 상품을 선택한 후 동시에 해당 상품에 대한 전사 판매량을 영업 담당에게 확인해야 한다. 그리고 내 입지에 맞게 선택한 상품이 전사에서도 판매량이 좋다면 이제 해당 상품을 대량으로 발주하여 운영하면 된다.

② 행사상품에 대한 발주 수량을 정한다

행사상품 아이템을 선정하였다면 이제 해당 상품에 대한 발주를 해야 할 것이다. 이때 주의해야 할 점은 처음에 상품을 어설프게 조금만 발주하여 팔다 남은 상태의 분위기로 만드는 것도 위험하고, 너무 많이 발주하여 체화 재고의 문제를 만드는 것도 좋지 않다. 그러면 어느 정도의 수량을 넣어야 적정한 것일까? 우선 해당 상품의 행사하지 않았던 월의 일평균 판매량을 확인해야 한다. 만약 한 달에 90개를 판매하였다면 하루 평균 3개를 판매한 것이 된다. 여기에 대량으로 모음진열로 행사를 하게 되면 기존에 행사를 하지 않았을 때보다 보통 2~3배의 매출 상승이 일어나기 때문에 재고를 대략 180~270개 정도 확보하여 운영하면 된다. 여기서 주의할 점은 발주를 하여 진열할때 반드시 초기 한두번에 걸쳐 대량으로 운영해야 한다는 것이다. 그래야 행사를 제대로 하는 분위기가 나기 때문인데 만약에 판매 실적이 좋지 않더라도 추후에 발주를 하지 않으면 되니 처음에 모든 수량을 세팅해 놓고 시작하는 것이 보다 좋은 효과를 얻을 수 있을 것이다.

③ 타깃을 정하여 분위기 있게 세팅한다

행사를 진행할 아이템 선정과 발주 수량이 모두 정해졌다면 이제는 상품 진열을 어떻게 연출하느냐를 고민해야 한다. 요즘은 예전처럼 단순히 물건을 쌓아놓고 판매하는 시대가 아니고, 분위기 있고 세련되게 세팅하는 것이 굉장히 중요하기 때문이다. 그러기 위해서는 먼저 선택한 상품의 예상 고객층이 누구인지 확인하는 것부터 시작해야 한다. 중년남성을 목표로 냉장안주를 판매한다면 주류와 함께 동반진열하면 좋을 것이고, 중고등학생에게 음료수를 판매하고 싶다면 인기있는 유행어나 연예인의 POP(홍보물)를 부착해도 좋을 것이다. 또한 어린이들이 주로 찾는 과자류 같은 경우 만화영화 캐릭터를 활용하면 더욱 큰 매출을 올릴 수 있다. 이렇듯 행사시 많은 수량과 함께 객층에 어울리는 디테일한 연출까지 신경 쓴다면 고객에게 이득인 '1+1'행사와 맞물려 폭발적인 판매 실적을 올릴 수 있을 것이다. 더욱이 매월 계절 및 입지에 맞게 상품의 종류를 조금씩 바꿔가며 행사를 진행한다면 새로운 단골 고객 확보에도 큰 효과를 볼수 있으니 참고하길 바란다.

많이 모을수록 잘 보인다

십 년 이상 편의점 회사(영업관리)를 다니고 있지만, 매장을 방문하면 안타깝게도 행사에 대한 특별한 느낌을 받기가 쉽지 않은게 현실이다. 편의점은 마트와 달리 공간도 협소하고 행사 가격표 역시 특별하지 않기 때문이다. 그렇다면 어떻게 해야 할까? 바로 내 점포에 맞는 특정 카테고리를 선택하여 마트처럼 대량 모음진열과 집중 홍보를 하면 되는 것이다.

우선 '1+1' 행사상품이나 초특가 할인상품 위주로 특정하여 100개 이상의 수량을 발주하여 준비한다. 이때 본부에서 진행하는 행사를 그대로 따라 해도 좋고, 아니면 내 점포에서 잘 나가는 상품을 특정하여 자체적으로 할인해서 진행해도 괜찮다. 이때 주의할 점은 상품의 종류를 너무 다양하게 하면 오히려 고객의 시선을 방해하게 되어 좋지 않다는 사실이다. 그러니 한두 가지 아이템으로 집중해서 진열하도록 하길 바란다.

다음으로는 자체 제작한 홍보물(POP)이나 가격표를 준비한다. 일반적으로 사용하는 가격표는 해당 상품에 대한 가격을 알려 주는 기능 외에는 아무것도 하지 않다. 그러나 행사상품의 경우 많은 상품을 좀 더 적극적으로 팔아야 하기 때문에 더욱 눈에 띄는 홍보물이 필요한데, 그 방법으로는 홍보물을 단순화하고 큰 사이즈의 숫자만으로 표현하는 것이다. 사람들은 보통 행사를 할 때 그 상품의 이름이나 각종 제품 설명에는 관심이 없다. 즉, 고객이 아는 상품인지와 가격이 얼마나 저렴한

가에만 집중하면 된다. 그러니 행사를 할 때는 간단히 상품명을 쓰고, 기존의 가격에서 얼마나 할인해 주는지만 숫자로 커다랗게 표시하면 되는 것이다. 단순할수록 좋다는 사실을 잊지 마라.

세 번째로는 점포 앞을 활용하는 방법이 있는데, 이는 특히 고객 수를 늘리고자 할 때 효과적이다. 상품을 다양하게 꾸며서 내 점포에 오는 고객의 객단가를 높이는 것보다 새로운 고객을 만드는 것은 두 배 이상 힘들다. 이런 경우 점포 앞의 공간을 활용하면 좋은데, 저가형에 회전율이 높은 상품을 적극 홍보한다면 지나가는 고객들의 시선을 사로잡아 매출에 있어서도 효과가 클 것이다.

※ 고기도 먹어본 사람이 계속 먹듯이 행사도 해본 점주만이 제대로 할 줄 안다. 매일 하던대로 똑같은 틀에 갇혀 있지 말고, 새롭게 도전해서 변화를 만들어 보길 바란다.

요즘 대세는 편의점 신상(품) 털이

편의점 운영을 하면서 단기간에 일매출을 올릴 수 있는 방법이 기존에 없던 상품이나 집기를 새롭게 도입하는 것이라면, 장기적으로는 신상품을 적극 활용해 방문객 수와 객단가를 높여 매출을 올릴 수 있다. 늘 강조하지만 편의점 창업 시 '입지'가 중요도의 50%를 차지한다면 나머지 50%는 '발주'에 있을 만큼 매출과 직접적으로 연관되는 상품력은 상당히 중요하다. 특히나 메이저 편의점만 해도 전국에 5만개가 넘는 현재의 상황에서 집 앞 편의점에 본인이 원하는 상품이 없으면 조금만 걸어도 다른 편의점으로 이동할 수 있다. 그만큼 경쟁이 치열한 상황이라는 말이다. 그러므로 다른 편의점에서 예전부터 팔고 있는 코카콜라나 새우깡, 육개장 사발면 등과 같은 상품들만으로는 경쟁에서 우위를 선점할 수 없다. 그렇다면 한정된 크기의 편의점에서 점포를 매일 새롭게 하고 경쟁점과 차별화 할 수 있는 방법은 무엇일까? 지금부터 그 해답인 신상품에 대한 발주 및 진열 노하우에 대해 알아보도록 하겠다.

① 간편식사 신상품은 기존의 상품을 신상품으로 대체하자

도시락, 삼각김밥, 샌드위치 등의 간편식사는 유통기한이 짧고 폐기로 등록해야 하는 상품으로, 타 슈퍼 및 마트와 차별화하기 위해 필요할 뿐만 아니라 판매량도 높아 점주 입장에서는 발주하는데 상당히 어렵고 고민스러운 카테고리이다. 더욱이 매일 같은 종류의 상품을 발주하다 보면 편의점을 자주 이용하는 고객들은 같은 음식에 질리게 되고, 이러한 현상이 오래되면 결국 인근 편의점으로 고객을 뺏기는 지경까지 이어지게 된다. 그렇다고 신상품이 나올 때마다 계속 추가로 발주하면 어떻게 될까? 바로 폐기로 이어진다. 점포에서 판매되는 수량은 정해져 있는데, 갑자기 신상품으로 인해 그 이상의 상품을 보유하게 되면 당연히 폐기가 되고 대부분은 신상품에서 나올 확률이 크다. 그리고 이러한 현상은 대부분의 사람들이 초기에 새로운 상품에 대해 망설임과 거부감을 갖는 심리적 요인 때문이다. 즉 신상품이 정착하기까지는 대략 1~2주 정도의 테스트 기간이 반드시 필요하다고 할 수 있다. 다만 문제는 이렇게 폐기가 반복되면 점주들은 신상품 발주를 정지하고 기존 상품으로 다시 돌아가게 되는데 이러한 악순환을 해결할 수 있는 좋은 방법이 바로 기존 상품을 신상품으로 대체하는 것이다. 어차피 점포에서는 일정 수량 판매가 이루어지니 기존 저회전 상품을 삭제하고, 신상품으로 대체하면 폐기나 판매량에도 문제가 없을 테고, 고객의 입장에서도 기존 상품이 없으면 반강제(?)로 신상품을 선택해야 하는 상황이 생길 수도 있으니 나쁠건 없는 것이다.

② 유제품 및 냉장 식품은 회전율 및 단가를 살펴라

우유나 컵커피 등의 유제품 역시 반품이 아닌 폐기되는 상품으로, 역시 신상품 도입이 쉽지 않다. 물론 간편식사보다는 유통기한이 길지만 냉장 보관해야 하는 특성상 진열 공간이 한정되어 새로운 상품의 도입이 더욱 어렵다. 그러면 어떻게 공간을 확보해서 신상품을 넣을 수 있을까? 바로 저회전 고단가 및 저회전 저단가 상품부터 조정해 나가면 된다. 일반적으로 유제품 쇼케이스에서 가장 효자 역할을 하는 상품은 컵커피 카테고리이다. 우리나라 커피 자체의 판매량이 계속해서 높아지다 보니 편의점에서의 커피 매출 역시 매년 상승하고 있는 현실이다. 그러나 이러한 컵커피 종류 중에 아직도 저가형 컵커피가 있는데, 신상품 도입시 가격이 저렴하고 잘 팔리지 않는 상품부터 조금씩 아이템과 진열공간을 줄여가면 된다. 요즘은 커피의 가격과 품질이 전체적으로 높아지고 있어 저가형 커피의 니즈도 점차 줄어들고 있기 때문이다. 다음으로 저회전 두유나 요플레의 진열 공간을 줄이면 되는데 이러한 종류의 상품들은 회전율이 낮고, 종류의 다양함보다는 재고 유무로 매출이 발생하는 경우가 더 많아서 이 공간을 줄여 신상품을 추가하면 된다. 마지막으로 냉장 식품(핫바, 족발, 김치 등)의 경우는 간단히 회전율만 보면 된다. 즉 냉장식품의 경우 다른 카테고리의 상품보다 판매에 대한 호불호가 강하다. 그러니 우리 점포 혹은 본부 전사적으로 판매되는 상품들 위주로만 운영하고 나머지는 수시로 삭제하여 신상품으로 대체하면 될 것이다.

③ 상온 상품은 진열 위치가 중요하다

컵라면이나 과자, 음료 등의 상온에서 판매하는 상품은 어디에 진열하는가가 상당히 중요하다. 물론 유통기한도 길고 폐기 상품에 해당되지 않아서 관리적인 측면에서는 부담이 없지만, 입수 단위(한번 발주시 들어오는 최소 수량)가 크고 창고 공간을 가장 많이 차지하기 때문에 좀 더 세밀한 주의가 필요하다. 그리고 그 답은 바로 골든존에 진열하는 것이다. 앞서 언급했지만 신상품은 초기에 고객에 대한 거부감이 있을 수밖에 없고, 그러므로 반드시 가장 눈에 잘 띄는 위치에 진열할 필요가 있다. 즉 중앙 진열대에서 골든존은 최상단으로, 그곳에 진열되어 있는 기존 상품을 바로 옆 혹은 바로 밑 선반으로 옮기고 그 자리에 신상품을 진열하면 된다. 그렇게 골든존으로 진열하고 1~2주 동안 고객의 반응을 살핀다. 그런 다음 판매가 잘 된다면 다시 새로운 신상품이 들어왔을 때 인근으로 옮기면 되고, 판매가 잘되지 않는다면 하단으로 축소해서 진열하면 된다. 이러한 작업을 반복하다 보면 골든존에는 신상품이나 고회전 상품이 놓이게 되고, 나머지 상품들은 자연스럽게 하단으로 내려갈 것이다.

④ 신상품용 쇼카드는 반드시 부착해야 한다

위에서도 잠깐 언급했듯이 신상품은 기존에 판매하고 있던 상품에 비해 인지도가 떨어지기 때문에 당연히 판매율이 낮을 수 밖에 없다. 물론 예전에 비해서는 SNS를 통해 사전에 홍보가 되거나 신상털이(?)를 즐겨하는 MZ세대로 인해 판매율이 높아지고 있지만, 아직도 수많은 신상품들이 출시되었다가 아무런 반응도 없이 사라지는 경우가 대부분이라 하겠다. 이러한 이유는 사람들은 기본적으로 변화보다는 기존에 하던 행동양식을 그대로 하려는 심리 때문으로 먹는 식습관에서도 동일하게 나타나기 때문이다. 더욱이 요즘같이 변화가 빠른 시대에는 매주 엄청난 종류의 신상품이 나오지만, 예전에 출시된 새우깡이나 양파링, 신라면처럼 베스트셀러 상품이 나오기 힘들어지게 되었다. 그리고 이러한 이유로 일부 점포에서는 신상품의 도입을 꺼려하고 있는데, 경쟁점이 없는 경우는 다행이지만 그렇지 않을 경우 고객이 이탈할 수 있는 우려가 있으니 주의해야 한다. 즉, 신상품은 고객들에게 새로운 상품의 재미를 알려주고, 자주 방문하여도 구매할 상품이 있다는 인식을 주는 등 매출에 중요한 역할을 하기 때문이다. 그러면 이렇듯 저조한 판매율을 어떻게 해결해야 할까? 바로 신상품 쇼카드를 부착하는 것이다. 언뜻보면 굉장히 단순하다고 생각할 수 있겠지만 쇼카드를 부착하는 점포와 그렇지 않은 점포와의 신상품 판매율은 차이가 상당하다. 특히, 오랫동안 인기를 누리기보다 신기함과 궁금함으로 잠깐 팔렸다가 사라지는 신상품이 대부분인 요즘같은 현실에서 초기에 빠르게 팔고 빠지려면(?) 반드시 쇼카드 홍보를 통해 고객에게 신상품임을 알려야 할 것이다.

카운터는 누구나 지나친다

어떤 종류의 자영업을 하던지간에 카운터는 매우 중요한 위치라 할 수 있다. 상품을 구매하건 구매하지않건 상관없이 고객은 매장에 들어오는 순간 반드시 카운터를 거쳐야 하기 때문이다(특히, 식당의 경우는 계산과 동시에 음식맛에 대한 고객의 최종 평가가 이루어지는 공간이기도 하다). 편의점의 경우도 마찬가지로 레이아웃(도면)상 카운터는 항상 출입문과 가장 가까운 곳에 위치하기 때문에 고객이 매장에 방문시 점주 혹은 스태프와 반드시 마주칠 수밖에 없으며, 또한 마지막으로 상품을 고를 수 있는 장소인 만큼 충동적인 매출이 일어나기도 한다. 그렇기 때문에 카운터는 매우 중요한 공간이라고 할 수 있으며, 상품의 종류와 진열 방식을 제대로 활용한다면 추가적인 매출을 올리는데 큰 기여를 할 수 있을 것이다. 그럼 지금부터 카운터에 어떠한 상품들을 진열하면 좋을지에 대해 좀 더 구체적으로 알아보도록 하겠다.

① 숙취 음료 및 숙취 환

이것은 유흥가 입지나, 주변에 사무실이 있는 오피스 점포에서 주로 활용하는 방안으로 숙취에 도움이 되는 '컨디션' 및 '여명808'과 같은 마시는 음료나 요즘 뜨고 있는 '상쾌환' 등을 진열하는 것이다. 이러한 상품들은 계획적인 구매뿐 아니라 충동적으로 구매가 이루어지는 특성이 강한 상품으로, 고객이 술을 마시러 가는 길에 담배를 사러 왔다가 카운터에 있는 숙취 상품을 보고 구매하거나 전날 술을 마시고 출근하는 길에 편의점에 들렀다 눈에 띄어 구매하는 경우가 상당 부분을 차지한다. 또한 이러한 상품들은 가격과 이익율이 높은 상품으로서 객단가 측면에서도 상당히 도움이 되기 때문에 카운터에 모음진열하여 잘 세팅해 놓으면 큰 효과를 볼 수 있을 것이다(특히, 주류 판매량이 높은 여름철이나 연말연시 회식이 잦아지는 시즌에 맞춰 준비해 놓으면 높은 매출을 올릴 수 있으니 참고하길 바란다).

② 가격이 비싼 껌류

예전에는 편의점 카운터에 주로 가격이 저렴한 스틱형 껌이나 낱개 사탕(츄파춥스) 등의 가벼운 상품들 위주로 진열하였는데, 이러한 상품들은 주로 아이들이 선호하는 상품으로 회전율은 높으나 싼 가격으로 인해 매출에는 크게 도움이 되지 않았다. 반면 요즘에는 트렌드가 조금 바뀌어 어른들의 구매를 유도하는 높은 가격의 껌이나 입냄새 제거용 상품들을 주로 진열하는 추세로, 차량에서 먹을 수 있는 통에 들은 '자일리톨'이나 입안의 청결을 유지시켜주는 '이클립스' 등을 대표적으로 들 수 있다. 이러한 상품들은 담배를 구매하는 중장년 남성층이나 냄새에 민감한 젊은 여성들에게 선호도가 높은 편으로, 가격도 어느 정도 비싸고 가볍게 손이 가는 상품이라 회전율도 우수한 만큼 카운터에 적극 진열하면 충동구매로 인해 추가적인 매출을 올리는데 도움이 될 것이다.

③ 소시지류(천하장사, 맥스봉 등)

저가형 소시지 같은 상품은 카운터 진열시 가볍게 동반 구매를 유도하기 쉬운 아이템이다. 특히 주류를 구매하는 고객들이 구입하는 경우가 많은데 술과 안주를 구입하기 위해 카운터에 상품을 올려놓다가 금액의 여유가(잔돈) 생기면 카운터에 있는 소시지를 안주용으로 추가 구매하는 경우가 대부분이다. 물론 요즘의 신규점에는 대부분 유제품 냉장고 하단에 냉장안주와 함께 병행해서 진열하는 방식이 일반적이지만, 오래된 점포의 경우는 아직도 카운터 판매를 선호하는 점주들을 많이 볼 수 있다(실제로 어떤 방식이 좋다라기 보다는 중장년층 이상의 어르신이 많은 입지의 경우 카운터에, 젊은 직장인들이 많이 오는 점포에서는 냉장안주와 함께 진열하는게 좀 더 효과를 볼 수 있다). 이러한 상품은 비록 가격이 저렴하고 '+1' 행사가 많아 매출에 크게 도움이 되지는 않으나, 회전률이 좋고 박리다매식으로 많이 판매할 수 있기에 나름 괜찮은 방법이라 할 수 있겠다.

이밖에도 카운터에 즉석 복권을 배치하여 충동구매를 유도하거나 소형 장난감을 진열하여 부모와 함께 온 아이들의 눈에 띄게 하는 방법도 있으니 내 매장의 위치와 고객층을 잘 분석하여 카운터를 활용한다면 분명 추가적인 매출을 올리는데 큰 도움이 될 것이다.

나만의 상품으로 팔 수 있을 때 팔자

요즘처럼 편의점이 우후죽순으로 생기고, 그에 따른 차별화가 없다 보니 오로지 입지에만 의존해서 운영을 하는 점주가 간혹 있다. 그러나 이러한 생각은 굉장히 위험한 발상으로 조금만 주변 상권이 바뀌거나 인근에 경쟁점이라도 들어오게 되면 매출이 급격히 떨어지고, 운영을 하려는 의지마저 없어지게 만들어 버린다. 필자는 편의점이 음식점과 같다고 생각한다. 음식점도 물론 기본적인 위치가 좋아야 손님들이 많이 오겠지만, 맛으로 승부할 수 있는 특별한 음식만 있다면 멀리서도 찾아오게 만들 수 있는 것이다. 즉 편의점도 새우깡이나 사이다 같은 옆 경쟁점에도 있는 상품만이 아닌 차별화된 상품을 구비한다면 조금 멀어도 충분히 내 점포로 유인할 수 있다. 그러면 지금부터 메이저 편의점마다 약간의 차이점은 있겠지만, 이러한 차별화를 하기 위해서 대략 어떠한 특화 상품들이 있는지 알아보도록 하겠다.

① 와인 특화

요즘 가장 뜨고 있는 카테고리 중 하나로 와인을 들 수 있다. 물론 기존에도 편의점 와인의 판매량은 조금씩 상승하고 있었으나, 코로나 이후 늘어나는 홈술족으로 인해 그 판매량이 급속도로 올라가고 있다. 그리고 이러한 흐름에 맞추어 편의점 회사마다 자체 PB와인을 개발하고 있을 정도니 자체 진열장에 다양한 종류가 있는 와인특화를 신청해서 운영하면 매출에 분명 도움이 될 것이다(와인의 경우 어수선하게 진열되어 있을 경우 먼지만 쌓이고 안팔려서 남은 상품이라는 이미지가 강해 특히나 진열에 신경써야 한다). 참고로 와인은 1인 가구가 많은 원룸 주택가나 젊은 부부들이 사는 소형 아파트 입지에서 잘 팔리는 경향이 있으니 와인특화의 도입시 확인 후 진행하는게 좋을 것이다.

② 반려동물 특화

편의점에서 매출 규모가 커지고 있는 카테고리 중 하나가 애완동물에 대한 상품들이다. 강아지나 고양이 등 애완동물은 가족이라는 개념이 강해지고, 점점 그 인구도 늘어나는 추세라 앞으로의 전망 역시 밝다고 할 수 있겠다. 또한 고객이 애견 상품들을 구매할때 가격보다는 질로 판단하는 경향이 짙어 객단가가 높고, 한번 만족하면 일반상품에 비해 반복구매도 높기 때문에 주택가 입지에서는 반드시 도입을 고려해볼만 하다.

③ 완구 특화

편의점에 있어서 완구는 시장이 커져가고 있는 카테고리는 아니지만 전통적으로 입지에 맞게 도입만 한다면 기본 매출이 상당한 특화이다. 요즘은 특히 단순히 고가의 장난감보다는 껌이나 젤리 등과 함께 판매하는 저가형 완구나 가볍게 사용할 수 있는 버블건 등의 매출이 높아지고 있는 추세이다. 병원 입지나 어린아이들이 많은 주택가 입지에서 주로 운영하고, 진열 자체를 아이들의 시선에 맞게 낮춰서 진열함으로써 충동구매를 유도할 수 있다. 다만 완구 자체가 고가이고 반품이 힘든 경우가 많기 때문에 초기 도입 시 신중해야 할 필요는 있겠다.

④ 생활밀착형 특화

생활밀착형 상품이란 말 그대로 생활에 밀접한 상품들을 말하는 것으로 묶음으로 싸게 판매하는 것이다. 편의점에서는 주로 낱개로 고가에 판매하는게 일반적인 특성인데, 입지마다 고객층의 차이로 인해 클레임 및 고객 이탈이 발생할 수 있다. 조그마한 동네에서는 아직도 가격에 대한 저항이 심하고 여러 개라도 싸게 구매하는 걸 원하기 때문이다. 그리고 이러한 문제를 해결하기 위한 상품이 바로 생활밀착형 상품으로 30개입 신라면박스, 1+1세제, 생수 6입 등을 일반가격보다 저렴하게 판매하고 있다.

또한 이외에도 해변용품, 차량용품, 수입과자 등 편의점마다 다양한 특화를 운영하고 있으니 내 점포와 어울리는 상품들을 도입하여 차별화로 승부하면 매출에 좋을 효과를 얻을 수 있을 것이다.

다음으로 편의점을 운영하면서 상품을 팔다 보면 사계절 내내 일정하게 판매되는 아이템이 있는 반면, 특정 시즌에만 집중적으로 매출이 오르는 것들이 있다. 대체로 날씨와 긴밀하게 연관된 상품으로 제대로 구비하고 세팅하면 생각보다 높은 판매량을 올릴 수 있기에 사전에 알아두면 좋을 것이다. 또한 편의점마다 조금씩 다르긴 하지만 이러한 상품들은 시즌이 종료하면 제한없이 대부분 반품을 진행해주기 때문에 부담없이 발주하여 운영할 수 있다는 장점도 있다. 대표적인 상품으로는 여름철 썬크림, 에프킬라 등과 겨울철 핫팩 등으로 유통기한도 보통 6개월 이상이라 운영하기에도 반품 걱정도 없고, 시즌 종료 후 2~3개월 후에 아무런 조건없이 반품을 시켜주는 행사이니 반드시 숙지하여 점포에 적용하도록 하길 바란다.

① 썬크림, 데오도란트 등 신체용 하절기 상품

여름철에 필수로 꼭 챙겨야 할 아이템이 있는데, 바로 강한 자외선을 차단하기 위한 썬크림과 땀 냄새를 방지하기 위한 데오도란트가 그것이다. 여름 극성수기 시즌이 되면 마트나 올리브영 같은 곳에는 엄청난 수량을 준비하여 꾸미기 시작하는데 편의점의 경우도 품질이 좋은 썬크림이나 데오도란트 같은 상품들이 있어 발주하여 운영할 수 있다. 더욱이 7,8월 가장 더운 여름 시즌이 되면 일부 상품을 두 달정도 1+1행사를 진행하는 경우가 대부분이라 잘 활용하면 고객들은 마트보다도 싸게 살 수 있는 것이다. 다만 문제는 점주들이 이러한 상품을 비싸다는 이유로 3~5개 정도만 발주해서 운영하는데, 수량이 적다보니 고객이 알아차리기 쉽지 않고 당연히 판매가 잘 안될 수 밖에 없다. 즉 나중에 행사반품도 되고 유통기한이 몇 개월씩 되므로 50개, 100개씩 받아서 진짜 전문점처럼 존을 구성해서 꾸며보길 바란다. 화장품 코너에 여러 상품이 아닌 썬크림 한두 가지, 데오도란트 한두 가지를 1+1행사로 대량으로 심플하게 진열해 놓는 것이다. 그러면 고객은 바로 싸다는 느낌이 받게되고, 대량 행사같이 느껴져 훨씬 더 많이 구매할 것이다.

② 에프킬라, 모기향 등 벌레 제거용 하절기 상품

여름을 가장 싫어하는 사람들에게 물으면 대부분이 벌레 때문이라고 대답하는 경우가 많을 것이다. 그만큼 여름밤에는 특히나 심하게 모기, 하루살이 등이 많이 꼬인다. 그래서 사람들은 마트에서 가끔 장을 볼때 이러한 벌레 퇴치 상품을 구매하는데, 편의점에서도 여러 종류의 상품을 운영하고 있다. 이러한 에프킬라나 벌레 물린 곳에 바르는 물파스 등의 상품은 출입문 근처에 번들매대 등 별도의 진열 공간을 활용하면 좋은데, 아침보다는 주로 야간에 급하게 찾는 경우가 많기 때문이다. 이유는 기존에 사용하던 상품을 다 썼는데, 모기가 많아 급하게 필요할 때 입구에 보기 좋게 들어오자마자 세팅해 놓는다면 쉽게 구매할 수 있을 것이다. 또한 역시 여름철 두달 정도는 1+1이나 2+1행사를 하는 경우가 많으니 고객도 싸게 구매해서 좋고, 매장도 부담없이 발주할 수 있어 좋은 일석이조의 행사라 할 수 있겠다.

③ 핫팩, 장갑, 목도리 등 신체용 동절기 상품

겨울철 가장 대표적인 계절상품이라고 하면 바로 핫팩을 들 수 있다. 가격이 저렴하여 구매하기도 쉽고 한두 번 쓰고 버리는 상품이기 때문에 매장의 입장에서 보면 한번 팔기도 쉽고 다시 재판매하기도 쉬운 효자 상품인 것이다. 그러나 가끔 필자가 매장을 돌다 보면 안타까운 모습이 보이는데, 바로 핫팩이 구석에 있는 진열대에서 겨우 몇 개 발견되는게 그것이다. 핫팩은 보통 천원 내외로 가격 저항이 심하지 않은 상품이고, 그렇다고 진짜 너무 추워 꼭 핫팩을 하지 않으면 안되는 목적성 상품은 더더욱 아니다. 그냥 추운 날에 눈에 보이면 가볍게 충동구매로 하나씩 사게 되는 상품인 것이다. 그렇다면 어디에 진열을 하면 좋을까? 바로 카운터 혹은 카운터와 가장 가까운 곳이다. 그러면 고객들은 계산하면서 자연스럽게 상품을 보게 될 것이며, 그날 유독 춥다면 자연스럽게 추가로 구매를 할 가능성이 크기 때문이다. 그러니 역시 유통기한도 길고, 반품도 모두 해주는 핫팩은 종류별로 10개 이상씩 넉넉히 재고를 확보하여 카운터에 분위기를 내는게 중요하다. 그리고 거기에 더해 장갑, 목도리를 소량 발주하여 같이 진열한다면 더욱 겨울 느낌을 만들 수 있어 매출에 큰 도움이 될 것이다.

객단가 높이기

장바구니 = 객단가

편의점 일매출은 기본적으로 객수 X 객단가이고, 이러한 일매출을 올리기에는 매장 앞을 지나다니는 사람들을 들어오게 하는 객수보다, 원래부터 내 매장에 방문하는 고객에게 상품을 하나라도 더 팔아서 객단가를 높이는 방법이 훨씬 더 쉽다. 그 이유는 요즘같이 여기저기 편의점이 과다한 상황에서는 점포 앞을 눈에 띄게 홍보하여야만 그나마 지나가는 고객들이 들어오는데, 그마저도 편의점은 공간이 넓지 않기 때문에 대형마트처럼 상품을 많이 진열하기도 힘들기 때문이다. 그러나 객단가의 경우 매장 내의 상품들을 조금만 더 효율적으로 진열하거나, 구매할 수 밖에 없는 심리를 이용한다면 생각보다 쉽게 판매를 늘릴 수 있으니 적극 활용하여야 할 것이다. 그리고 이번 글에서는 객단가를 높이는 방법 중에서도 가장 강력한, 그리고 저렴한 비용으로도 가능한 장바구니 활용안에 대해 알아보려고 한다. 간단하면서도 한 번만 세팅을 해 놓으면 되는 것이기 때문에 적극 도입해서 여러분의 점포에서 매출을 올리는데 도움이 되기를 바란다.

① 기본적으로 장바구니의 개수는 최소 5개 이상은 있어야 한다

장바구니를 구비할 때 가장 기본적이면서도 중요한 것은 바로 수량이다. 일부 점주는 누가 편의점에서 장바구니를 한 번에 5개씩이나 쓰겠냐며 반론을 제기할 수 있겠지만, 해당 내용은 그만큼의 수량이 고객에게 동시에 사용된다는 뜻과는 조금 차이가 있다. 당연히 동시에 고객(객수)이 몰리는 특수입지(해변가, 관광지 등)의 점포를 제외하면 많은 수량의 장바구니가 한꺼번에 사용되는 경우는 거의 없을 것이다. 그렇다면 왜 이렇게나 많은 장바구니를 구비해 두어야 하는 것일까? 그 이유는 바로 고객에게 장바구니를 들고 쇼핑을 하고 싶어하게끔 유도해야 하기 때문이다. 실제로 대부분의 점포에서는 장바구니를 1~2개 정도만 두고 고객의 활용을 유도한다. 그러나 좀 더 자세히 관찰을 해보면, 아마도 이용하는 고객이 거의 없을 것이다. 장바구니를 소량 배치해서는 고객의 눈에 잘 띄지도 않을 뿐더러, 청결 등의 관리도 되어있지 않다 보니 실제로 굉장히 지저분한 상태이기 때문이다. 그러므로 장바구니 갯수를 반드시 넉넉히 구비해 놓고 깔끔히 관리하여, 고객이 자연스럽게 이용하고 싶게끔 홍보를 잘 해야하는 것이다.

② 장바구니는 고객이 매장에 들어오자마자 바로 보이는 곳에 배치한다

매장 내에 장바구니를 5개 이상으로 넉넉하게 구비하였다면, 그 다음으로는 배치할 위치를 잘 선택해야 한다. 필자가 15년 넘게 매장을 돌아다녀본 결과 신규점을 포함해서 대부분은 카운터 앞이나 구석의 비어있는 공간 아무곳에나 장바구니가 비치되어 있었다. 장바구니는 고객이 상품을 구매하는데 활용하는 것인데, 정작 위치는 고객이 아닌 점주의 입장에서 편하게 두고 있었던 것이다. 대형마트에서 카트를 들어가는 입구가 아닌 빈 공간이나 구석 아무 곳에나 두고 고객에게 사용을 유도한다고 생각해 보자. 아마 엄청난 불편과 클레임이 발생함과 동시에 고객의 카트 및 장바구니의 이용 횟수는 계속해서 감소할 것이다. 편의점도 마찬가지이다. 아직은 편의점이 마트처럼 장을 보는 곳은 아니지만 코로나19로 인해 고객들의 장바구니 이용률이 점점 더 높아지고 있으며, 이에 따라 객단가도 지속적으로 상승하는 추세이다. 그리고 이러한 이유로 장바구니의 위치는 비어있는 공간이 아닌 고객이 매장에 들어오면 반드시 바로 보이는 곳에 두어야 하는 것이다.

③ 장바구니가 고객을 등지고 있으면 안된다

장바구니 배치에 대해 매장에서 가장 많이 실수하는 부분은 바로 고객이 들어왔을 때 뒤를 돌아봐야 장바구니의 유무를 확인할 수 있게 만드는 것이다. 즉 편의점 출입문을 열자마자 우측 혹은 좌측 아래에 장바구니를 배치하는 방법이다(이러한 모습은 대체로 신규점이 아닌 운영이 오래된 점포에서 발견되는 경우가 많다). 그 이유는 대부분 카운터 앞쪽에 여유 공간이 있고 그곳에 놓아야 고객에게 잘 보일 것이라고 생각하기 때문인데, 실제로는 오히려 그 반대라 할 수 있다. 좀 더 자세히 말하자면, 고객은 일반적으로 카운터를 반드시 거치기는 하지만 매장에 들어오자마자 카운터로 가는 것이 아니라 필요한 상품을 모두 구매하고 난 후 계산하려고 갈 때에나 카운터에 오랜 시간 체류할 뿐 원하는 상품이 없을 때에는 그냥 스쳐 지나갈 뿐이라는 것이다. 즉 매장에 들어오자마자 카운터 근처에 있으면서 일부러 장바구니를 찾지는 않는다는 얘기이다. 그러니 당연히 카운터 근처에 두려면 되도록 출입문과 바짝 붙여서가 아닌 고객이 카운터를 지나가는 동선상에 두는 것이 그나마 효과적이라 할 수 있겠다.

뭉치면 팔리고 흩어지면 폐기된다

편의점 운영시 발주를 잘 챙겨서 상품의 재고를 확보하는 것에 대한 중요성은 굳이 따로 언급할 필요도 없다. 실제로 경쟁점에 비해 위치가 좋지 않음에도 불구하고 다양한 상품을 구비하여 단골 고객을 확보하고 매출도 오르는 사례를 많이 보았기 때문인데, 이러한 발주와 더불어 반드시 연계하여 진행해야 할 업무가 한 가지 더 있다. 바로 동반진열이다. 이것은 서로 연관이 있는 상품끼리 모아서 진열하는 방법으로 고객의 구매 욕구를 자극하고, 동시에 객단가(고객 1인당 평균 구매액)도 상승시킬 수 있으니 현재 점포를 운영하고 있는 입장이라면 한 번쯤 시도해보기 바란다.

① 치킨에 맥주는 항상 옳다

드디어 치킨의 가격이 2만원대를 기록하는 시대에 우리는 살고 있다. 치킨값에 배달비까지 더하면 2만원을 훌쩍 넘는 경우도 허다하다. 아이러니하게도 이러한 시점에 맞춰서 편의점 치킨 매출이 큰 폭으로 상승하였는데 배달 치킨 가격이 부담스럽기도 하고 혼자 먹기에는 양이 많기 때문이 아닌가 싶다. 이에 비해 편의점 치킨은 닭다리, 넓적다리, 꼬치, 핫도그 등 먹고 싶은 부위만 구입하여 먹을 수 있고 낱개라 가격도 저렴하여 고객들에게 그 인기가 점점 높아지고 있다. 요즘 개점하는 신규 점포의 90% 이상이 치킨을 판매하는 것만 봐도 그 인기를 체감할 수 있다. 그리고 이러한 치킨의 인기에 힘입어 혼술족들의 구매도 점점 높아지고 있는데, 예전에는 편의점 치킨이 출출할 때 먹는 간식 정도의 개념이었다면, 요즘에는 점점 술안주로의 역할도 커지고 있는 것이다. 그러므로 치킨을 운영하는 점포는 진열장을 되도록 고객의 눈에 잘 띄는 곳에 두어야하고, 동시에 맥주를 함께 진열하여 동반 구매 및 충동 구매를 유도하면 더욱 좋을 것이다. 그러나 간혹 이러한 설명을 하다보면, 일부 점주는 맥주는 시원하게 있어야 한다면서 부정적인 의사를 표시하기도 한다. 그것이 맞는 이야기라면, 옷 가게에서는 왜 밖에다 옷을 디스플레이 하겠는가? 어차피 안에서 새 제품을 구매할텐데... 잊지 말아라. 진열은 상품을 알리는 것뿐 아니라, 점포를 잘 꾸며서 고객의 충동 구매로 이어지게 한다는 것을.

② 디저트와 커피 시장은 꾸준히 상승한다

최근 2~3년 사이 편의점에서 매출이 급격하게 상승하고 있는 카테고리 중 하나가 바로 디저트 카테고리이다. 일본 편의점의 경우 이미 10년 전부터 디저트 시장이 커지기 시작했으나, 우리나라의 경우는 1~2

년 전부터 겨우 디저트의 종류가 많아지고 상품의 질이 좋아지기 시작하였다. 점점 삶의 질이 나아짐에 따라, 복잡하고 머리 아픈 현실 속에서 달콤하고 부드러운 먹거리를 찾는 경향이 늘어나고 있기 때문이 아닌가 싶다. 그리고 이러한 상황에 맞추어 편의점에서도 마카롱, 조각케익, 다쿠아즈 등 디저트 전문점 못지않게 점점 더 다양한 신상품을 출시하고 있다. 그러므로 이러한 시점에 맞춰 각종 디저트를 프리미엄 과즙 음료, 커피 등과 동반진열을 하게 되면 추가로 매출이 발생할 가능성이 높다. 또한 매출 분석 결과, 사람들은 디저트를 보통 한낮의 나른한 오후에 가장 많이 즐기는 경향이 많은데 이 시간이 편의점에서 커피를 가장 많이 구매하는 시간대이기도 하기 때문에 두 상품을 동시에 진열한다면 시너지 효과로 매출에 상당부분 도움이 될 것이다.

③ 코로나로 인해 홈술, 와인족들이 늘어나고 있다

앞서 여러 번 언급했고 뉴스에도 나왔듯이 코로나 이후 각종 제재에 따라 여러명이 모여서하는 회식보다는 집에서 가볍게 술을 마시는 홈술족들이 폭발적으로 늘어나고 있다. 그 중에서도 특히 분위기 있게 와인을 즐기는 젊은층들이 많아졌는데 이들의 기대에 부응하기 위해 와인 진열장을 별도로 세팅하거나 진열 공간을 확대하는 점포들이 많아지고 있다. 또한 이에 따라 편의점 회사들은 저마다 운영하는 와인의 종류를 늘리고, 차별화할 수 있는 자사만의 자체 PB와인을 만드는 등 분주한 모습을 보이고 있다. 물론 이러한 자연스러운 판매량 상승에 따라 단순히 종류를 늘리는 방법도 좋지만 이에서 한발 더 나아가 와인과 어울리는 상품을 같이 진열하면 추가 매출을 올리기 훨씬 수월하다. 즉 고기(모형), 육포, 치즈(모형), 과일 등 와인과 함께 가볍게 먹을 수 있는 안주들로 구비하여 고객들로 하여금 동시에 구매하도록 유도한다면 매출을 높이는데 큰 효과를 볼 수 있을 것이다.

입지에 따라 진열 공간과 시식 공간이 달라야 한다

편의점을 창업하기로 마음먹고 가맹계약까지 체결했다면, 다음으로 진행해야 할 일은 바로 운영할 점포의 레이아웃(도면)을 검토하는 것이다. 한번 시작하면 의무적으로 60개월은 해야 하는 편의점업의 특성상 처음에 레이아웃을 잘 잡아야 점주 입장에서 운영하기에도 수월하고, 고객이 이용하기에도 편해 매출을 좀 더 쉽게 올릴 수 있기 때문이다. 그리고 혹여 점주가 레이아웃 그리는 방법을 잘 모른다 할지라도 그다지 걱정할 필요가 없는데, 그 이유는 최초의 기본적인 틀은 편의점 본부의 해당 팀에서 그려주기 때문이다. 그러나 문제는 그 다음에서 발생한다. 대부분의 점주는 해당 내용에 대해 잘 모른다는 이유로 1차 레이아웃 협의시 본부에서 알아서 했겠거니 하고, 제대로된 점검없이 허락 의사를 밝히며 확정을 짓는다. 그리고 그러다 중간에 문제가(불편함이) 생기면 본부측에 이의를 제기하지만, 이미 협의가 완료된 상황으로 더이상 되돌릴 수 없는 상황이 발생하는 것이다. 물론 본부 직원들은 해당 업무의 전문가로서 최대한 잘 해줄 수는 있겠지만, 직접 운영을 할 점주보다 점포를 꼼꼼히 신경써 줄 사람은 아무도 없다. 더욱이 레이아웃은 입지에 따라 다르게 그려야 하는 만큼 꼼꼼히 챙겨서 후회하는 일이 생기지 않길 바란다.

① 유흥가, 관광지, 로드사이드 입지는 상품이 중요하다

유흥지는 대표적으로 점포 내부에 휴게(시식) 공간이 많이 필요하지 않는 입지 중 하나로, 대부분의 고객이 주변에서 장사를 하는 사장님들이거나 주변의 가게를 이용하는 고객들이기 때문이다. 그러면 그들은 주로 어떤 상품들을 구매할까? 우선 인근 가게를 운영하는 사장님들은 담배나 음료, 그리고 심심할 때 먹을 가벼운 먹거리 위주로 구매를 한다. 그리고 이들은 상품을 구입한 후 본인의 가게로 가서 취식을 하지 굳이 편의점 안에 앉아서 먹을 일이 거의 없다. 일반 고객들 역시 마찬가지인데 인근 술집에서 술을 먹고 술깨는 음료나 아이스크림, 유제품 위주로 구매하여 편의점을 먹으면서 나가지, 매장 내에 앉아서 먹는 경우는 많지 않다. 혹여 있더라도 시식 공간은 설치하지 않는 것이 낫다. 괜히 술 취한 고객이 매장에 오래 있어 봤자 다른 고객에게 피해만 주어 매출이 오히려 떨어지기 때문이다. 즉, 이런 유흥가 입지의 점포에서는 혹시 공간이 남더라도 시식보다는 상품의 다양성을 위해 진열대 등을 추가하는 것이 효율적이라 할 수 있겠다.

다음으로 로드사이드 입지 역시 시식 공간은 그다지 중요하지 않다. 대부분의 고객이 차로 이동하는 곳으로, 잠시 주차를 하고 상품을 구매하기 때문에 오래 머무를 필요가 없기 때문이다. 특히 주차하기가 힘들거나 차량 이동이 많아 길이 막히는 경우 주차 시간은 더욱 짧아지니 단가가 높은 상품들도 다양하게 구비해 놓는 것이 오히려 매출 상승에 더욱 도움이 된다.

마지막으로 관광지 입지 역시 상품을 구매한 후 밖으로 나가 구경을 하는 사람들이 많기 때문에 외부의 시식 공간이면 몰라도 내부에는 상품의 종류를 하나라도 더 늘리는 것이 좋다. 이러한 관광지 입지는 주위에 시식할 공간도 많고, 인근에 경쟁 편의점도 많은 만큼 상품의 구색은 특히 중요하다고 할 수 있다. 그러니 위의 입지들은 도면이 본부로부터 1차 협의가 오면, 우선 시식 공간보다 진열대 대수 위주로 늘리면 좋을 것이다.

② 주택가, 학원가, 경합이 강한 입지는 시식이 중요하다

반대로 학원가 입지는 특히나 시식 공간이 반드시 필요한 곳 중 하나
이다. 각종 학원생을 포함해서 중고등학생 대부분은 같이 다니고 모여
서 먹는 걸 좋아하기 때문이다. 더욱이 지금의 학생들은 편의점에 대해
친근하게 인식하고, 이용률도 상당히 높기 때문에 인근 경쟁점과의 경
합에서 이기기 위해서라도 넓은 시식 공간을 만들어 주는 것은 필수라
할 수 있겠다.

한편 주택가는 약간 애매한 입지이다. 예전의 경우에는 주로 동네 주
민의 이용률이 높고 특히 어른들의 이용이 많아서 매장에 머물다가 가
는 경우가 드물었지만, 요즘 젊은 주부 고객들은 약간 다른 양상을 보
이기 때문이다. 바로 아이들을 유치원이나 초등학교에 보내고 나서 부
모들끼리 편의점에 모여 커피를 마시는 경우가 늘고 있는 것이다. 즉,
매장 입장에서는 이용률이 높은 동네 주부 고객을 단골로 만들 수 있는
절호의 기회인 만큼 주택가 입지 편의점에서도 점점 시식 공간을 늘리
고 있는 추세이다.

마지막으로 강경합 입지의 매장은 무조건 시식 공간이 있어야 하는
데, 아무리 상품이 다양하고 좋아도 비슷한 편의점들끼리는 상품 싸움
에 한계가 있기 때문이다. 새우깡, 신라면, 콜라 같은 상품들은 가격과
품질이 모두 똑같고, 기껏해 봐야 브랜드별 자체 PB상품의 차이인데
이것으로는 경쟁에서 살아남기가 힘들다(다만, CU의 곰표맥주나 GS25
의 오모리 김치찌게 라면 등의 경우는 확실한 우위를 만들기도 한다).
그러니 반드시 고객이 편하게 쉴 수 있는 시식 공간을 만들어 체류 시
간을 확보하고 편하게 먹을 수 있도록 해야 확실한 차이를 볼 수 있는
것이다. 그러니 이러한 입지들은 반드시 진열대를 줄여서라도 점포 내
부 테이블을 확보해서 추가적인 매출을 올리기 바란다.

테라스를 이용한 가벼운 술자리가 늘어난다

우리나라 편의점의 경우는 일본과는 다르게 매장 내/외부에서 도시락 등의 식사를 하거나 간단히 음료수를 마시며 쉬었다가는 고객들을 많이 볼 수 있는데, 이러한 휴게 공간을 이용하는 숫자가 점점 더 증가하고 있는 추세이다. 더욱이 날씨가 좋은 봄부터 가을까지의 계절에는 답답하고 눈치가 보이는 실내보다는 시원하고 개방된 매장 밖에서의 휴식을 선호하는 경향이 뚜렷이 증가하고 있는 상황으로, 이번 글에서는 편의점에서 흔히 볼 수 있는 야외 테라스의 설치 및 활용 방안 등에 대해 알아보도록 하겠다. 특히 앞에서도 자주 언급했듯이 휴게 공간을 이용한 고객 체류 시간의 증가는 객단가를 높이는 대표적인 방법 중 하나이니 현재 편의점을 운영하고 있거나 창업을 계획하고 있다면 테라스 설치를 반드시 고려하여야 할 것이다.

① 공간이 허락한다면 무조건 테라스를 설치하라

이 부분은 앞으로 편의점 창업을 계획하는 예비 점주들에게 해당하는 얘기로, 초기 개점 공사를 할 때(개점 협의를 하면서) 가능하다면 꼭 테라스와 난간, 조명 설치를 본부에 요청해야 한다는 것이다. 특히 이러한 테라스는 공간이 협소한 도심보다는 비교적 매장이 넓은 지방이나 외곽으로 들어가는 입지에서 좀 더 수월하게 진행할 수 있는데, 그 효과 또한 도심의 경우보다 매출에 훨씬 도움이 된다. 그리고 보통 개점 후에는 비용 문제로 인한 본부의 거부로 테라스의 추가 설치가 거의 불가능하기 때문에 개점시 불법이 아닌 해당 건물의 이용할 수 있는 땅 부분까지 최대한 넓혀서 테라스의 설치를 요청하는 것이 좋다. 또한 여름에는 밤에 시원하게 나와서 맥주를 즐기는 고객이 계속해서 늘어나고 있는 상황인 만큼 난간과 함께 주변을 밝혀주는 조명 공사까지 동시에 진행하면 추후 매출을 올리는데 있어서 큰 도움이 될 것이다.

② 테라스 공간이 없다면 잔디를 활용하라

이렇듯 매출에 효과적임에도 불구하고 매장 앞 공간이 해당 건물주의 소유가 아니어서 본부에서 테라스 설치를 거부하는 경우가 가끔 있다(건축물대장상 불법인 경우 추후 벌어질 수 있는 문제로 인해 설치가 어려움 경우가 많다). 실제로는 공간이 넓어 파라솔도 놓고 활용할 수 있는 공간이라면 이러한 테라스 미설치가 더욱 아까울 것이다. 이런 경우 혹시라도 철수를 해야 할 경우도 있고, 그에 따라 비용이 발생할 수도 있어서 본부에서는 불가를 통보할 수 있는데 이때 인조잔디라도 요청하면 좋을 것이다. 어차피 테라스보다 설치 비용도 적게 들고 문제 발생 시 잔디 부분만 치우면 되기 때문에 많은 돈이 들어갈 필요도 없기 때문이다. 또한 여름철에 시원한 분위기를 조성으로 인해 더욱 고객이 몰릴 수 있으니 간단하면서도 더욱 매력적이라 할 수 있겠다.

③ 조명은 반드시 있어야 한다

보통 테라스 이용의 피크 시간대는 뜨거운 한낮의 시간보다는 퇴근 후 선선해지는 저녁부터가 고객이 많다. 더욱이 낮에 팔리는 음료나 커피보다는 저녁에 판매되는 주류와 안주가 매출 면에서도 훨씬 더 큰 도움이 된다. 때문에 반드시 테라스 주변에는 주변을 밝힐 수 있는 조명이 설치되어야 하는데 이에는 어닝등, 난간등 등이 있다. 또한 원목테이블 자체에 소형 전등 같은 것을 설치해서 분위기를 조성하는 매장도 본 적이 있는데, 감성을 살리고 술 마시는 기분을 한층 고조시킨다는 점에서 좋은 방법이라 할 수 있겠다. 그러나 일부 점주는 조명을 설치하면 벌레가 꼬인다고 부정적인 입장을 보이기도 하는데 필자는 그분들에게 묻고 싶다. 매장을 운영하는 이유가 무엇인가? 귀찮은걸 회피하고 싶어서인가? 아니면 돈을 벌기 위해서인가? 조금만 생각해 본다면 답은 바로 나오지 않을까 한다.

④ 테이블은 원목으로 중형 / 소형으로 나눠서 준비하라

매장을 돌아다니다 보면 밖의 공간이 매우 넉넉한데 아직도 본부의 로고가 박힌 작은 사이즈의 파라솔과 테이블을 사용하는 곳을 적지 않게 보게 된다. 물론 통일된 분위기를 조성하고 깔끔한게 나쁘지 않은 방법이나 플라스틱 테이블의 특성상 조금만 오래 써도 흔들거리거나 휘는 현상이 발생하여 고객이 이용하기 상당히 불편하다. 이럴때 고객의 체류 시간을 짧게 유도하기 위함이 아니라면 원목테이블로 바로 교체하는 것을 권장한다. 원목테이블은 비록 이동은 쉽지 않지만 안정감이 있어 고객이 편하게 오래 앉아있을 수 있기 때문이다. 더욱이 요즘엔 여럿이 아닌 1~2명이 와서 가볍게 한잔하는 경우도 늘고 있으니 중형 6인용과 소형 2~4인용을 골고루 배치하면 공간 효율도 살리고 고객도 최대한 많이 확보할 수 있을 것이다.

⑤ 음악을 서비스로 제공하라

필자가 오랜 기간 편의점 테라스를 이용하고 지켜본 결과 가장 아쉬운 부분 중 하나가 바로 앉아있다 보면 뭔가 밍밍(?)하다는 것이다. 술에 취해서 서로 시끄럽게 얘기하는 분위기라면 그렇지 않겠지만, 음료나 간단한 식사를 즐기는 고객들에게는 주변이 너무 조용하면 오랫동안 앉아서 있기가 편하지는 않을 것이다. 이럴때 효과적으로 활용할 수 방법이 바로 매장의 음악을 테라스에까지 들리게 하는 것인데, 이러한 방법은 작업하는데 비용도 많이 들지 않을 뿐더러 늦은 시간에는 바깥의 음악만 따로 꺼놓을 수 있어서 관리하는데 있어서도 생각보다 편리하다. 밖에서 한잔하거나 음료를 마시면서 얘기를 나누고 있는데 기분 좋은 음악이 나온다고 생각해봐라. 좀 더 앉아있고 싶다는 생각이 들고, 그러면 입도 심심할테니 매장의 상품을 더 구매하고 싶어지지 않을까?

큰 상품을 골든존으로

편의점을 운영하다 보면 다양한 종류의 상품들을 진열하는 방법에 대해 많은 고민을 하게 될 것이다. 특히 같은 과자나 음료 등의 카테고리라고 할지라도 모양과 크기가 제각각 달라 기존 상품을 교체하거나 신상품을 도입할 때 딱 맞게 진열할 공간을 찾기란 여간 어려운 것이 아니다. 그래서인지 운영을 시작한지가 얼마 안된 신규점이거나, 오래된 점포에 가보면 가끔 상품이 감자칩이 모여 있는 곳에 뜬금없이 초코칩이 있다던지, 탄산음료가 있는 자리에 과즙 음료가 발견되는 경우도 종종 있다. 더욱이 요즘같이 매주 수십가지의 신상품이 쏟아지는 시기에는 제대로 관리하지 않으면 금새 상품의 진열상태가 엉망이 되기 쉽다. 또한 이러한 상품의 카테고리별 진열뿐 아니라 진열의 위치에 따라서도 매출이 상당히 달라질 수 있는데, 요즘의 트렌드는 사이즈가 큰 상품이 인기가 점점 높아지는 만큼 이를 잘 활용하는 방법도 상당히 중요하기 때문에, 지금부터 이러한 큰 사이즈들을 어떻게 진열해야 고객의 충동구매를 유도할 수 있는지 알아보도록 하겠다.

① 봉지 과자는 큰 사이즈의 상품을 맨 위에 올려라

보통 과자류의 경우 감자칩을(프링글스 등) 제외한 대부분의 상품들은 크기별로 진열되어 있을 것이다. 워낙 종류도 많고 다양한 맛이 있기 때문에 같은 맛끼리 진열하기는 거의 불가능하기 때문이다. 그리고

PB과자나 감자칩류가 아니라면 고객들도 여러가지의 상품 중 자신이 원하는 맛을 다양하게 고르기 때문에 딱히 모아서 진열을 할 필요도 없다. 그러나 문제는 일부 점포에서 아직도 예전의 진열 방식대로 비싸고 규격이 큰 과자를 맨 하단에 진열하는 것이다(오래된 점포일수록 진열의 편의를 위해 사이즈가 큰 상품들은 가장 아래에 진열하는게 일반적이었다). 하지만 대부분의 사람은 위에서부터 아래로 시선을 움직이기 때문에 중앙 진열대의 최상단이 골든존에 해당한다. 그러므로 반드시 가장 맨 위의 골든족에 가격이 비싸고 사이즈도 커서 잘 보이는 과자를 진열하여 객단가를 높여야 하는 것이다.

② 냉장커피는 사이즈와 가격을 따져보고 올려라

편의점의 유제품 냉장고에 있는 냉장 컵커피의 진열 역시 마찬가지이다. 예전에는 커피존 중에서 가장 맨 위의 골든존에는 저렴하고 판매가 좋은 '프렌치카페'나 '카페라떼' 등을 진열하고, '바리스타' 등의 고가의 상품들은 잘 보이지 않는 가장 하단에 배치하는 게 일반적이었다. 그러나 가격의 저항이 줄어들고, 취향을 중요하게 생각하는 요즘의 트렌드는 완전히 달라졌다(카페의 커피 가격이 오른 이유도 영향이 있다). 2,500원이 넘는 냉장 커피가 나올 만큼 점점 가격대와 품질이 높아지고 있으며, 신기한 것은 오히려 이런 고가의 상품들이 매장의 매출 순위에서 점점 상위권을 차지하고 있다는 것이다. 그러므로 요즘 트렌드는 고가의 '바리스타'나 '스타벅스' 등의 상품이나 사이즈가 큰 새로운 상품들로 상단의 골든존부터 확대하여 채우고, 맨 하단에는 저가형 '프렌치 카페' 같은 상품들로 최소한의 공간으로 진열하여 객단가를 높이는 방법을 활용하면 좋을 것이다.

③ 컵라면은 소컵을 맨 하단으로 내려라

마지막으로 큰 사이즈의 상품을 위로 올려야 하는 대표적인 카테고리는 바로 컵라면이다. 예전의 경우는 사이즈가 큰 상품들을 맨 아래로 올리고, 작은 사이즈의 컵라면 소컵을 최상단에 진열하여 고객에게 어필하는 방법이 일반적이었지만 이 역시 요즘은 다르다. 컵라면도 고품질의 가격이 높은 상품 위주로 종류가 다양해지고, 사이즈도 점점 커지고 있기 때문이다. 실제로 쌀국수나 마라탕 등이 그 예인데 2,000원이 넘는 컵라면류의 신상품들이 계속해서 출시되고 있다. 즉 이제는 새롭게 출시되는 고가격, 큰 사이즈 위주의 상품으로 고객에게 어필해야 하는 것이다. 비록 큰 차이는 아니지만 '미식라면', '진짬뽕', '마라탕' 등 고가의 큰컵 위주로 골든존인 최상단에 진열하고 맨 하단에는 사이즈가 작은 소컵이나 가격이 저렴한 육개장 위주로 진열하면 분명 객단가와 고객의 충동구매에서 상당한 효과를 볼 수 있을 것이다.

적절한 타이밍 활용하기

편의점을 운영하다 보면 술이나 과자, 간편식사(도시락, 김밥, 삼각김밥, 샌드위치 등) 같이 매일 잘 팔리는 상품이 있는 반면, 특정한 날이나 기간에만 팔리는 상품이 있다는 걸 알게 될 것이다. 매일 지속적으로 판매되는 상품 같은 경우는 재고의 회전이 빠르게 되기 때문에 발주하는데 있어서 크게 문제될 게 없겠지만 가끔씩 판매되는 상품은 재고를 얼마나 가지고 가야할지 몰라 여간 골치 아픈 게 아니다. 그러나 이렇게 비정기적으로 판매되는 상품들은 대부분 가격이 높은 편이고, 이익율이 높으며 유통기한도 길기 때문에 제대로 활용한다면 분명 매출에 도움이 될 것이니 몇 가지 아이템만이라도 창고에 미리 챙겨두면 좋을 것이다.

① 갑자기 비가 오는 날을 대비한 우산

우산 같은 경우는 날씨가 어떠냐에 따라 판매량이 가장 크게 차이나는 아이템 중 하나이다. 그리고 필자의 경험상 신기하게도 같은 날씨임에도 불구하고 옆 점포와 판매량이 엄청나게 차이가 나는 상품이기도 하다. 같은 입지에, 똑같이 비가 오는 날씨인데도 신기하게도 어느 점포는 우산을 엄청나게 판매하고 있고, 어느 점포는 평소와 거의 동일한 우산 판매량을 보이고 있는 것이다. 확인 결과 답은 재고 확보와 아이템 선정에 있었다. 우산 판매가 많은 점포는 기본적으로 창고에 우산의 재고가 최소 50개 이상 확보되어 있었고, 종류도 저가형으로 단순하게 구비하고 있었다. 갑자기 비가 올 상황을 대비하여 유통기한이 없는 우산을 넉넉히 준비해두고 있었고, 우산 구매하는 돈을 아까워하는 고객의 특성을 알고 가볍게 쓸 수 있는 저가형 위주로 진열해 놓은 것이다. 그리고 비가 오면 바로 점포 밖 혹은 출입문 쪽에 우산을 진열해 놓는다. 반대로 우산 판매가 좋지 않았던 점포는 비가 오든 안 오든 항상 일정 수량의 우산이 매장 안에 있었고, 종류는 많으나 수량은 많지 않았다. 그렇다면 이제 알겠는가? 상품은 내가 필요해서 준비하는게 아니라는 것을. 고객이 필요할 때를 대비하여 준비하면 알아서 팔리는 것이다. 그러니 당장 가격이 저렴한 우산 50개 이상, 비싼 우산은 10개 정도 발주하여 창고에 미리 챙겨놓아야 한다.

② 냉장안주는 금요일부터 챙겨두자

술과 안주는 금요일부터 매출이 올라가는 상품 카테고리 중 하나이다. 그 중에 술이야 유통기한도 길고 판매량도 높아 아무때나 재고를 넉넉히 채워놓아도 크게 문제가 되지는 않겠지만 안주의 경우는 다르다. 물론 육포나 오징어와 같은 마른안주는 유통기한이 길어 회전율이 낮아도 크게 상관이 없겠지만 핫바, 족발, 곱창 등 냉장안주의 경우는 상황이 조금 다르다. 유통기한이 생각보다 짧고, 가격도 비싼 편이라 아무리 반품을 하는 상품이라고 해도 매장에서는 발주에 부담을 느낄 수밖에 없는 카테고리인 것이다. 그럼에도 불구하고 많은 매출을 올리는 점포가 있는데 확인 결과 비법은 바로 발주 요일에 있었다. 일반 점포의 경우는 매일 동일한 냉장안주 재고를 유지하고 있었지만, 매출이 잘 나오는 매장에는 금요일부터 일요일까지의 냉장안주 재고가 평일 대비 2배 정도 많았다. 즉 술 매출이 높아지는 불금부터 냉장안주 재고를 늘리기 시작해서 월요일이 되면 다시 안주 재고를 줄여 탄력적으로 운영을 하고 있었던 것이다. 판매할 수 있을 때 확실히 파는 효과적인 재고 운영 방법이라 할 수 있겠다.

③ 일주일 단위 초특가 행사

치고 빠지는 마케팅 중에는 이렇게 날씨나 요일 등 외부의 환경에 대응하며 탄력적으로 운영하는 방법뿐 아니라 자체적으로 행사를 만들어 고객을 유혹하는 방법도 있다. 즉 특정 상품을 내 매장에서만 할인 행사를 하는 것인데, 계속하는 것이 아니라 일정기간 정해서 하는 것이다. 가장 대표적인 기간으로는 일주일 혹은 한 달이 적당한데 한 달간 행사하는 상품들은 본부 행사도 있으니 필자는 되도록 일주일 단위의 행사를 추천한다. 예를 들자면 한주는 신라면을 마트보다 상당히 저렴하게 가격을 책정하여 판매하고, 그 다음 주는 흰우유를 최저가로 낮춰 판매하는 식으로 말이다. 이렇게 하면 비록 해당 상품에 대한 마진율은 떨어질지 몰라도 고객의 방문과 구매 횟수가 늘어 단골 고객이 될 확률이 높고, 정기적인 할인 행사로 인해 궁금증을 유발하여 추가로 신규 고객을 확보할 가능성도 상당히 높아진다. 여기서 주의할 점은 결코 긴 시간 동안 행사를 하면 안된다는 것이다. 행사가 길어지면 고객은 언제든 와서 구매하면 된다고 생각하여 나중에 구매해도 되는 상품으로 낙인 찍을 확률이 크기 때문이다. 그러니 행사는 일주일 단위로 진행하고 기간이 지나면 반드시 가격을 원래대로 되돌려야 한다. 이 방법은 잘만 활용한다면 객단가와 고객 수 모두를 확보할 수 있으니 적당한 상품을 선정하여 매장에 꼭 적용해 보도록 하길 바란다.

대세는 홈술이다

편의점을 운영하면서 매일 확인해야 하는 중요 업무 중 하나는 바로 매출을 보는 업무일 것이다. 사업을 취미나 자아실현의 목표로 하지 않는 이상 생계를 꾸려나가야 하니 당연히 매일 발생하는 일매출은 상당히 중요한 부분이라 할 수 있다. 그러나 여기서 한발 더 나아가 점검해야 할 부분이 있는데, 바로 주별 혹은 월별 카테고리에 대한 매출과 판매 순위를 확인하는 일이다. 그 이유는 내 점포에서 어떤 상품이 잘 팔리고 어느 상품군의 매출이 좋은지 알아야, 늘려야 할 상품과 줄여야 할 상품의 판단이 서기 때문이다. 그리고 이러한 카테고리를 분석해보면 모든 점포에서 동일하지는 않겠지만, 거의 대부분 담배 매출이 가장 상위권에 있을 것이며, 그 다음이 바로 주류일 가능성이 매우 높다. 그럼 담배가 가장 중요하다고 할 수 있을까? 절대 그렇지 않다. 담배는 진열 공간 자체가 카운터 뒷편으로 한정되어 있어 할 수 있는 마케팅이 거의 없을 뿐만 아니라, 마진도 10%로 상당히 낮다는 치명적인 단점이 있는 것이다. 그러니 우리는 두 번째로 매출이 큰 주류에 집중해야 하는데, 주류는 담배와 다르게 마진율은 좋고 담배와 마찬가지로 회전율이 빠르다는 큰 장점이 있기 때문이다.

① 소주, 맥주는 인근 매장들과 가격을 맞춰라

소주나 맥주는 여러 상품들 가운데서도 가장 가격에 민감한 상품이라 할 수 있다. 과자나 우유, 컵라면 등 일반상품의 경우 타편의점과 가격에 대한 차이가 거의 없고 있다고 해도 크지 않은 금액이다 보니 문제가 없으며, 마트보다는 비싸도 그러려니 하는 인식이 강해 급할 때 편의점을 이용하는 경향이 많다. 그러나 술은 상황이 다르다. 특히 소주의 경우는 더욱 심한데, 그 이유로는 소주는 인당 구매 빈도가 높은 상품이기 때문이다. 즉 자주 구매하거나, 심지어 하루에 2~3번씩 와서 구매하는 경우가 상당히 많은 상품이라 할 수 있다. 더욱이 어르신들은 술을 한꺼번에 재워놓고 마신다기보단 그때그때 자주 구입해서 마시기 때문에 타편의점보다 가격이 비싸면 클레임도 많고, 경쟁사로 이동할 가능성이 농후하므로 반드시 술은 인근 편의점 혹은 마트와도 가격을 적절히 맞춰서 운영을 해야하는 것이다.

② 막걸리는 유제품 냉장고에 두어라

요즘에는 막걸리가 젊은 세대층에도 점점 인기가 높아져 제품도 다양하게 출시되고 있지만, 예전에는 거의 대부분 어르신들이 찾는 술이라는 인식이 강했다. 그리고 아무리 막걸리가 젊은층을 공략하고 있다고 해도 아직 주요 소비층은 중년 이상의 남성들이 차지하고 있는 현실이다. 그러고 이러한 중장년층(60~70대) 이상의 고객들은 아직 편의점이 익숙하지 않은 세대이고, 특히 신체적 노후로 인해 거동이 불편한 경우가 많아 구매하려고 하는 상품이 어디에 진열되어 있느냐는 판매에 상당히 중요한 요소라 할 수 있다. 좀 더 구체적으로 얘기하자면, 막걸리는 맥주와 소주가 진열되어 있는 문을 열고 닫아야 하는 음료 냉장고가 아니라 우유와 냉장안주 등이 있는 유제품 냉장고 최하단에 놓으면 고객(어르신)의 눈에도 잘 띄고, 가지고 가기에도 편해 매출 상승에 좀 더 좋은 효과를 볼 수 있을 것이다.

③ 음료 냉장고는 기본 4door에서 1door를 추가해라

편의점에서 음료 냉장고는 일반상품 매출(카테고리) 중 가장 큰 부분을 차지하고 있는 집기로 그 중요도 역시 상당하다고 할 수 있다. 이러한 음료 냉장고는 음료수와 주류 등의 종류가 많지 않았던 예전에는 문이 4개인 4door로도 충분히 운영이 가능했으나, 신상품이 쏟아져 나오는 요즘에는 상황이 많이 달라졌다. 특히 맥주의 경우는 4개 만원으로 시작된 수입맥주의 종류 증가와 함께 이에 대응하기 위한 국산맥주의 신상품 출시, 조금씩 늘어나고 있는 수제맥주로 인해 반드시 추가 진열 공간이 필요하게 된 것이다. 그러니 신규로 개점을 하는 경우라면 최소 음료 냉장고 문을 5개 이상으로 요청하고, 기존에 운영 중인 매장이라면 별도의 음료 냉장고를 추가로 설치해서라도 맥주의 종류를 늘려야 할 것이다. 특히, 음료 냉장고의 경우 진열할 수 있는 공간이 많을수록 매출이 증가한다는 사실은 이미 모든 메이저 편의점에서 검증된만큼 도어 수 추가는 필자 역시 강력 추천하는 방법이기도 하다.

④ 식사류, 안주류와 맥주를 같이 세팅해라

술이 매출 부분에서 가장 중요한 이유는 위에서 언급했듯이 회전률이 좋다는 이유도 있지만, 여기에 더해 다른 상품과의 동반 판매가 상당히 높다는 장점도 있다. 다시 말해, 술을 찾는 고객들은 대부분 단순히 술만 사는게 아니라 핫바, 족발, 오징어, 과자 등 안주거리와의 동시 구매가 이루어진다는 것이다. 특히 요즘은 프랜차이즈 치킨 전문점의 가격이 너무 많이 올라 편의점 치킨 매출이 지속적으로 상승하고 있는 상황으로, 이럴 때 맥주와 함께 진열하여 판매한나면 추가적인 매출 기회를 노릴 수 있을 것이다. 또한 계속되고 있는 코로나 영향으로 인해 혼술, 혼밥족들이 늘어남에 따라 일을 마치고 퇴근하면서 편의점 도시락에 가볍게 맥주 한잔하는 사람이 증가하는 추세로 도시락과의 동반 진열도 매출 상승에 효과가 있으리라 판단된다.

기본기 지키기

내가 스태프한테 하는 만큼 스태프는 고객에게 돌려준다

매출이 잘 나오던 매장에서 갑자기 매출이 하락한다면 여러 가지 요인을 분석해봐야 할 것이다. 인근에 경쟁점이 생겼는지, 상권의 변화가 있는지, 매장의 청결에 문제가 있는 건지, 서비스는 괜찮은지 등등. 그중에서도 가장 크게 매출이 하락하는 원인이 있는데 바로 눈에 보이지 않는, 근무자의 불친절이다. 특히, 편의점의 특성상 최소 1~2타임 이상은 스태프가 혼자 근무하기 때문에 점주는 전혀 영문을 모른 채 매출이 하락하는 상황을 접할 수도 있다. 지금부터 이야기하는 것은 실제로 현재 편의점을 운영하고 있는 점주가 스태프로 인해 일매출이 10만원 정도 빠졌다가 스태프가 스스로 일하게끔 만든 후에 매출을 20만원 이상 올린 사례이니 참고하길 바란다.

① 스태프에게 반말을 하지 마라

사례의 주인공인 점주가 가장 중요한 것이라고 신신당부한 부분이 바로 스태프에 대한 말투이다. 스태프도 언젠가는 고객이 된다. 보통 스태프를 채용하게 되면 대부분 나이도 어리고, 아르바이트생이다 보니 편하게 대한다는 명목으로 반말을 하게 된다. 그런데 문제는 여기서부터 시작한다. 반말을 하게 되면 상대방과 편하게 지낼 수 있다는 장점이 있지만, 자칫하면 그 사람을 쉽게 대하게 된다. 우선 말이 쉽게 나가며 심하면 무시하거나 지시하는 듯한 기분 나쁜 말투가 튀어나오게 되는 것이다. 반대로 상대를 존대하며 말을 하게 되면 아무리 화가 나도 부탁하는 말투를 사용하게 된다. 점주에게 인정받고 있다는 느낌을 받는 스태프는 고객한테도 존중하는 태도로 서비스를 제공할 수 밖에 없다. 반말이나 막말을 사용하면 순간적으로 근무자를 점주 마음대로 움직일 수는 있겠지만 스태프가 혼자서 근무하게 되면 언짢은 마음이 그대로 고객에게 옮겨 간다는 것을 잊지 말아야 한다. 내가 스태프에게 반말을 하면 스태프도 고객에게 반말(불친절하게)을 할 것이다.

② 스태프들끼리의 선의의 경쟁을 유도하라

편의점 스태프들은 대부분 학생으로서 대체로 성격이 밝은 타입이 많고, 재미있는 것을 좋아하는 경향이 있다. 또한 자신의 일을 열심히 하는 만큼 충분한 보상을 받고 싶어하기도 한다. 그리고 이러한 특성을 이용하여 점주가 적용한 방법이 바로 우수 스태프 제도이다. 한 달에 한 번씩 고객 및 스태프들 사이에서 칭찬을 가장 많이 받은 스태프에게 보너스로 10만원을 지급하는 것이다. 10만원이라는 금액이 크지 않을 수 있지만, 보너스를 받은 스태프에게 왜 그렇게 기뻤는지 물어보니 그 금액의 액수보다도 스스로 칭찬받을 일을 했다는데서 오는 뿌듯함이 컸다는 대답을 들었다. 그리고 이러한 스태프들의 반응과 기분은 고스란히 고객에게 전달되어 최우수 운영력과 전년 대비 일매출 120% 상승이라는 우수한 성적을 자랑하는 점포로 만들게 되었다.

③ 먹을 것을 챙겨주면 좋다

위에서 언급했듯이 스태프들 대부분이 학생이다 보니 한창 먹을 나이여서 돌아서면 배가 고파한다. 이럴때 일부 점주들 중에는 먹을걸 사주기는 커녕 폐기조차 먹지 못하게 하는 경우가 있는데, 이는 이해할 수 없는 행동으로, 결국 그 결과는 고스란히 고객에 대한 질 낮은 서비스로 돌아갈 것이다. 사례의 점주는 스태프들에 대한 이해심을 발휘하여 식사 시간에 근무시간이 겹치는 스태프에게는 식대로 3천원, 야간 스태프에게는 야식대로 3천원씩 지급하였다. 또한 간편식사 등의 폐기는 체크 후 자유롭게 가져갈 수 있게 하는 등 최대한 스태프들을 이해하려 노력하였다. 이러한 행동은 금액이 중요한게 아니다. 스태프들은 점주가 나를 생각하고 있다는 그 마음을 고마워하는 것이다. 결과적으로 이 매장은 식대로 일부 금액은 추가로 들어갔지만, 스태프들이 성실하고 즐겁게 근무하여 폐기도 줄어들었고, 재고 로스도 거의 없는 등 결과적으로 오히려 이득을 얻게 되었다.

가격표와 매장 밝기는 상품의 얼굴이다

필자가 15년 이상 편의점 일을 하면서 항상 매장에 들어가면 가장 먼저 살피는 부분이 있는데 바로 가격표이다. 이상하게 들릴 수도 있겠지만 가격표 상태를 보면 대충 그 매장의 운영력 수준과 점주의 꼼꼼함을 알 수 있기 때문이다. 점포 앞이 매장의 얼굴이라면 가격표는 상품의 얼굴이라고 할 수 있다. 가장 기본적인 얼굴이 지저분한데 다른 곳이 깨끗할리 없고, 이런 저의 생각은 80%이상 거의 적중한다. 더욱이 고객의 입장에서는 상품의 가격표가 없거나 꼽혀져 있는 가격과 실제 가격이 다르면 불편하고 짜증날수 있는 상황이 벌어진다. 그리고 이러한 상황이 반복되면 고객클레임이 발생하고 심지어 매출 하락까지도 발생할 수 있는데, 그렇다면 과연 어떻게 하면 가격표를 잘 정리할 수 있을까?

① 임시 가격표나 색깔이 바랜 가격표는 새것으로 교체한다

매장을 둘러보다 보면 가격표는 모두 꽂혀 있는데 정식 가격표가 아니라 그냥 하얀색 종이 위에 가격이 표시된 임시 가격표가 부착된 경우가 있다. 이러한 경우는 점주나 스태프가 가격표 용지가 없는데 급하게 가격표를 꽂아야 한다거나 귀찮아서 대충 포스에서 출력해서 꼽는 경우가 대부분이다. 보통 후자의 케이스가 대부분인데 이럴 경우 가격은 제대로 표시되어 있을지 몰라도 미관상 굉장히 보기에 안좋고 관리를 안하고 있는 매장이라는 이미지를 심어준다. 이런 매장은 보통 점주가 꼼꼼히 처리하지 않거나 스태프에게 업무를 맡기는 경우 발생하는데, 심지어 상품의 반이 넘게 이러한 가격표가 붙어 있는 매장도 있다. 포스에서 출력하는 가격표는 그야말로 임시 가격표로 적어도 2주일에 한번 정도는 전체적으로 점검하면서 교체하여, 점주가 매장에 신경쓰고 있다는 이미지를 심어주어야 스태프도 꼼꼼하게 일하고 고객도 만족하면서 쇼핑을 할 수 있을 것이다.

② 행사상품과 쇼카드는 모아서 진열한다

운영을 잘하는 매장을 방문하게 되면 '+1'행사상품들이 모아져 진열되어 있는 상태를 발견할 수 있을 것이다. 물론 행사상품들이 모여있지 않다고 해서 행사를 안하는 것도 아니고, 가격이 다른 것도 아니지만 고객들은 확실히 다르게 느낀다. 특히 유제품과 음료 냉장고 상품에서 차이가 나는데 이러한 모음진열을 할수록 고객은 수월하게 행사상품을 고르고 더욱 많은 수량을 구매하게 된다. 이렇듯 고객에게 혜택을 주는 상품을 한눈에 보이게끔 하는 것이 충동구매를 유도하는 방법으로, 행사상품이 여기저기 흩어져서 있는 것보다 한 군데 모여있게 진열하면 행사 규모가 더욱 커 보이고 많아 보이게 하는 것은 어쩌면 당연한 것인지도 모른다. 또한 여기에 더해 고객이 상품을 고르기 편하게까지 만들어주니 매출은 당연히 상승할 수밖에 없는 것이다. 그러니 번거롭더라도 월초 한 번이면 되니 최소한 음료 냉장고 주류와 유제품 냉장고에 있는 유제품만이라도 꼭 정비하도록 하자.

③ 인기있는 (신)상품들은 자체 가격표를 제작하여 부착하면 좋다

예전과 다르게 요즘은 유행의 속도가 빨라서 핫한 상품들이 빠르게 나타났다 조용히 사라지는 경우가 허다하다. 예전부터 인기있는 새우깡이나 양파링 같은 초베스트 상품들이 지금 시대에는 나오기 어려운 이유는 사회가 너무 빨리 변화하기 때문일 것이다. 이렇게 변화가 빠른 시대에 편의점은 어떻게 대응해야 할까? 그것은 빠르게 치고 빠르게 빠지는 것이다. 예를 들어, 두꺼비 시리즈나 곰표 상품처럼 유행할 만한 (신)상품이 나오면 바로 대량으로 진열하고, 거기에 맞춰 조금 더 크게 자체 제작한 가격표로 고객을 유혹하는 것이다. 일반 가격표가 단순히 가격을 알리는 기능을 한다면, 핫한 신상품에 붙어있는 자체 제작한 큼지막한 가격표는 '나 여기 있으니 가져가시오'하는 알리는 역할을 한다. 그리고 이런 방식으로 최대한 많이 판매한 후 점차 시간이 지나 유행에서 멀어진다면 그때 다시 일반 가격표로 바꾸면 된다. 일명 물 들어올 때 노 젓는 방식으로서, 자체 가격표는 타이밍을 최대한 활용하는 방법이라 할 수 있겠다.

다음으로는 매장 밝기를 점검해 보겠다.

필자가 매장에 들어가서 가장 먼저 살펴보는 것 두 가지 중 하나는 앞서 언급한 가격표이고, 나머지 하나는 바로 천장에 있는 매장등이 잘 켜져 있는지의 여부이다. 보통 20평 내외의 매장에는 카운터 안쪽에 있는 2~3개의 스위치로 형광등의 온오프를 조절할 수 있는데, 간혹 일부 점주들은 전기요금이 과다하게 나온다는 이유로 3분의 1이상의 등을 꺼놓은 채 어두운 상태에서 영업을 하는 경우가 있다. 이렇게 하면 점포 외부에서 들어오는 방문객뿐 아니라 점포 내부에 있는 상품 판매에도 상당한 영향을 끼칠 수 있으므로 삼가야 한다. 실제로 우리보다 편의점 역사에서 앞서는 일본에서는 운영력 평가시 체크리스트에 매장의 밝기를 측정하는 항목이 있을 만큼 매장 내부의 조도는 상당히 중요하다. 왜냐하면 매장이 밝을수록 상품의 판매율이 높아지기 때문으로 대부분의 사람들은 밝은 곳에 있을때 기분이 좋아지고 구매 욕구도 한층 높아지기 때문이다.

① 매장 조명은 반드시 다 켜져 있어야 한다

앞서 얘기했듯이 일부 매장에서는 전기요금이 많이 나온다는 이유로 매장등의 상당 부분을 꺼놓고 있는데 이는 분명히 잘못된 행동이다. 브랜드 편의점마다 약간씩의 차이는 있겠지만 최저임금이 갑자기 상승한 2018년에는 회사마다 발표한 점포와의 상생안 지원 내용에 대부분 전기요금이 있었지만, 안타깝게도 2022년 현재는 대부분의 회사에서 신상품 및 폐기금액 지원으로 대체하였고 전기료의 지원 항목은 삭제하였다. 그렇다고 알아야 할 부분은 매장의 불을 완전히 꺼놓고 영업을 하지 않는 이상, 요금적인 측면에서는 그다지 큰 차이가 없다는 것이다. 몇 만원을 아끼려고 하다가 오히려 고객에게 상품의 구매욕을 떨어뜨려 매출이 하락하는 최악의 상황이 발생할 수도 있다. 또한 매장의 조도가 어두우면 밖에서 보기에 영업을 안하고 있는 것처럼 보여서 사람들이 점점 더 매장에 들어오지 않는 객수 하락의 악순환까지 반복되게 된다. 그러니 제발 매장 안의 조명은 그게 무엇이든 빠짐없이 켜놓길 진심으로 바란다.

② 시식 공간은 따뜻한 주황색으로 바꿔라

앉아서 음식을 섭취할 수 있는 시식 공간은 고객의 체류 시간과 구매 금액를 올릴 수 있는 가장 효율적인 방법으로 그 중요성이 점차 높아지고 있다. 통계를 확인한 결과 고객의 점포 내부 체류 시간이 길어질수록 매출에 있어서 객단가가 높아졌는데 그러기 위해서는 시식 공간에 아늑함을 주어야 한다. 일반적으로 편의점에서는 예전부터 하얀색의 형광등이나 LED등을 설치하여 운영했는데 매장이 깔끔하고 환하게 보이고 상품이 깨끗하게 느껴져 구매 의욕을 불러일으킨다는 장점이 있는 반면, 너무 밝아 차갑게 느껴질 수 있다는 단점도 있었다. 그리고 이런 부분은 고객의 체류 시간을 늘려야 하는 요즘의 트렌드와 맞지 않기 때문에 이 문제를 해결하기 위해 신규 매장에서는 시식 공간에만 별도의 주황색 펜던트 등을 설치하는 경우가 점점 많아지고 있다. 즉 고객들이 앉아서 머물고 취식을 하는 공간만이라도 아늑하고 따뜻한 분위기를 만들수 있게 주황색 등을 활용하는 것인데, 실제로 일반 백색의 형광등보다 심리적으로 안정감을 주는 효과가 있어 고객의 체류 시간이 더욱 길어지게 되는 효과가 나타난다.

③ 점포 내부 조명이 구형 형광등이라면 LED로 교체 요청하라

이 경우는 개점한지 최소 4~5년 이상 된 매장에서 흔히 볼 수 있는 동그란 구형 형광등이 설치된 사례에 해당한다. 물론 운영하는 데 있어서 특별히 문제가 되는 것은 아니지만 아무래도 LED에 비해 조도 자체가 낮다보니 매장의 깔끔한 이미지나 고객의 구매 의욕은 상대적으로 저하될 수 밖에 없다. 또한 형광등의 경우 자주 갈아 끼우다 보면 소켓 부분이 파손되어 조면 자체가 켜지지 않는 경우도 허다한데 이런 것들이 하나둘씩 늘어나다 보면 마치 영업을 안하는 것처럼 어둑어둑하게 보이게 된다. 때문에 당연히 교체를 하면 좋은데, 이러한 문제를 해결하기 위해서는 본부에 리뉴얼 공사 요청을 해야하고 그러기 위해서는 반드시 명분이 필요하다.

우선 첫 번째 팁으로는, 교체 요청 직전에 형광등을 반 이상 꺼놓거나 꺼진 등을 교체하지 않고 놔두고 있는 것이다. 그러면 당연히 본부에서는 개선을 요청할 것인데 이때 점주는 많은 부분이 파손되었고, 교체가 어렵다는 이유로 완강히 거부하면 된다. 그리고 이런 상황이 몇번 반복되었을때 못 이기는 척 LED로 바꿔주면 매장등을 잘 켜고 운영도 잘 하겠으니 지원을 해달라고 부탁하면 된다.

다음으로 두 번째 팁은 계약만료 즈음까지 기다렸다가 재계약을 활용하는 것인데, 이 방법은 간단하다. 조만간 이루어질 재계약을 조건으로 미리 LED등으로 교체해 줄것을 요청하면 된다. 그렇게 하면 본부에서도 오히려 재계약에 대한 긍정적인 반응이라 생각하고 적극 호응할 것이니 서로 윈윈할 수 있는 전략이라 할 수 있겠다.

④ 실외에 어닝등, LED등, 호박등을 추가하라

실내의 밝기가 고객의 체류 시간과 객단가에 영향을 끼친다면, 실외의 조명은 이동하는 고객을 내 매장으로 유인하는 역할을 한다. 앞서 여러 번 언급했듯 매장에 들어온 고객에게 상품을 더 파는 것보다 스쳐지나가는 사람을 고객으로 만드는 것이 몇 배는 더 어렵다. 그렇기 때문에 밖에 있는 고객을 들어오게 하는 시각적인 효과가 필요한데 그 중 하나가 바로 조명이다. 실외 조명에는 어닝천 밑에다 설치하는 형광등,

벽에다 설치할 수 있는 LED등, 양쪽 기둥에다 하는 호박등 등이 있는데 어느 것이라도 상관없다. 매장 앞을 지나가다가 혹은 멀리에서라도 보고 들어오게끔 하면 되는 것이니 실외가 좀 더 밝아질 수 있도록 본부에 추가 설치를 요청하길 바란다.

행사를 알려야 매출이 오른다

편의점을 운영하면서 매월 해야 하는 업무가 여러가지 있는데, 그중 하나가 바로 각종 홍보물에 대한 정비이다(편의점은 매월 할인 및 증정 등 행사하는 상품의 종류와 마케팅이 바뀐다). 편의점은 슈퍼나 대형마트에 비해 가격이 비싸다는 업의 특성상 연령층이 높은 고객들에게 가격 저항이 상당히 심한 편으로, 그나마 1+1 혹은 2+1행사로 인해 이러한 클레임을 상당수 줄일 수 있기 때문에 행사상품과 관련된 홍보물의 부착은 상당히 중요한 업무라 할 수 있겠다. 그리고 이러한 홍보물은 행사상품을 다양하게 운영하여 많이 붙이면 좋겠지만, 무조건적으로 붙이다가는 오히려 외부에서 매장 내부가 보이지 않는다거나 지저분한 분위기를 조성할 수 있기 때문에 주의가 필요한 업무이기도 하다. 그러나 제대로 활용한다면 홍보에 따른 충동구매로 추가 매출이 가능한 만큼 꼼꼼한 분석을 통하여 방문하는 고객들에게 좀 더 효과적으로 행사에 대한 내용을 알리기 바란다.

① 출입문 홍보물은 깔끔하게 한두 개만 부착한다

출입문 쪽에 부착하는 대형 홍보물은 대부분 반투명으로 만든 행사의 큰 내용을 담고 있는 것이 일반적이다. 이렇게 해당 월의 중요한 행사 프로모션을 담고 있다 보니 홍보물의 사이즈도 크고, 잘못 붙였다가는 보기에 약간 어수선한 느낌이 들기도 한다. 또한 실제로 안타깝게도 밖에서 편의점 안으로 들어오는 고객이 매장에 들어오기 전에 멀뚱히 서서 해당 홍보물의 내용을 꼼꼼히 확인하고 들어오는 경우도 거의 없다(실제로 필자가 방문 고객 대상으로 질문을 한 결과 홍보물의 행사 내용을 확인하고 들어오는 케이스는 제로에 가까웠다). 때문에 입구에서부터 그러한 큰 홍보물을 붙이고, 다른 여럿의 홍보물까지 더해서 붙인다면 오히려 시선만 분산시키고 행사의 내용을 고지하는데 방해만 될 뿐이다. 그러니 출입문에는 되도록 중요한 홍보물 한두 장만 깔끔하게 붙여 행사에 대한 내용도 최대한 알리고 내부도 가리지 않게 하는게 오히려 도움이 될 것이다.

② 신상품 쇼카드는 매주 바꿔가며 부착한다

편의점 회사마다 다르지만 대부분 매달 매장에 들어오는 홍보물에는 신상품을 알릴 수 있는 작은 쇼카드가 함께 배송된다. 그러나 요즘 일부 점포를 다니다 보면 신상품에 대한 표시가 전혀 없는 경우가 있는 경우보다 훨씬 많다. 이러한 현상은 마케팅에 있어서 문제가 상당히 크다고 할 수 있는데, 지금의 시대에는 예전과 다르게 SNS의 활성화로 인해 신상품에 대한 소식 및 판매가 빠르고 급격하게 상승하고 있기 때문이다. 또한 요즘은 예전과 같이 새우깡이나 양파링, 신라면과 같이 초장기 베스트셀러 상품이 나오기 어려운 구조로 초반에 빨리 팔고 빨리 사라지는게 요즘 신상품의 특징이기도 하다. 즉, 이러한 빠르게 변하는 상황에서 신상품을 알리는 쇼카드가 없다면 고객에게 판매가 되지 않을 것이며, 점주는 다시 판매가 되지 않는다며 신상품 발주를 하지 않게 될 것이다. 그야말로 최악의 악순환인 것이다. 그리고 이러한 문제를 해결하기 위해서는 반드시 신상품은 쇼카드를 통해 수시로 바꿔가며 알려야 하는 것이다.

③ 광고비가 들어오는 술 정전기 스티커는 무조건 붙인다

맥주나 소주가 진열되어 있는 음료 냉장고 쪽을 가보면 대부분 여러 가지 술을 홍보하고 있는 정전기 스티커가 부착되어 있는 모습을 볼 수 있을 것이다. 이것은 부착을 하기만 하면 업체에서 장려금을 지급하여 점주에게 도움이 될 뿐만 아니라 행사(상품)에 대한 내용도 알릴 수 있어 효과적이라 할 수 있겠다. 그러나 간혹 일부 점주가 진열되어 있는 상품이 잘 보이지 않는다며 홍보물 부착을 꺼려하는 경우가 있는데 이것은 잘못된 생각이다. 그 이유는 술은 냉장고 안에 진열되어 있는 상품을 보고 갑자기 구매를 결정하는 카테고리가 아니기 때문이다. 다시 말해, 내가 마시고 싶은 술의 종류를 고르는 것이지 상품이 보이면 결정하는 충동구매 상품이 아니라는 것이다. 때문에 술은 안에 상품이 보이는거 보다 홍보물에 있는 4개 만원 등의 행사를 홍보물로 어필하여 판매를 노리는 게 훨씬 효과적이라 할 수 있는 것이다(다만, 너무 많은 홍보물은 오히려 지저분한 느낌을 줄 수 있으니 고객의 호응이 있는 행사가 나와있는 홍보물 위주로 손잡이 반대쪽에 붙이는게 좋다).

④ 일반 홍보물은 정해진 위치보다 잘 보이는 곳에 붙인다

마지막으로는 기타 여러 종이로 된 홍보물이 남아있다. 보통 이러한 홍보물의 종류로는 아이스크림이나 냉장안주, 수입맥주 등의 이미지가 그려진 중간 사이즈 부착물로 본부에서 정한 위치에 붙이는게 일반적이다. 예를 들어, 아이스크림 홍보물의 경우는 컵아이스(냉동고) 집기 앞면에, 냉장안주가 그려진 홍보물은 유제품 냉장고 옆면에 붙이는 식으로 말이다. 그러나 필자는 이 부분에 있어서는 의견이 약간 다른데, 그 이유는 점포마다 각기 레이아웃(도면)이 다르기 때문이다. 즉,

저마다 점포의 모양이 다르고 고객의 이동 동선에 있어서 차이가 있는데, 어떻게 홍보물을 똑같은 위치에 붙이는게 효과적이겠는가? 결국 정해진 위치보다는 레이아웃, 출입문, 고객의 동선에 따라 점포마다 가장 잘 보이는 위치에 붙이면 되는 것이다. 왜냐하면 우리는 매장을 예쁘게 꾸미기 위해 사업을 하는 게 아니라 (홍보물을 잘 보이게 해서) 매출을 올려 돈을 벌기 위해 운영을 하는 것이기 때문이다.

매월 새로운 점포를 만들자

본부에 지불하는 높은 가맹비(770만원), 매월 나가는 수수료, 각종 영업에 대한 간섭 등의 제한에도 불구하고 프랜차이즈 사업을 선택하는 대부분의 이유는 본부의 체계적이고 안정적인 시스템을 이용하고 싶어서일 것이다. 복잡하고 어려운 세금 문제, 마음에 들지 않는 인테리어 공사, 생소한 고객 마케팅 등 혼자서는 감당하기 어려운 여러 가지 문제들을 본부에서는 기존의 시스템을 활용하여 쉽게 해결해주고 있다. 그리고 프랜차이즈 편의점의 가장 큰 장점인 매월 진행하는 행사 마케팅에 집중해야 하는데, 그 이유는 세금이나 공사, 물류 등의 문제는 본부 및 영업 담당이 알아서 처리해주는 반면에 행사의 진행 여부나 방법 등은 온전히 점포에서 결정해야 하기 때문이다. 게다가 월별로 진행하는 행사야말로 내 점포의 차별화를 가장 확실히 할 수 있는 방법이니 꼭 참고하길 바란다.

우선 월별로 진행하는 행사의 내용 및 상품 종류는 전월 마지막 주에 점포로 고지되는게 일반적이다. 그렇다면 이렇게 행사 안내문을 받고 점주가 가장 먼저 해야 할 일은 무엇일까? 바로 익월 행사 중 내 점포에서 잘 팔리는 고회전 카테고리의 상품을 고르는 것이다. 예를 들어

학원가 입지 점포여서 컵라면의 판매가 높다면 컵라면 중에 다음달에 '1+1'이나 '2+1'행사를 하는 것이 있는지 확인하면 되고, 이러한 경우 기존부터 판매가 좋은 상품(진라면 등)에서 행사가 진행된다면 더욱 금상첨화라 할 수 있겠다. 그렇게 고회전 카테고리별로 1~2가지씩의 상품 아이템을 찾아내면 되는데, 보통 25일 전후로 영업 담당과 데이터를 분석하여 정하는게 일반적이다.

다음으로는 당월 행사하는 기존 상품의 재고를 줄이는 순서이다. 즉, 다음 달 행사상품을 진열하려면 당월 행사상품의 재고를 빼야한다. 매월 행사를 진행하다 보면 월초에 해당하는 상품을 많이 주문하고, 해당 상품의 판매가 계속되어 월말에는 재고가 조금씩 줄어들 것이다. 그리고 재고를 줄이는 일정은 보통 매월 20일 내외로 하면 되는데, 다시 말해 20일 후부터는 당월에 행사하는 상품의 발주량을 대폭 줄이라는 얘기이다. 왜냐하면 행사상품의 경우 잠깐 동안의 증정 행사로 판매되는 경향이 많고, 그러한 메리트가 끝나면 판매 저조로 이어져 악성 체화재고가 될 가능성이 크기 때문이다.

이렇게 다음 달에 진행할 행사상품을 정하고 당월 행사상품의 재고를 줄였다면 28일 즈음에 다시 익월의 행사상품을 대량으로 발주하면 된다. 보통 행사를 진행할 때 10~20개 정도로 발주하고 진열하는 점주들이 있는데 이럴 경우 투자 대비 힘만 들고 효과를 보기가 힘들다. 왜냐하면 점주는 폐기 및 반품 걱정으로 인해 적은 양의 발주로 진열하는데 반해 고객은 그 적은 양으로는 매장의 변화를 절대 느낄 수 없기 때문이다. 여름에 마트에 가서 수박의 진열 공간과 양을 살펴보길 바란다. 즉, 어설프게 할 거면 안 하는 게 낫다. 그러니 가능한 많은 수량을 발주하고, 사전에 영업 담당과 협의하여 미판매시의 처리 방안도 함께 협의하는게 좋다(영업 담당의 경우 일부 한도반품 금액이 있기에 일부

처리가 가능하다).

이러한 모든 과정이 끝나면 마지막으로 해당 월말, 늦어도 익월 1일에 진열 및 홍보물 부착을 하면 된다. 그러기 위해서는 잊지 말고 행사 상품 발주를 하면서 영업 담당과의 일정에 대한 약속을 잡아야 한다. 그리고 동시에 분위기를 연출할 홍보물(POP) 요청도 동시에 진행해야 한다. 그러면 그날에 맞춰 영업 담당이 매장으로 방문할 것이고, 같이 점포 앞 혹은 점포 내부 진열대 공간에 당월의 행사상품을 꾸미면 된다.

그리고 이렇게 위의 순서대로 매월 행사상품 세팅 일정을 잡으면 되는데, 이렇게 하는 이유는 똑같은 브랜드의 편의점을 운영하면서도 고객은 행사에 따라서 전혀 다른 느낌을 받기 때문이다. 어느 점포를 가면 행사상품이 너무 많아 이것저것 하나라도 더 사고 싶은 반면, 어느 점포는 행사상품의 재고 자체가 없는 경우도 있다. 행사상품은 마진을 줄여서 매출을 하락시키는 골칫덩어리가 아니라 방문하는 고객의 수를 늘리고 충성 고객을 확보하는 강력한 무기이다. 그러니 번거롭더라도 매월 새로운 행사상품을 진열하여 변화를 추구해보기 바란다.

점포 얼굴부터 닦자

이번 글에서는 매장의 얼굴이라고 할 수 있는 점포 앞 정비에 대해서 알아보려고 한다. 길거리를 아무 생각없이 지나다니는 사람들을 내 점포의 고객으로 만들 수 있는 첫 번째 이미지인 만큼 점주가 집중해야 하는 중요 업무라 할 수 있겠다(그러나 안타깝게도 실제 현장에서는 점포 앞 정비에 대해 소홀히 하는 경우가 대부분이다).

우선 첫 번째로 전면개방에 대해 살펴보겠다. 편의점이 개인 슈퍼와 다른 가장 대표적인 차이점을 하나 꼽자면 단연 깨끗함일 것이다. 통일

된 간판과 메이저별 심플한 시트지, 깔끔한 휴게 공간 등은 주변 고객 및 이동하는 사람들에게 좋은 이미지를 주기에 충분하다. 이에 반해, 동네의 개인슈퍼나 규모가 조금 큰 마트의 경우라도 대부분 점포 벽 혹은 유리에 주류회사에서 지원받은 맥주 및 소주 홍보물 여기저기 붙어있고, 그 이유를 알 수 없는 과일, 과자 등의 상품들이 박스째로 어수선하게 놓여있는 모습을 자주 발견할 수 있을 것이다. 이제는 시대가 많이 바뀌어 가고 있다. 단순히 싸다는 이유로 바깥에 그대로 방치되어 있는 먼지 가득한 상품들을 구매할 고객은 많지 않을 것이다. 그렇다면 이러한 편의점의 장점을 어떻게 더 극대화할 수 있을까? 바로 점포 유리면에 붙어 있는 홍보물을 최소화하면 된다. 특히, 일부 점포에서는 잘 보이지도 않는 작은 글씨의 홍보물이 여기저기 붙여있는데, 과연 고객이 점포에 들어오기 전에 그 홍보물 앞에 서서 작은 글씨의 행사 내용을 꼼꼼히 읽고 들어올까? 고객이 점포에 들어오는 모습을 하루만 잘 관찰해봐도 그 답은 나올 것이다. 본부에서 나오는 기본 홍보물 이외에는 제거하는게 좋다.

두 번째는 바로 홍보물 정비이다. 편의점마다 혹은 트렌드에 따라 자체 홍보물의 중요성은 각기 다르게 인식되지만, 아예 필요하지 않은 건 아니다. 때에 따라 강력한 마케팅 수단이 될 수도 있기 때문에 붙이는 방법 또한 굉장히 중요하다(현재 GS25의 경우는 노란색의 큼지막한 자체 홍보물로 다양한 행사를 어필하고 있고, CU는 전면개방의 시원함을 주기 위해 본부의 기본 홍보물 이외에는 자제하고 있는 추세이다). 그렇다면 어떻게 하는게 효과적일까? 우선 본부에서 나오는 기본 홍보물을 점포 유리면에 붙일 때는 최대한 아래쪽으로 해서 부착해야 한다. 기본적으로 홍보물을 위로 붙이면 고객이 잘 보일거라 생각하겠지만, 테스트 결과 멀리서부터 점포에 들어오는 고객의 입장에서는 위와 아래의 차이는 그다지 크지 않았다. 또한 홍보물을 유리면 위에 붙이게 되면 점포 내부의 형광등을 가리게 되어 밖에서 볼 때 점포가 어두워 보이는 치명적인 단점도 있다. 두 번째로 우리 점포에서만 하는 행사로 인해 자체 홍보물이 필요하다면 단순하고 큼지막하게 제작 및 부착하여 고객에게 직관적으로 보이게 하면 좋다. 점포에 들어오기 전 밖에 서서 한참 동안 행사 내용을 숙지할 고객은 없다. 즉 1+1이면 1+1, 초특가 할인이면 할인된 가격만 크게 써서 붙여서 고객이 보면 바로 이해할 수 있게 하는게 효과적일 것이다.

세 번째로는 휴게 공간(파라솔, 어닝) 조성이다. 예전에 비해 요즘 편의점에서 특히나 요구되는 부분이 바로 휴게 공간이라 할 수 있다. 즉 석에서 바로 먹을 수 있는 다양한 먹을거리가 편의점의 장점인 만큼 그 음식을 먹을 수 있는 공간 역시 중요한 것이다. 그리고 이 부분은 특히나 개점하기 전에 사전에 협의를 해야 하는 부분으로 그 이유는 상당한 추가 비용이 들어가기 때문이다. 그러니 공간이 확보된다면 반드시 개점하기 전에 데크, 어닝 및 원목 테이블의 설치를 본부에 요청하도록 해야한다. 특히 데크 및 어닝의 경우 개점을 하고 나서 추후에 설치를 하려고 하면 높은 공사 비용 문제로 인해(각 300만원 내외) 잘 해주지도 않고, 점주에게 비용을 일부 부담하라고 하는 경우도 있을 것이다. 또한 원목테이블도 일반 플라스틱 테이블보다 이용하는데 편리하고 안정적이라 고객의 선호도가 높으니 기왕이면 사전에 요청하여 챙기면 비용을 줄일 수 있다.

네 번째 점포 앞 개선으로는 조명을 들 수 있다. 편의점마다 경쟁이 심해지고 있는 요즘에는 매장 내부의 밝기만큼 점포 바깥에서의 밝기 역시 상당히 중요해지고 있다. 특히 점포 앞에 데크나 원목테이블 등의 휴게 공간이 있으면 야간에 고객이 편리하게 이용하게 하기 위해서라도 더욱 조명이 필요한 것이다. 그러니 어닝에 설치하는 LED등, 건물 벽에 붙이는 호박등 등 다양한 조명으로 주변에 비해 내 점포를 적극 홍보하기를 추천하는 바이다.

마지막으로 미끼 상품이 있다. 방법은 고객을 유인하기 위한 전략으로 눈에 띌 수 있도록 1~2가지 상품으로만 대량으로 진열하고 1+1, 초특가행사 등으로 충동구매를 유도하는 것이다. 일반적으로 점포 매출은 객단가 X 고객 수로 이루어지는데 객단가보다 고객 수의 증대가 더 어렵다. 즉, 특별한 이벤트 없이 지나가는 고객을 당 점포로 유도하는 게 쉽지 않은 만큼 이러한 미끼상품 대량 진열은 매장으로의 유입에 있어서 꽤 도움이 될 것이다.

고객을 편하게, 오래 머물게 하라

편의점 매출을 올리는 방법에는 여러 가지가 있지만, 그중에서도 고객의 매장 내 체류 시간을 늘려 객단가를 높이는 방법이 가장 효율적이라 할 수 있겠다. 길거리를 지나다니는 고객을 내 점포로 불러들이는 방법보다 쉽고, 여러 상품을 같이 진열하여 동반구매를 유도하는 것보다 효과가 오래 지속되기 때문이다. 간혹 일부 점주가 고객이 매장 안에서 오랜시간 계속 앉아 있는게 싫다며 시식공간을 치우는 등 부정적인 경우가 종종 있는데 이런 마인드는 좋지 못하다고 생각한다. 그런 생각을 하는 점주에게 꼭 묻고 싶은게 하나 있다. 대체 장사나 사업을 왜 하는 것인가? 편하기 위해? 아니면 돈을 벌기 위해? 구더기 무서워 장 못 담그지 않는다. 이러한 고객들 중에는 물론 매출에 큰 도움이 안 되는 분들도 있겠지만, 단골 고객이 되는 분들이 대다수이다. 일부 관광지나 터미널 등의 입지에서는 체류 시간보다는 빠른 회전이 중요한지라 해당되지 않을 수도 있겠지만, 일반적인 입지의 점포에서는 매출을 올리는 데 도움이 될 수 있으니 충분히 적용해 보기 바란다. 그렇다면 고객을 매장에서 좀 더 오랫동안 체류하게끔 하는 방법에는 어떠한 것들이 있을까?

① 와이파이 및 핸드폰 충전기 제공

요즘엔 어른이나 학생들 모두 어디를 가더라도 핸드폰을 손에서 놓지 않는 경우가 많다. 편의점에 혼자 방문하여 식사를 하는 직장인뿐 아니라 친구와 같이 와서 수다를 떠는 학생들까지 대부분은 핸드폰을 하며 시간을 보내는게 일반적이다. 특히 학생들은 이런 경우 데이터가 부족하여 친구들끼리 공유하거나 그렇지 못하면 마음 편하게 핸드폰을 사용하지 못하는 경우를 종종 발견할 수 있다. 이럴때 편의점에 설치해 놓은 와이파이 공유기는 굉장히 효율적으로 활용되기도 한다. 이러한 와이파이 공유기는 점주가 직접 통신사에 신청할 수 있고 비용도 한 달에 몇천 원으로 저렴하다는 장점이 있으며, 학생들의 반응까지 좋아 가성비도 훌륭하다고 할 수 있다. 또한 핸드폰 핀별로 다양한 충전기를 시식 공간에 별도로 설치해 놓는다면 통화를 많이 하는 직장인(특히, 영업 사원 등)들에게 좋은 호응을 얻을 것이다. 그리고 결국에는 이러한 작은 배려가 고객들의 체류 시간을 늘리고 객단가를 높여 매출 상승에 큰 역할을 하게 되는 것이다.

② 쉬었다 갈 수 있는 공간 제공

매장 내 혹은 점포 바깥에 있는 시식 공간은 요즘 편의점 트렌드에서 가장 중요시되고 있는 부분 중 하나이다. 특히 편의점 시식 공간은 체류 시간을 늘려 객단가를 높이는 가장 좋은 방법으로 넓으면 넓을수록 그 효과가 점점 더 좋아진다고 할 수 있다. 특히 요즘은 매장 내에 단순히 테이블만을 설치하는데 그치지 않고 주황색 조명을 설치하여 아늑하고 따뜻한 분위기를 조성하거나, 별도의 공간을 마련하여 원목 테이블을 설치하고 꾸미서 고객이 좀 더 편하게 오래 쉬었다 갈 수 있게끔 만들고 있는 추세이다. 더욱이 예전에는 시식 공간을 점포의 출입문과 가까운 전면이나 유리면에 쪽에 설치하여 고객이 이용하는데 있어서 약간의 불편함(눈치)를 느끼게 했다면, 요즘에는 매장 안쪽에 별도의 공간을 조성하여 고객들이 안락하게 오래 쉴 수 있도록 유도하고 있다. 그리고 이러한 점포일수록 객단가가 높고, 매출이 상승한다는 결과가 다수 있기 때문에 메이저 편의점마다 매장 평수를 늘리는(시식 공간을 추가하는) 확장을 적극 추진하는 상황으로 내 점포에도 가능한지 반드시 확인해봐야 할 것이다.

③ 매장 내 현금 인출기 설치

요즘은 사람들이 현금을 인출하기 위해 은행에 가는 횟수가 점점 줄어들고 있는 추세이다. 스마트폰에 편리하게 앱을 설치하고 이용할 수 있는 모바일 뱅킹을 활용하기 때문이기도 하지만, 어디에서나 편리하게 이용할 수 있는 현금 인출기의 수수료가 낮아진 덕분이기도 하다. 필자도 예전에는 이용하는 주거래 은행을 방문하여 현금을 인출하곤 했는데, 이제는 편의점 ATM기도 수수료가 전혀 들지 않기 때문에 은행에 갈 일이 거의 없어지게 되었다. 특히 요즘에는 편의점에 방문하는 고객들 역시 현금 인출기의 이용이 더욱 많아지고 있는 추세로, 그 필요성은 날로 증가하고 있는 현실이다. 더욱이 편의점에 있는 현금 인출기의 경우 대부분 설치를 매장에서도 가장 안쪽에 위치하여 추가적인 매출을 창출하고 있는데, 편의점 출입문과 가까운 곳이 아닌 매장 끝에 놓아서 방문객이 돈만 뽑고 그냥 나오기에는 민망함을 느끼게 만드는 것이다. 그럼에도 고객은 은행보다 가까운 곳에서 편리하게 돈을 뽑을 수 있고, 매장에서는 고객이 인출한 돈으로 상품을 구입하여 매출을 올릴 수 있으니 설치를 안 할 이유가 없는 것이다.

※ 다만, 메이저 편의점 중 신규점 개점시 현금 인출기를 바로 설치할 수 있는 브랜드는 GS25와 세븐일레븐이고, CU의 경우 절차가 복잡하고 설치가 어려운 경우도 많으니 참고하기 바란다.

상품이 답이다

매장의 크기가 대략 20~30평인 편의점의 경우는 상품에 대한 차트 정비가 특히나 중요하다. 상품의 종류는 굉장히 많으며 더욱이 신상품이 계속해서 나오는 반면, 대형마트와 다르게 편의점은 상품을 진열할 수 있는 공간이 턱없이 부족하기 때문이다. 결국 이러한 문제를 해결하기 위해서는 고객이 원하는 상품을, 원하는 곳에, 원하는 만큼 진열을 하는 수밖에 없는 것이다. 이러한 이유로 주단위 혹은 월단위의 '상품차트 정비'는 편의점 운영에 있어서 필수 업무라 할 수 있다. 그렇다면 어떠한 방법으로 챠트를 분석해야 할까? 우선 상품차트 정비에 앞서 내 점포의 진열대별 매출을 알아야 한다. 금년 월별 진열대 매출, 전년 대비 진열대 매출 등 카테고리별로 매출액 및 매출 구성비가 표시된 차트를 사전에 준비해야 하는 것이다. 그리고 이러한 매출 구성비는 매장에서도 어느 정도 알아볼 수 있겠지만, 월별로 자료가 방대하므로 영업 담당에게 출력해달라고 부탁하면 좀 더 손쉽게 구할 수 있으니 참고하길 바란다.

구체적인 방법 중 첫 번째는, 우선 내 점포에서 매출이 가장 큰 카테고리를 확인하는 것이다. 예를 들어, 주류와 커피의 매출이 높다면 그 데이터를 가지고 매장의 주류와 커피 진열 상태를 확인해 봐야 한다. 만약 주류와 커피가 종류도 많고 진열 공간도 충분하다면 문제없이 잘 운영되고 있는 것이지만, 잘 팔리는 맥주와 커피가 잘 팔리지 않는 막 걸리 및 과즙 음료 등과 같은 위치에 진열되어 있거나, 진열되어 있는 면적(페이스)이 좁다면 정비가 필요하다고 볼 수 있다. 다시 말해, 잘 팔리는 상품일수록 골든존에 위치하고 진열 공간 역시 넓어야 하는 것 이다. 그래야 상품이 없어서 못파는 기회로스를 방지할 수 있다. 그러 니 즉시 막걸리와 과즙 음료의 진열 공간을 줄이고, 맥주와 커피의 공 간을 대폭 늘려 골든존으로의 이동을 진행하기 바란다

두 번째로는, 반대로 내 점포에서 매출이 가장 적은 카테고리를 확인 해야 한다. 예를 들어, 상권이 비슷한 인근 점포는 와인의 매출이 높은 데 반해 내 점포에서만 유독 매출이 저조하다면 주의깊게 살펴봐야 한 다(이러한 매출 비교는 영업 담당을 통해 쉽게 확인할 수 있다). 우선 매장에 있는 와인의 진열 상태와 종류를 확인해 봐라. 만약 잘 보이는 곳에 진열도 잘 되어있고, 종류도 다양하다면 어떻게 해도 안팔리는 것 이니 과감히 버리고 다른 상품에 집중하면 된다. 그러나 아주 구석진 곳에 진열되어 있고, 와인의 종류도 5~6가지 밖에 구비되어 있지 않다 면 문제는 여기에 있을 수도 있는 것이다. 즉, 안팔리는게 아니라 스스 로 안팔리게 만든 것이다. 그러니 즉시 와인을 골든존으로 이동시키고, 상품의 종류 역시 대폭 늘려 공격적인 판매를 해보기 바란다.

세 번째는 전년 대비 매출이 상승한 카테고리를 확인하는 것이다. 2020년초 이후 시간이 지나갈수록 전년 대비 대부분의 점포에서 맥주 및 소주의 판매량이 대폭 상승하였는데, 그 이유는 바로 코로나로 인한 홈술 문화가 유행했기 때문이다(실제로 코로나 발생 초기에는 편의점

역시 술을 제외한 대부분의 카테고리에서 매출이 하락하는 상황이었다). 이런 경우는 상권은 변하지 않았지만, 갑작스러운 주변 환경의 변화로 트렌드가 변한 상황이라고 할 수 있다. 그리고 트렌트에 가장 민감하다고 할 수 있는 편의점에서 이러한 사회현상의 변화를 놓치거나 안일하게 대응한다면 추가적인 매출 상승을 기대할 수는 없는 것이다. 그러니 반드시 전년에 비해 매출이 상승하는 카테고리가 있다면 진열공간을 확대하고 상품의 종류를 늘리고, 안주류 증정 등 자체행사를 해서라도 매출을 올려야 하는 것이다. 즉, 물 들어올 때 최대한 노를 저으라는 얘기이다.

마지막으로는 매월 매출이 상승하는 카테고리를 살펴보는 것이다. 썬크림, 핫팩 등 특정 시즌에 판매가 폭발하는 계절상품의 경우를 제외하고, 매출이 지속적으로 상승하는 카테고리가 있다면 분명 뭔가 이유가 있을 것이다. 예를 들어, 한번은 학원 근처에 위치한 점포에서 컵라면의 매출이 지속적으로 상승한 경우가 있었다. 처음에는 별다른 이유를 찾지 못해서 특별한 대처를 안했지만 추후에 주변에 학원이 계속해서 생기고, 이에 따라 기존에 있던 학원에도 학생 수가 상당히 늘었다는 것을 알게 되었다. 그 후 해당 점포 점주와 영업 담당은 저회전 카테고리인 봉지면의 아이템과 진열공간은 줄이고, 컵라면의 상품 종류와 진열공간를 늘리는 동시에 자체적으로 쥬시쿨 등 증정행사까지 진행하였고, 결국 해당 카테고리(컵라면)의 매출은 1.5배나 늘어나게 되었다.

※ 결국 내 점포의 매출을 상승시키는 방법은 매월 전년/ 전월 대비 상품 및 카테고리의 매출을 분석하여 거기에 맞게 점포를 새롭게 꾸며가는 것이라고 할 수 있겠다.

고객을 알고 상품을 준비한다

유통업에 있어서 상품 준비는 상당히 중요한데 편의점을 운영하는 경우도 예외가 아니다. 특히 요즘같이 편의점 수가 많고 브랜드간의 경쟁이 심한 때에는 어떠한 상품을 구비하고 있느냐가 승부의 관건이 되기도 한다. 그러면 이렇게 중요한 상품을 어떻게 해야 잘 채워놓을 수 있을까? 개점 당시 정해진 입지에 따라 상품을 구비해야 할까? 당연히 아니다. 먼저 고객에 대한 분석이 선행되어야 한다. 즉 내 점포에 어느 연령대의 고객이 자주 방문하고, 그리고 그들이 어떤 상품을 주로 구매하는지 알아야 비로소 필요한 상품이 눈에 보이게 되는 것이다. 그리고 반대로 그 결과에 따라 내 점포의 정확한 입지가 정해지게 된다. 다시 말해, 점점 상권이 복잡해져 가는 요즘에는 아파트 상가나 대학교 주변처럼 정확히 구분된 상권이 아닌 이상 여러가지 상권이 복합적으로 섞여있는 만큼 단순히 주변만을 보고 입지가 정해지는 것이 아니라, 내 점포에서 어떠한 상품이 언제 잘 팔리느냐에 따라 좀 더 구체적인(유흥가+오피스, 주택가+유흥가, 학원가+주택가 등) 입지가 정해지는 것이라 할 수 있겠다.

① 가장 많이 오는 '연령대'를 분석한다

편의점은 고객의 방문도 잦고 객수가 많기 때문에 물건을 선택한 후 계산을 하려할 때 정확한 연령층을 파악하기 쉽지 않다(객수가 많은 반면, 객단가가 낮다는 단점이 있음). 특히 어린이, 학생, 젊은 남녀, 중년 남녀, 노인 등 포스에서 계산시 누를 수 있는 고객층 버튼이 너무 많다 보니 스태프뿐만 아니라 점주 역시 본인이 편한 객층을 지정해놓고 반복해서 누르는 경우가 대부분일 것이다. 이럴 경우 정확히 고객층에 대한 분석이 어렵고, 스태프별로 물어보더라도 본인이 근무하는 시간에 오는 고객만 파악할 수 있으므로 오전 근무자는 학생층이, 저녁 근무자는 중년 남성이 가장 많다는식의 분석의 오류를 범하게 될 가능성이 크다. 이런 상황에서 가장 효율적인 방법은 간략하게 학생, 젊은 남성/ 여성, 중년층 정도로 나눠서 계산할 때 버튼을 누르게 하면 좋다. 이들이 편의점에서 가장 높은 매출을 올려주는 고객층이기 때문에 이 정도로도 충분히 갖추어야 할 상품에 대한 분석이 가능하기 때문이다.

② 고객이 가장 많이 오는 '시간대'를 분석한다

시간대별 방문 고객 수에 대한 데이터는 메이저 편의점을 운영하고 있다면 굳이 매장에서 따로 분석하지 않아도 사무실 컴퓨터나 본부에 요청하면 확인할 수 있으니 크게 신경 쓰지 않아도 된다(일자별 데이터는 매장에서 직접 볼 수 있고, 월별/ 년도별 데이터는 영업 담당에 요청하면 된다). 다만 점주는 고객이 가장 많이 오는 시간대를 확인하고 그 시간대에 어느 계층의 고객이 가장 많은지를 분석하면 되는데, 반드시 하루에 2~3타임 정도의 고매출 시간대가 언제인지 찾아내야 한다. 그 이유로는 첫째로 가장 매출이 좋은 시간대에 가능하다면 점주가 직접 근무를 해야 하기 때문이고, 둘째는 고매출 시간대에 잘 나가는 상품을 넉넉히 구비하여 결품 및 미진열에 따른 기회로스를 방지하기 위해서이다. 그러니 하루 중 고객이 가장 많이 방문하는 시간대를 확인하여 직전 스태프에게 보다 철저히 상품을 채우도록 지시하면 되는 것이다.

③ 가장 많이 팔리는 '동반 구매' 상품을 분석한다

이 과정은 가장 중요하다고 할 수 있다. 왜냐하면 어떤 연령층에게 어떤 상품들이 잘 나가는지는 데이터가 아닌 매장(현장)에서만 확인이 가능하기 때문이다. 그나마 고객층 버튼을 잘 누른다면 연령층별로 잘 나가는 상품까지는 분석할 수 있으나, 어떤 상품과 함께 판매되었는지까지는 절대 알 수 없다. 예를 들어, 중년 남성들에게 소주와 핫바, 담배 등이 잘 팔린다는 사실까지는 알 수 있으나, 소주와 담배를 동반 구매하는 경우가 많고 핫바는 주로 점심때 단독으로 판매된다는 식의 데이터까지는 얻을 수 없는 것이다. 그러므로 조금 어렵더라도 매장에서는 점주 포함 매출이 가장 좋은 시간대에 근무하는 스태프에게 1~2시간 정도만이라도 반복으로 동반 구매되는 상품을 확인하는게 좋다. 그리고 이렇게 반복하다 보면 일정 부분 함께 구매하는 상품들의 패턴이 보이는데, 불닭볶음면과 초콜릿 디저트, 컵라면과 쥬시쿨 등으로 말이다. 그렇게 데이터가 나오면 동반 구매 상품을 대상으로 묶음 할인 행사를 하여 박리다매를 목표로 판매한다던지, 동반 구매하는 상품 중 저가를 고가 아이템으로 바꿔서 객단가를 높이는 작업을 하면 매출은 자연스럽게 오르게 될 것이다.

단골 고객은 확실하게 대해라

어느 사업이든 매출의 상당 부분에 있어서 단골 고객이 차지하는 비중은 매우 크다. 특히 편의점 업계의 경우 타 업종에 비해 더욱 절실하다고 할 수 있는데, 우후죽순처럼 신규점이 생기고 고개를 조금만 돌려도 메이저 편의점들이 서너 군데씩 있는 요즘의 상황에서는 내 점포만의 충성스러운 고객이 없다면 경쟁점들과의 전쟁에서 살아남기 쉽지 않기 때문이다. 더욱이 단골 고객의 경우 일반적인(단순 방문) 고객에 비해 객단가 측면에서도 1.5배 이상 매출이 높다는 데이터가 있는데, 이러한 수치를 봐도 그 중요성은 굳이 말할 필요가 없을 것이다. 실제로 20%의 고객이 매출의 80%를 차지한다는 '파레토 법칙'이 편의점에도 적용되는 것이다. 그러니 점주들은 반드시 자주 방문하는 고객에 대한 성향을 알아야 할 것이고, 이러한 성향을 파악한 후에는 적극적인 마케팅을 통해 내 점포만의 단골 고객으로 만들어야 좀 더 안정적인 매출을 올릴 수 있을 것이다.

① 단골 고객이 찾는 담배 이름은 반드시 외운다

담배는 이익률이 10%로 금액적인 면에서는 매출에 크게 도움이 되지 않는 상품이다. 즉 4,500원짜리 담배 한 갑을 판매하면 450원의 이익이 남는데, 이 금액을 다시 수수료 비율에 따라 본부와 나누면 점주가 얻게 되는 최종 수익은 겨우 250~300원 남짓 밖에 되지 않는 것이다. 다시 말해, 담배 판매로는 남는 것이 거의 없다고 할 수 있다. 그러나 담배 판매를 이익적인 측면으로만 보면 안 되는 이유가 있는데, 바로 담배를 구매하는 고객들은 보통 한 곳에서 반복적으로(정기적으로) 구매하기 때문이다. 그러므로 자주 방문하는 고객의 원하는 담배 상표명을 기억해 두었다가 매장에 방문할시 알아서 챙겨준다면 그 고객은 단골이 될 확률이 매우 높다. 이 방법은 실제로 우수한 운영력을 보이는 점주들의 공통적인 습관으로서, 담배 구매시 커피 등 다른 상품과의 동반구매 효과도 높아지기 때문에 가장 추천하는 방법 중 하나이다.

② 단골 고객이 한 번이라도 찾은 상품은 다음날 바로 발주한다

편의점은 매장의 평수가 한정되어 있어 대형마트에 비해 상품의 종류도 적고, 당연히 재고도 많지 않다. 이런 이유로 고객이 찾는 상품이 점포에 없는 상황이 가끔 발생할 수 있는데, 그렇다고 그냥 없다고 하고 넘기면 절대 안된다. 고객은 한두 번 찾는 상품이 없으면 그냥 돌아갈 것이고, 다시는 재방문하지 않을 가능성이 높기 때문이다. 결국 고객이 점포를 방문하여 상품을 찾는다는 것은 계속 방문하고 싶다는 표시이니 그냥 넘기지 말고 최소 수량이라도 좋으니 바로 발주를 하고 고객에게 알리길 바란다. 일부 점주는 물건을 구비해 놓아도 고객이 다시 와서 찾는 경우가 드물다는 이유로 그냥 넘기는데, 필자 생각에는 고객이 당장은 해당 상품을 찾지 않더라도 발주를 해야 한다고 생각한다. 고객이 언젠가는 다시 방문할 것이고, 그때 자신이 찾던 상품을 보게 된다면 그 고객은 단골이 될 가능성이 높기 때문이다. 그러니 얼마되지 않는 발주 금액에 너무 걱정하지 말고, 나중을 위해 반드시 하나라도 챙겨넣길 바란다.

③ 단골 고객에게는 봉투나 종이컵 등은 서비스로 제공한다

편의점의 가장 큰 단점으로는 프랜차이즈다 보니 운영 방식이 정해져 있고(딱딱하고), 매장별로 특색이 거의 없다는 것이다. 지방 소재의, 연령층이 높은 고객들이 많이 찾는 점포는 동네 슈퍼와 같은 따뜻함을 가지고 있으리라고 기대를 받는 경우가 많다. 재래시장의 '덤'이라는 인간적인 면이 사람을 끌어당기는 것과 마찬가지이다. 이럴 때 자주 방문하는 동네 고객에게조차, 우리 점포는 프랜차이즈 편의점이라는 이유로 정해진 시스템대로 일하는 것은 별로 추천하고 싶지 않다. 즉 100원짜리 봉투, 50원짜리 종이컵 등을 원칙대로 유료로 판매할 수는 있지만, 동네 주민에게까지 냉정하게 대하면 더 큰 손해를 보게 될 게 뻔하기 때문이다. 그러니 봉투나 종이컵 같은 경우는 용도품으로 넉넉히 발주하여 단골 고객에게 무료 제공하거나, 믹스커피같은 상품은 낱개로 (해체)판매하여 서비스를 제공한다면 얼마되지 않아 동네 사람들의 인심을 얻어 추가적인 매출을 올릴 수 있을 것이다.

④ 학생들은 아들·딸, 조카처럼 대하라

점포의 주변이 학원가 근처이고 학생 고객들이 많다면, 운영하기에 정말 좋은 상황임을 잊지 말아야 한다. 학생들은 편의점을 이용하는데 있어서 가장 익숙한 나이대의 고객들이기 때문이다. 또한 점포의 방문 횟수도 많고 재방문하는 확률도 높기에, 만약 이러한 학생들은 친절하게 대한다면 친구들 사이에 입소문도 빨라 고객을 늘리는 데에 상당한 도움이 될 것이다. 그러니 주고객인 학생들을 최대한 편하게 대접하는 것이 좋다. 그렇다고 반말을 하라는 것이 아니라 동생처럼 조카처럼 살갑게 대해주라는 말이다. 고객이 돈이 부족하다면 적은 금액 정도는 그냥 봐주고, 유통기한이 얼마 남지 않은 도시락, 김밥 등의 폐기상품이 있다면 원하는지 물어보고 괜찮다고 하면 공짜로 주는 것도 좋다. 그러면 그 학생들은 경쟁점이 생기더라도 절대 이탈하지 않고 우리 점포의 우수한 고객으로 남을 것이고, 학생들은 친구 뿐만 아니라 부모님과의 동행도 이루어지기 때문에 객단가도 추가로 올리는 일석이조의 효과를 얻을 수 있을 것이다.

적을 알아야 내가 이길 수 있다

어느 사업을 하던 시장경제 사회에서는 주변에 경쟁점이 반드시 있게 마련이고, 편의점의 경우는 손쉬운 개점으로 인해 이러한 경합이 특히나 심하다고 할 수 있다. GS25, CU, 세븐일레븐 등 메이저 브랜드만 해도 전국에 5만점이 넘으니 주변 어디를 봐도 편의점을 쉽게 발견할 수 있는건 어쩌면 당연한 모습이다. 그러니 이러한 상황에서 경쟁사가 없는 입지에서 편의점을 창업하고 운영하는 것은 사실상 불가능하고, 설령 운이 좋아 지금은 없다고 해도 매출이 조금이라도 잘 나온다는 소문이 돌면 어느새 타브랜드의 경쟁사가 인근에 개점을 하는게 요즘의 현실이다(정부는 편의점의 과도한 경쟁을 막기 위해 인근 250m내 동일

업종의 출점을 금지하고 있지만, 이마저도 자사의 브랜드에만 적용하는 것이라 타사 브랜드는 담배권 거리만 된다면 자유롭게 개점할 수 있는 형편이다). 그러나 안타깝게도 이렇게 경쟁점이 많고 매출에 큰 영향을 끼침에도 불구하고, 주변의 편의점 점주를 만나다보면 안타깝게도 경쟁사 분석은 커녕 방문조차 해보지 않은 경우가 수두룩하다. 적을 알지 못하면 내가 무엇을 해야 할지 모르기 때문에 경쟁에서 이길 수 없다. 즉, 인근에 경쟁점이 있다면 반드시 방문하여 내 점포의 맞는 전략을 세워야 하는 것이다.

첫째, 경쟁점을 분석할 시 가장 먼저 해야하는 업무는 바로 맥주와 소주의 가격을 확인하는 것이다. 소주와 맥주는 편의점에서 가장 많이 팔리는 상품 중 하나로 인근 경쟁사와 가격 차이가 나면 고객의 불만이 크고, 판매량이 크게 하락할 수 있는 상품이기 때문이다. 또한 소주와 맥주의 경우 대부분의 경쟁 편의점 뿐만 아니라 슈퍼와의 가격 차이를 줄이기 위해 자체적으로 가격을 인하해서 판매하고 있기 때문에 반드시 이 점을 확인하여 동일한 가격 혹은 그보다 저렴한 가격으로 조정해서 판매해야 한다. 특히 이러한 주류의 경우는 높은 회전율로 인해 해당 상품 자체의 매출도 중요하지만, 함께 먹을 수 있는 안주(마른안주, 과자, 냉장안주 등)와의 동반 구매로 이어지기 때문에 매출(객단가)에 상당한 영향을 끼치는 요인이 되기도 한다.

둘째, 경쟁점의 진열되어 있는 상품 중 잘 팔리고 있지 않은 상품 혹은 폐기가 나는 상품(간편식사)을 확인하는 것으로, 이는 상대의 약점을 파악하여 내 점포의 매출을 올리기 위한 기술이다. 일반적으로 매출이 높은 점포일수록 상품의 재고가 많고 정리가 잘되어 있는 편이다. 그러나 만약 특정한 카테고리 간편식사(도시락, 김밥, 샌드위치 등), 유제품, 초콜릿 등에서 결품이 생기거나 재고가 부족하다면 그 상품들은 잘 팔리지 않는다는 증거이고, 바로 여기에 단서가 있다고 할 수 있다. 그리고 이러한 상품군이 확인된다면 즉시 내 점포의 판매량과 비교를 해봐야 한다. 만약 경쟁사에서 잘 판매되지 않는 상품군 중에 내 점포에서 잘 팔리는 상품군이 있다면 더욱 키워야 할 상품이라는 증거이기 때문이다. 즉 고객의 수요가 있다는 얘기이프로 종류와 재고를 확대하기만 하면 되는 것이다. 싸움에서 상대방이 다리가 강력한데 다리를 때리면 무슨 효과가 있겠는가? 차라리 팔이 약하다면 그곳을 계속 공략해야 이길 수 있는 것이다.

※ 진열대별 매출액 및 매출 구성비는 OPC 혹은 본부 영업 담당에게 확인하면 된다.

셋째, 즉석조리 식품(치킨, 커피 등)의 운영 여부를 확인하는 것으로, 이 방법은 매장의 고객 수를 늘리기 위한 방법이다. 현장에서 일반적으로 매출 상승을 위해 가장 흔하게 사용하는 방법 중 하나는 바로 현재에 운영하지 않는 것을 새롭게 도입하는 것이다. 특히 그 중에서도 대부분의 편의점이나 슈퍼에서도 팔고 있고 가격도 비슷한 과자나 음료, 우유 등으로 차별화하기 보다는 매장 내 즉석에서 조리해서 판매하는 치킨이나 고구마, 원두커피 등을 도입하는 것이 매출을 올리는데 있어서는 훨씬 효과적이라 할 수 있다. 그러므로 경쟁점을 둘러보고 해당 점포에 없는 아이템을 신규로 도입하거나, 경합점에서 이미 판매하고 있지만 매출이 상당하다고 판단되는 아이템을 같이 도입한다면 추가적인 매출을 올리는데 큰 도움이 될 것이다.

넷째, 경쟁점 외부 및 내부에 있는 시식 공간의 유무를 확인해야 한다. 요즘의 편의점은 고객의 체류 시간이 점점 길어짐에 따라 매장의 크기가 넓고, 먹을 수 있는 공간이 많을수록 매출이 높아지는 경향을 뚜렷히 보이고 있다. 코로나 이후 물가는 계속해서 상승하는 반면 주머니 사정이 좋지 않은 젊은 고객들이 늘어나고 있으며, 더욱이 도시락 및 김밥, 샐러드, 치킨, 라면 등 즉석에서 먹을 수 있는 상품들의 종류가 급속도로 다양해지고 있기 때문이 아닌가 싶다. 이러한 상황에서 만약 운이 좋게도 경합점에 시식 공간이 없다면 내 점포의 확장 또는 레이아웃(도면)을 바꾸는 한이 있더라도 반드시 별도의 시식 및 휴게 공간을 조성해야 매출을 올릴 수 있을 것이다.

　※ 레이아웃 변경에 따른 시식 공간 추가는 본부 영업 담당과 협의하여 진행하면 된다.

　다섯째, 가장 중요한 부분으로 경쟁점 점주의 근무 시간대를 확인해야 한다. 이 업무는 반드시 확인해야 하는 사항으로 일반적으로 대부분의 점주는 매출이 가장 높고, 단골 고객이 많은 시간대에 근무를 하기 때문이다. 그런데 만약 점주가 야간이나 한가한 시간대에 근무를 하고 있다면 운영이 미숙하다는 증거이므로(혹은 해당 시간대 스태프 구인의 어려움이 원인일 수 있음) 우리는 이 점을 노리면 된다. 다시 말해, 우리 점포는 시간대별로 매출을 확인하고, 방문객 수가 가장 많은 시간대에 점주가 직접 운영하거나 서비스가 가장 우수한 스태프를 근무시키는 방법이다. 그러면 시간이 지날수록 고매출 시간대뿐만 아니라 그 외의 시간에도 전체적으로 매출이 상승하는 효과를 볼 수 있을 것이다.

제5장

편의점 시스템 알아보기

점주의 하루는 바쁘다 바빠

직장을 은퇴하고 편의점 운영에 관심을 가지는 창업 희망자들을 대상으로 왜 편의점을 운영하고 싶은지 이유를 물어보면 매장이 깔끔하고 운영하기 쉬워보여서라고 대답하는 경우가 종종 있다. 외부에서 언뜻 보면 점주가 카운터에서 계산을 하거나 고객들과 웃으면서 대화하는 모습으로 인해 그렇게 생각할 수도 있겠다 싶기도 하다. 그러나 직접 창업을 해서 그 현실 속으로 들어가면 생각했던 것과는 정반대의 상황을 맞닥뜨리게 된다. 10시 마감시간으로 인해 아침부터 부지런히 챙겨야 하는 발주, 상품 정리, 스태프 결근 시 대체 근무, 점포 내/외부 청소 등 보이지 않는 곳에서의 업무가 상당하다. 실제로 성격이 꼼꼼한 점주는 너무 많이 움직여야 하기 때문에 팔목이나 팔꿈치의 고통을 호소하기도 한다. 그렇다면 편의점 점주의 하루 일과는 어떠할까? 물론 점주의 상황에 따라 근무 시간이나 근무 타임(오전 or 오후)이 모두 다르겠지만 보통 오전에 출근해서 9~10시간 정도의 근무를 한다는 전제하에 알아보도록 하겠다.

① 오전 8시 점포로의 출근

아침에 점포로 출근을 하면 점주는 가장 먼저 야간 근무자와 10분 내외로 인수인계를 진행한다. 특히, 가장 중요한 업무는 매일 밤 12시에 하루 동안 판매된 금액을 정산하게 되는데 계산대(POS)의 금액과 실제로 돈통에 있는 금액이 잘 맞는지부터 확인하는 것이다. 그렇게 정산 금액을 확인하고 크게 차이가 없다면 야간 근무를 하면서 취객이나 집기 고장 등 특별한 문제는 없었는지, 부족한 상품은 없었는지, 고객클레임 유무 등을 확인하고 앞 근무자를 퇴근시킨다.

② 오전 8~10시 상품 발주

이때는 가장 중요한 시간으로 상품에 대한 발주(주문)를 진행한다. 물론 아침에 바쁘거나 야간 근무를 하는 점주는 전날 저녁 늦은 시간에 발주를 하는 경우도 종종 있지만 상품은 새벽에도 계속 팔리기 때문에 좀 더 정확한 발주를 위해서는 아침부터 발주마감 직전에 하는게 가장 좋다. 또한 이러한 상품 발주는 가장 중요하면서도 오래걸리는 업무이기도한데 그 이유는 편의점은 매장의 크기가 한정되어 있기 때문이다. 대형마트처럼 진열할 수 있는 공간이 넓다면 아무 상품이나 가득 넣어서 비어있는 공간에 진열하면 된다. 하지만 편의점의 경우 고작 20~30평인 경우가 대부분인데 상품의 종류는 엄청 다양하고 신상품이 생겨 그 숫자도 계속 늘어난다. 그렇기 때문에 신상품과 잘 팔리는 상품을 발주하여 고객에게 새로움을 제공하는 동시에 기존에 잘 팔리지 않는 상품을 빼면서 공간을 확보하여 적정재고를 유지하는 업무는 여간 어려운 일이 아니다. 특히 과자나 라면, 비식품 등 일반 상품의 경우는 반품 처리를 하면 되지만, 간편식사(도시락, 김밥, 샌드위치 등)나 유제품(가공유)과 같은 폐기가 나는 상품들은 예상 판매 수량을 산정하는 것도 상당히 어렵기 때문에 많은 분석이 필요하다.

③ 오전 10~11시 상품 채우기 및 매장 청소

상품에 대한 발주가 끝나면 바로 비어있는 상품을 채우고 점포 청소를 진행한다. 전날 밤 사이에 과자와 라면, 음료 등의 상품이 팔려 진열대가 비워져 있으면 창고에서 해당 상품을 가지고 나와서 채우고, 우유나 컵커피 등의 유제품은 재고가 있으면 채우고 폐기 상품이라 여유 재고가 없으면 상품을 앞쪽으로 당겨서 고객의 눈에 잘 띄고 깔끔하게 다시 재진열을 한다. 그래야 피크 시간대인 점심부터 방문하게 될 고객들에게 원하는 상품을 제대로 판매할 수 있기 때문이다. 실제로 이 업무를 마무리 하지 않는 점포에서는 바쁜 점심식사 시간에 상품도 채우고 계산도 하면서 허둥지둥 왔다갔다 하다가 상품도 없어서 못팔고 고객에게 만족스러운 서비스도 제공하지 못하는 안타까운 경우가 종종 있다. 또한 청소도 점주가 직접 전체적으로 다시 해야하는데 야간 근무자가 청소를 잘 해놓고 퇴근하면 다행이지만 보통의 경우 심야에 근무하는 것 자체가 힘들다 보니 음식물 쓰레기통을 비우는 정도만을 부탁하거나 아예 청소에 대해서는 언급 자체를 안 하는 경우가 대부분이기 때문이다. 그리하여 점주가 점포 밖을 시작으로 시식대, 바닥 등을 오전 중에 혼자서 청소를 해야하는 것이다.

④ 오전 11~12시 냉장상품 도착 및 진열

점포마다 배송차가 순서대로 도착하기 때문에 위치에 따라서 냉장 2편 상품이 배송되는 시간이 모두 다르지만 대부분 10~12시 사이에 오는 경우가 가장 많다. 이러한 냉장 상품은 매일 하루에 두 번 점포로 배송되는데 1편은 보통 늦은 밤에, 2편은 점심시간 전에 대부분 점포로 배송되고, 해당 상품은 대표적으로 도시락, 삼각김밥, 샌드위치 및 얼음, 냉동 만두, 유제품 등이 있다. 이러한 냉장 상품들은 상온 상품과 다르게 얼음 및 냉동상품(2편)과 유제품(1편)을 제외하고는 즉석에서 먹을 수 있는 간편식사가 대부분으로 점심 식사를 하기 위해 방문하는 고객들에게는 굉장히 중요한 상품이기 때문에 상품의 수량 및 종류, 진열되는 시간에 따라 매출에도 큰 부분을 차지하고 있다. 그러기 때문에 냉장 상품들은 반드시 점심시간 전에 상품을 받아서 진열까지 해야만 없어서 못 파는 기회 로스를 방지할 수 있으니 특히나 잘 챙겨야 할 것이다.

⑤ 오후 1~2시 점심 식사

점주들은 고객이 가장 많은 점심 시간인 12시에서 1시 사이에 고객 대응을 하고난 후 한가한 시간을 택해 점심 식사를 하는 경우가 많다. 다른 업종의 자영업을 하시는 분들도 마찬가지겠지만 편의점 운영을 하게 되면 특히나 식사를 하는 문제가 매우 힘들다. 식당처럼 특정 시간에 고객이 몰리고 이후에는 조금 한가해져서 늦지만 여유롭게 먹을 수 있는 것도 아니며, 담배나 껌 등 객단가는 낮지만 객수가 많아 수시로 고객이 드나드는 바람에 제대로 편하게 앉아서 먹을수도 없다. 또한 점포 내 음식 냄새와 1인 근무의 특성상 1인분 주문의 미안함으로 인해 배달음식 조차 제대로 먹을수 없기 때문에 대부분의 점주들은 도시락이나 김밥, 샌드위치 등 빠르게 먹을 수 있는 간편식사 등의 그 날 나온 폐기상품으로 점심을 때우는 경우가 많다. 때문에 아무리 처음으로 편의점을 운영하고 편의점 음식을 좋아하는 점주라고 하더라도 3개월 정도 운영하면서 폐기 상품을 먹다보면 더 이상 질려서 보기도 싫다고 하거나 속이 더부룩해서 먹지 않는다고 하는 경우가 많으니 건강을 챙기기 위해 간단하게라도 집에서 식사를 챙겨와서 먹는 습관을 가지면 좋을듯 하다.

⑥ 오후 2~3시 시식공간 청소

점심식사를 하고 난 고객이 나가고 나면 점포 내 시식 공간이 더러워지는 경우가 많다. 컵라면 스프 가루, 다 먹고 난 음료수캔, 과자 등의 빈봉투까지 다양한 쓰레기가 넘쳐나는데 요즘은 점점 더 시식 공간에서 음식을 섭취하는 고객의 수가 늘어나고 있으며, 먹을 수 있는 상품들도 예전처럼 컵라면이나 도시락뿐 아니라 냉동 만두, 치킨, 즉석밥 등으로 다양해지고 있기 때문이다. 물론 이러한 취식 고객으로 인해 점포가 더러워지고 청소를 해야하는 번거로움이 발생할 수 있지만 매출에는 상당히 도움이 되기 때문에 시식 공간을 포기해서는 절대 안된다. 일부 점주가 이러한 불편함으로 인해 점포에서의 취식을 금지하는 경우가 아주 가끔 있는데 매장에서 먹고가는 고객의 객단가가 구입하고 그냥 돌아가는 고객에 비해 1.5배 정도 높다는 데이터에 비추어본다면 매우 잘못된 선택이라 할 수 있다. 때문에 가능하다면 초기 창업시부터 매장은 넓게하고 먹을 수 있는 시식대는 최대한 늘려서 개점할수록 매출이 잘 나올 가능성이 높으니 참고하길 바란다.

⑦ 오후 3~4시 은행 방문(정산금 송금)

편의점이 다른 프랜차이즈 업종과 다른 가장 대표적인 두 가지 특징으로는 일일 송금과 24시간 운영을 들 수 있다. 그 중 일일 송금은 당일 정산한 금액을 다음날 본부로 송금하는 업무로 하루라도 미루면 많지는 않지만 가산금이라는 비용을 내야할 수 있으니 매일매일 송금하는 게 좋다. 그래서 보통 점주들은 가족에게 잠깐 가게를 봐 줄 것을 부탁하고 은행을 방문하기도 하고, 그것도 어려울 때에는 모바일로 계좌 이체를 하는 경우도 점점 늘어나고 있다. 예전에는 근무로 인해 은행 방문이 어려운 점주들은 2~3일에 한번씩 점포에 방문하는 영업 담당에게 잠시 카운터 계산을 부탁하고 은행에 가는 경우도 종종 있었으나, 요즘은 핸드폰으로 간편하게 이체가 가능하게 되어 몇몇 연세가 많으신 점주를 제외하고는 매일 이체가 가능하게 되었다. 그리고 이러한 일일송금 불이행에 따른 지연가산금은 년 20%로 큰 금액은 아니지만 누계미송금이 쌓이면 몇 만원 심지어 몇 십만원까지 늘어날 수 있으니 번거롭더라도 아까운 돈을 허공에 날리지 않길 바란다

(예시: 1일 100만원 X 20% / 365일 = 548원, 2일 250만원 X 20% /

365일 = 1,370원 .....)

⑧ 오후 4~6시 상온상품 도착 및 진열

이 시간은 상품의 양과 종류가 가장 많은, 상온 상품이 도착하는 시간이다. 일반적으로 상온 상품이라면 월요일부터 금요일까지 평일 배송되는 상품으로 컵라면, 술, 생수, 과자, 비식품 등 상온에서 보관이 가능한 판매율이 높고 입수(하나를 시키면 오는 최소 수량)도 많은 카테고리로서 진열해야 하는 상품들도 상당히 많다. 보통 경쟁점의 일매출을 분석할 때 점포 앞에 높여있는 상온상품 박스의 갯수로 짐작하는 경우가 많은데 이러한 상품들의 매출이 그만큼 중요한 부분을 차지하고 있기 때문이다. 또한 상온은 진열해야 하는 상품의 양이 많고 술, 생수 등 무게가 있는 만큼 간혹 저녁 퇴근시간과 겹쳐 상품을 받는 점포라면 방문하는 고객이 많아 교대한 후 스태프에게만 검수와 진열을 모두 맡기게 되면 진열과 계산을 동시에 해야하기 때문에 고객을 응대하는 서비스에도 문제가 생기고, 분명 근무자의 불만 상당할 것이므로 상온상품의 경우는 보통 점주가 함께 정리를 마무리해 주고 퇴근하는 경우가 많다.

⑨ 오후 6시 마무리 상품 정리 후 퇴근

상온상품 진열까지 끝나면 점주는 드디어 퇴근 준비를 한다. 다만 그전에 오후 스태프에게 인수인계를 하는데 주로 상품 채우기 위주로 설명을 한다. 오후 6시 이후는 점심시간과는 다르게 직장인들이 퇴근하는 시간으로 컵라면이나 음료 등의 가벼운 먹을거리 보다는 소주나 맥주 등의 주류 및 족발, 치킨 같은 안주 등의 가격이 높은 상품들의 판매가 주로 이루어지는 매출이 가장 높은 시간대이므로 진열을 다시 한번 정비하고 결품이 나지 않도록 신경써야 한다. 특히 술은 음료 냉장고에 들어가야하기 때문에 점주가 퇴근을 하기 전에 한명이 카운터를 봐주고 한명이 음료 냉장고를 정리하면 한층 수월하게 일을 진행할 수 있다. 또한 야간에는 술에 취한 고객으로 인해 불미스러운 일이 발생할 수도 있으니 비상벨 등의 위치를 교육하고 비상연락망을 숙지시키며, 특히 미성년자들에게는 술이나 담배를 절대 판매하지 않도록 신분증 검사를 철저히 하도록 반복해서 지도해야 한다.

지금까지 편의점을 운영하는 점주의 대략적인 하루 일과를 알아보았다. 물론 점주가 야간에 근무할 수도 있고 주간에 근무할 수도 있으며, 9시간보다 훨씬 많이 근무할 수도 있고 9시간보다 월등히 적게 근무할 수도 있다. 다만 어떤 방식으로 근무를 하던, 이렇듯 편의점 점주의 하루 일과는 일반적으로 생각하는 것보다 상당히 바쁘고 그 업무량 또한 굉장히 많다고 할 수 있다. 그러니 편의점 점주는 카운터에 앉아서 단순히 깔끔하게 계산만 하는 서비스업으로 생각하고 창업을 진행한다면 처음부터 당황하며 후회하게될 가능성이 높으니 좀 더 신중히 판단하고 진행하시길 바란다.

스태프 인건비는 얼마나 필요할까

어느 사업을 하든 마찬가지겠지만 편의점을 운영하는데 있어서 스태프 인건비의 비중은 타업종에 비해서도 월등히 높다고 할 수 있겠다. 그 이유로는 편의점은 일반 음식점 등과 다르게 업의 특성상 24시간 내내 영업을 해야 하고, 그에 따라 야간 인건비가 추가적으로 발생하기 때문으로 이렇게 높게 책정된 인건비는 당연히 점포의 순이익에 상당한 영향을 끼칠수 밖에 없는 것이다. 다시 말해, 우리나라의 메이저 편의점 정산시스템은 매월 특정일에 각종 본부의 지원금과 점포에서 지출한 비용을 모두 처리한 후 점주 통장으로 이익금을 넣어주는 방식이지만, 유독 스태프 인건비는 점주가 따로(전액) 지급해야 하기 때문이다. 결국 편의점 창업 및 운영의 승패는 월세와 스태프 인건비가 가장 중요한 만큼 이에 따른 분석은 사전에 철저히 해야한다. 그리고 그래야만 내가 (점주가) 어느 정도 근무시 만족할 만한 수익을 얻을 수 있는지, 권리금이 있다면 적정한 금액인지, 최악의 경우 어느 정도의 손해가 발생할지 등을 분석할 수 있을 것이다. 그럼 지금부터 일반적으로 점주가 근무하는 시간을 적용하여 대략의 인건비를 계산해 볼 생각이니 수익 분석시 참고하여 창업 준비시 활용하기 바란다.

1) 평일 스태프 인건비(점주 평일 10시간 근무 가정)

- 점주 08시 ~18시 근무

  : 추가적인 비용 없음

- 오후 스태프 18시 ~ 24시

  : 6시간 X 9,860원 X 22일 = 1,301,520원

  : 주휴수당 6시간 X 9,860원 X 4일 = 236,640원

- 야간 스태프 24시 ~ 08시

  : 8시간 X 9,860원 X 22일 = 1,735,360원

  : 주휴수당 8시간 X 9,860원 X 4일 = 315,520원

2) 주말 스태프 인건비(전원 스태프 근무)

- 오전 스태프 08시 ~ 14시(주말)

  : 6시간 X 9,860원 X 8일 = 473,280원

- 오전 스태프 14시 ~ 18시(주말)

  : 4시간 X 9,860원 X 8일 = 315,520원

- 오후 스태프 18시 ~ 24시(주말)

  : 6시간 X 9,860원 X 8일 = 473,280원

- 야간 스태프 24시 ~ 08시(주말)

  : 8시간 X 9,860원 X 8일 = 631,040원

  : 주휴수당 8시간 X 9,860원 X 4일 = 315,520원

3) 스태프 4대 보험료(주 15시간 이상 근무 시)

: 대략 600,000원 내외(평일 3명 가정)

: 국민연금 9%(점주 부담 4.5% + 본인 부담 4.5%)

: 건강보험 6.99%(점주 부담 3.495% + 본인 부담 3.495%)

: 고용보험 1.85%(점주 부담 1.05% + 본인 부담 0.8%)

: 산재보험 사업장 업종별 상이

대략적인 인건비 합계: 6,397,680원

* 2024년 최저임금 9,860원 기준/ 5인 미만에 사업장에 따른 야간 1.5 배 시급 미적용

물론 위의 예시는 주휴 수당과 4대보험료 등 모든 비용을 최대한 반영한 수치로, 현장에서는 과도한 비용의 부담으로 인한 스태프 근무시간 쪼개기 및 중간중간 점주 근무 등의 방식으로 인건비를 줄이고 있다. 다만, 그럼에도 불구하고 최대한 보수적으로 금액을 잡아야 하는 이유는 운영하면서 어떠한 상황이 발생할지 모르며, 점주의 근무 시간도 일반적으로 보면 10시간 이상이 넘을 경우 몸이 피곤하여 제대로 점포 관리하기가 어렵기에 적정 시간을 적용하였다. 또한 다행히 편의점은 대부분이 5인 미만(동시 근무) 사업장으로 야간 수당(1.5배)은 반영

하지 않아도 되어 그나마 나은 상황이라 할 수 있겠지만, 그럼에도 아무리 낮게 잡아도 500만원 정도는 나올 수 밖에 없다. 그리고 이렇듯 편의점을 운영하면서 드는 인건비는 상당하기 때문에 위의 계산법으로 예상 매출과 수익을 계산해 보고 인건비를 제외한 후 신규점이든 전환점이든 추진해야 할 것이다. 예를 들어, 점주가 10시간 정도 근무하고 250만원 정도의 수익을 원한다면 최소한 해당 점포의 이익금이 850만원은 나와야 한다는 얘기가 된다. 그리고 권리금 역시 요구하는 금액이 타당한지 확인하여 협상에 임해야 하는데, 실제로 어떤 글들을 보면 이익금이 700만원으로 점주가 조금만 열심히 일하면 300만원 이상의 순수익이 난다고 과장 광고를 하는데 필자는 도저히 이해할 수가 없다. 이러한 광고 글은 인건비를 과도하게 낮게 책정해서 점포를 넘기려는 수법이니 절대로 유혹에 넘어가지 말아야 할 것이다.

상품은 하루 세 번, 매일 신선하게

GS25, CU, 세븐일레븐, 이마트24 등 메이저 브랜드 편의점의 경우 대부분 하루에 세 번 배송을 하고 있는데, 이는 상품의 신선도를 유지하고 혹시나 생길 수 있는 결품을 방지하기 위해서이다. 이런 시스템 덕분에 점주들은 협소한 창고에 필요하지도 않은 상품을 쌓아놓고 있어야 하는 불편함을 해소할 수 있고, 매일매일 필요한 상품만을 조금씩 주문하여 고객이 찾을때 판매할 수 있는 것이다. 또한 라면 및 과자 등 일부 박스로 된 상품을 제외하면 예전에 비해 낱개로 주문할 수 있는 소분의 종류도 점점 많아지고 있어, 잘 팔리지 않는 저회전 상품을 어쩔수 없이 많이 발주해야 하는 불편함도 상당 부분 해소되었다.

① 냉장 식품 1편(당일 밤 10~12시)

보통 아침 10시까지 발주를 하면 당일 밤늦게 도착하는 상품들로 도시락, 삼각김밥, 샌드위치와 같은 간편식사 종류와 우유, 컵커피, 요구르트 등의 유제품, 그리고 빵이 있다. 이러한 상품들은 주로 늦은 밤부터 다음날 점심까지 판매되는 상품으로, 폐기가 발생할 수 있는 상품인 만큼 이 시간대의 스태프는 특히나 진열에 신경을 써야 한다. 즉, 유제품의 경우 일반 상온에 진열하는 상품들과는 다르게 유통기한이 비교적 짧고 오픈쇼케이스(유제품 냉장고)의 진열 공간이 상당히 협소하기 때문에 번거롭더라도 반드시 진열대 선반을 앞으로 뺀 후 새로 들어온 상품을 뒤에 넣고 기존 상품을 앞으로 당기는 일명 '전진입체진열'을 해야만 폐기량을 줄일 수 있을 것이다. 결론적으로 말하면, 야간에는 고객의 방문이 적어 시간적 여유가 많은 만큼 배송된 상품을 좀 더 꼼꼼히 진열하여 다음날 스태프 혹은 점주가 추가적인 업무가 없도록, 그리고 그로인해 매출에 누수가 생기지 않도록 하는 역할을 하면 된다.

② 상온 상품(당일 저녁 및 익일 오전)

상온 상품은 점포의 중앙 진열대 및 음료 냉장고에 진열하는 상온에서 보관이 가능한 상품들로 매일 가장 많고 다양한 종류의 물건들이 들어온다. 보통 요일별로 월,수,금과 화,목,토에 발주 가능한 상품들이 다른데 그 이유는 종류가 워낙 많기 때문이다. 일반적으로 담배와 주류(술), 간편식사, 유제품 등은 매일 발주가 가능하지만 비식품(건전지, 휴지, 칫솔/치약 등), 과자, 컵라면, 음료 등의 상품들은 카테고리별로 나눠서 점주가 이틀에 한 번씩 발주하게끔 해놓고 있다. 예를 들어, 과자와 라면, 비식품은 화,목,토에 발주가 가능하고 마른안주, 조미소스 등의 상품들은 월,수,금에 발주를 할 수 있는 시스템으로 점포에서는 간혹 실수로 발주를 놓치더라도 이틀 후에 다시 발주를 해서 상품을 받을 수 있으니 편리한 시스템이라 할 수 있다. 그리고 배송 시간은 보통 발주 후 당일에 배송되느냐 다음 날 배송되느냐의 차이가 있는데, 당일에 배송된다면 대개 18시 내외로 저녁에 상품이 들어오고 익일 배송이라면 다음 날 오전이나 점심시간 사이에 들어오는 것이 일반적이다(매장별 배송 코스에 따라 조정). 그리고 특히 이 시간대는 생수, 술 등 무거운 상품들이 많을 수 있으니 남자 스태프를 채용하면 좀 더 빠르게 진열을 마무리 할 수 있을 것이다.

③ 냉장 식품 2편(익일 아침 10~12시)

아침과 점심 사이에 도착하는 2편 상품에는 1편과 마찬가지로 도시락, 삼각김밥, 샌드위치 등의 간편식사와 만두와 같은 냉동식품, 얼음, 아이스크림 등이 있다. 해당 상품은 주로 당일 점심부터해서 저녁까지 판매되는 상품들이 대부분이고, 일부 아이스크림이나 냉동식품은 그 특성상 조금만 지체하더라도 해동이 진행되어 판매가 불가능할 수 있으므로 다른 시간대의 배송상품보다 수량은 적지만 좀 더 빠른 시간에 진열을 마쳐야 한다. 더욱이 이 시간대에는 점심식사 시간으로 고객들이 몰리는 경우가 많으니 되도록이면 점주가 직접 근무하거나 업무 숙련도가 높은 스태프를 근무시켜 빠르게 진열을 마무리 해주면 고객을 대하는 서비스에도 문제가 없고, 상품이 훼손되는 상황도 발생하지 않을 것이니 참고하시길 바란다. 즉 냉장 식품 1편이 들어오는 시간대와는 다르게 업무상 꼼꼼함 보다는 속도가 더 중요하다고 할 수 있다.

오픈 전 총평시 해야 할 일은?

편의점 창업을 하기 위해 상권을 분석하고 매장의 위치를 선정한 다음 본부의 교육을 받고 나오게 되면(가맹계약 완료 후) 개점일까지 남은 업무는 딱 한 가지, 공사에 대한 총평이다. 다시 말해, 본부에서 진행한 매장 공사가 사전에 협의된 내용대로 잘 되었는지 점주가 직접 확인하는 과정으로 개점 전 마지막 점검인 만큼 상당히 중요한 업무라 할 수 있겠다. 특히 주의할 점은 요즘 브랜드별로 혹은 영업팀에 따라 총평 진행 과정이 조금씩은 다르겠지만 일부 몰지각한 회사(영업팀)에서 이렇게 중요한 일을 설명도 자세히 해주지 않고 은근슬쩍 대충 넘기려고 하는 경향이 종종 발생하는데, 점주 입장에서는 반드시 짚고 넘어가야 한다. 최악의 경우 개점 일정을 미루는 상황까지 가더라도 이러한 공사에 대한 부분은 철저히 확인해야, 추후 문제 발생으로 인해 재공사를 원할 시 본부가 아닌 점주의 돈으로 진행해야 하는 상황을 사전에 방지할 수 있기 때문이다.

① 집기 부분은 관리 방법을 위주로 체크한다

편의점에서 사용하는 집기라고 하면 주로 도시락/유제품 냉장고, 음료 냉장고, 컵아이스, 에어컨 등이 있다. 특히 편의점 매출의 대부분은 중앙에 있는 일반상품 진열대가 아닌 이러한 중집기에서 발생하기 때문에 굉장히 중요하므로 관리 역시 꼼꼼히 해야 한다. 다만, 이러한 집기는 외관보다는 작동 여부 및 관리 방법 위주로 꼼꼼히 체크해야 하는데 그 이유는 고객이 물건을 구매할 시 집기의 노후한 상태(외관)가 아닌 단순히 냉장 등이 잘 되고 있는지가 중요하기 때문이다. 즉 점주는 집기의 적정한 온도 유지와 문제발생 시 대처 방법에 대해 알아두어야 음료수 및 유제품, 아이스크림 등의 냉장/냉동상품을 적정 온도에서 최상의 품질(상태)로 고객에게 판매할 수 있는 것이다. 그래서 점주는 총평 시 집기를 체크할때 무엇보다도 집기별로 적정 온도는 얼마인지, 문제 발생 시 임시로 대처할 수 있는 방법은 무엇인지, 집기별 담당 업체 연락처는 어떻게 되는지 등을 위주로 설명을 들으면 된다. 더욱이 집기는 인테리어와 달리 보통 개점 후 1년 정도는 무상 A/S를 해주기 때문에 외관에는 딱히 신경 쓰지 않는다면 크게 문제될 일은 발생하지 않을 것이다.

② 인테리어 공사는 사진을 촬영하고 일정을 잡아라

편의점에서 인테리어 공사는 주로 벽체(내림벽), 바닥, 출입문 등 각종 눈에 보이는 공사를 의미한다. 그리고 총평시 점주가 특히나 신경써야 하는 부분은 바로 인테리어 공사라 할 수 있다. 고객들에게 보여지는 부분(이미지)이라 미관상 특히 중요하고, 처음에 제대로 하지 않으면 나중에 다시 재공사를 요청해도 비용 등의 문제로 본부측에서 진행을 꺼려하는 경우가 대부분이기 때문이다. 그러면 어떠한 순서대로 점검을 해야 할까? 우선 총평을 시작하고 집기에 대한 설명이 끝나면 출입문부터 함께 점검하면 된다. 출입문에서 시작해서 바닥, 벽면, 천장 순으로 가면서 흠집이 생기거나 파손된 부분은 없는지, 사전에 약속했던 공사는 제대로 되었는지, 이용하기 불편한 곳은 없는지 등을 사진을 찍어가며 점검해야 한다. 이때 가족이 운영할 계획이라면 다 같이 와서 함께 점검하면 누락된 부분 없이 좀 더 잘 챙길 수 있을 것이다. 또한 추가로 공사를 진행하기로 합의했다면 일주일 내로 정확한 날짜를 지정해서 확답을 받아내는 것이 좋은데, 그래야 본부 측에서 시간을 질질

끌려고 하는 태도를 애초에 차단할 수 있기 때문이다. 그리고 혹시 비용 문제로 인해 사전에 약속했던 공사를 해주지 않았다면 개점에 대한 의사를 거부하면 좀 더 수월히 업무를 처리할 수 있을 것이다(이 부분은 본부와 서로 불편해질 수도 있으니 최후의 수단으로만 사용하길 바란다).

③ 추가 공사나 집기는 총평을 하면서 요구한다

총평을 진행하면서 점검하다 보면 개점 전 협의할 때는 알지 못했던, 작지만 불편한 부분들이 발생할 수 있을 것이다. 그리고 점주 입장에서는 하루 이틀도 아니고 5년 동안 운영할 것이니 되도록 재공사나 추가 도입을 해주었으면 할 것이고, 본부에서는 사전에 협의가 안되었다는 이유로, 혹은 비용이 발생한다는 이유로 해당 요구를 거부할 가능성이 크다. 이런 경우 해결책은 생각보다 간단한데, 바로 비용이 적게 발생하는 공사 순서대로 추가 요청을 하는 것이다. 예를 들어 10만원, 50만원, 100만원이 드는 공사가 필요하다면 우선 10만원이 드는 공사부터 요구를 해서 점점 금액이 높은 순으로 해달라고 요구하는 식으로 말이다. 본부 입장에서는 약속도 안된 공사이기 때문에 굳이 해주지 않아도 되는데 처음부터 큰 공사를 요구하면 당연히 거부할 가능성이 크기 때문이다. 그러나 비용이 적게 드는 경우는 본부측에서도 크게 문제가 없는 이상 매출에도 도움이 될 수도 있다는 판단에 도입(공사)을 긍정적으로 생각할 가능성이 높으니, 어쩔 수 없더라도 전자레인지, 온장고 등 작은 집기부터 하나씩 알뜰히 챙기도록 하면 효과가 좋을 것이다.

초도 상품 검수는 가족 모두가

편의점 창업을 계획했다면 가장 먼저 해당 상권에 대한 분석을 해야 하고, 그 후 본부측 개발 담당과 각종 조건 협의를 통한 가맹계약을 체결하면 다음 단계로 매장의 운영방법을 배우기 위해 교육을 받으러가게 된다. 그리고 이러한 보름간의 교육이 끝나면 매장 인테리어 공사가 대부분 완료되어 오픈 준비를 하게 되는데, 여기서 중요하게 점검해야할 부분이 바로 초도상품에 대한 검수이다. 초도상품이란 개점시 최초로 들어오는 상품을 말하는데, 입지에 대한 정확한 자료(데이터)가 없기 때문에 대부분 잘 나가고 인지도 있는 기본적인 상품들로 채워지며, 대략적인 금액으로는 매장의 평수에 따라 다르지만 담배를 포함해서 2,000~2,500만원 내외의 상품이 들어오게 된다. 다만 문제는 하루이틀 만에 대부분의 상품이 입고되기 때문에 제대로 들어왔는지에 대한 검수도 쉽지 않으며, 그렇다고 제대로 체크하지 않으면 재고로스가 발생하거나 재고의 오류로 인해 추후 발주시 불편함을 초래할 수 있기 때문에 반드시 꼼꼼한 점검을 해야할 것이다. 그렇다면 어떠한 방법으로 초도상품 검수를 해야 할까?

① 초도 상품이 들어오는 날에는 가족 모두 나온다

보통 개점 전날 아침부터 초도 상품이 입고되기 시작하는데 위에서 언급했듯이 들어오는 상품의 물량이 상당히 많다. 과자부터 시작해서 라면, 음료, 주류, 비식품, 소모품 등등 매장 전체에 빈 공간이 없을 정도로 박스가 여기저기 놓여있기 때문에 어수선하게 작업이 진행될 수 밖에 없다. 더욱이 오픈일에 점주는 집기 도착 여부 확인부터 각종 인허가 사항 점검까지 검수 이외의 일이 더 많을 수도 있기 때문에, 이러한 상황에서 혼자서 이렇게 많은 상품의 검수를 한다는 것은 사실상 불가능하다고 할 수 있다. 그러니 초도 상품이 들어와서 오픈을 하는 하루 이틀만이라도 반드시 가족이나 지인의 도움을 받도록 해야하고, 그래야 그나마 정상적인 검수가 가능할 것이다. 필자의 경우 20년 이상 동네 슈퍼를 운영하다 편의점으로 바꾼, 나름 베테랑 점주의 매장을 관리한 적이 있는데, 그럼에도 불구하고 초도상품에 대한 검수를 제대로 챙기지 못해 상당액의 재고로스가 발생한 경우를 본적이 있다.

② 과자, 컵라면 등은 진열하는 도중 수시로 체크한다

과자나 컵라면 등 박스 형태로 들어오는 상품들은 그 부피도 크고 찾기가 용이해 검수하기도 가장 쉽다. 그러니 처음부터 굳이 일일이 해당 상품을 찾아가면서 체크하지 말고, 진열을 해주는 분들이 세팅을 시작하면 수시로 이동하면서 확인하고 체크하면 된다. 즉 새우깡은 박스 상품이기 때문에 이동을 하다 진열을 하는 모습을 발견하면 낱개로 하나만 확인되어도 한 박스가 입고됐다는걸 확인할 수 있는 것이다. 그러니 굳이 따로 인력과 시간을 들여 별도로 확인하거나 급하게 처리해야 할 필요가 없다고 할 수 있다. 또한 검수 순서도 서두르지 말고 진열이 다 끝나도 확인할 수 있는 만큼 천천히 진행하면 될 것이다.

③ 소모품은 가장 먼저 따로 모아둔다

소모품은 판매용이 아니라 매장을 운영하면서 필요한 비품으로 유니폼, 명찰, 냅킨통, 쓰레기통, 쓰레기봉투, 장바구니 등이 있다. 이러한 물건들은 원가도 비싸고 이름을 구별하기도 쉽지 않기 때문에 제대로 체크하지 않으면 어떤 상품이 안 들어왔고, 뭐가 로스인지 확인조차 안 되는 경우가 다반사이다. 더욱이 처음 운영을 하시는 분이라면 이러한 소모품이 어떤 것인지 조차 알 수 없을 것이다. 그러니 소모품은 혼자서 하지 말고 반드시 검수 전표를 따로 보관하여, 본부 영업 담당과 함께 별도로 모아두어야 한다. 그런 다음 일반 상품에 대한 검수가 어느 정도 정리되면 직원과 함께 하나씩 천천히 체크하며, 상품의 입고 여부를 점검해야 할 것이다.

④ 비식품 검수는 진열이 모두 끝나면 한 번에 한다

치약, 면도기, 샴푸, 건전지, 스타킹 등의 비식품들은 상품의 사이즈도 작은편이고, 이름도 상당히 어려워 처음 편의점을 운영하는 점주에게는 검수하기가 꽤 까다로운 상품들이다. 더욱이 가격도 꽤 비싸기 때문에 자칫 검수를 잘못했다가는 재고로스 시 발생하는 손실금액 역시 상당하다. 이러한 비식품들은 아쉽게도 중간에 수시로 체크 할 방법이 없는데, 왜냐하면 대부분의 상품이 소분된 낱개 단위로 입고되기 때문이다. 즉 과자처럼 박스로 입고되는 상품이 아니라 마지막으로 진열되는 상품의 숫자까지 정확히 체크해야 검수를 할 수 있는 것이다. 때문에 마지막에 검수를 하는 것이 효율적으로, 대부분 여분의(창고에 보관하는) 재고가 없이 매장에 진열되어 있는 상품만 확인하면 되므로 진열이 모두 마무리되면 천천히 꼼꼼하게 숫자를 세며 확인하면 된다.

⑤ 음료 냉장고에 들어가는 상품은 진열하기 전 박스째로 검수한다

음료 냉장고에 진열하는 주류 및 생수, 탄산수 등의 경우는 무게도 나가고 사이즈도 상당히 크기 때문에 검수하기에 좀 더 수월하다. 다만 상품의 종류별로 입수(1개를 발주하면 입고되는 수량)이 천차만별이라 진열을 시작하고 나면 진열하지 못한 여분의 상품들은 음료 냉장고 안쪽에 있는 앵글에 보관하는 것이 일반적이다. 예를 들어, 큰 사이즈의 생수(1.5L) 같은 경우 1배수를 발주하면 6개가 오는 것이 일반적으로

이 상품들은 음료 냉장고에 모두 진열할 수 있지만, 작은 사이즈의 캔 커피(레쓰비 등)는 1배수가 24개로 한번에 진열이 불가능하기 때문에 나머지 상품은 냉장고에 안에 따로 보관을 할 수 밖에 없다. 그리고 문제는 이때 공간이 넉넉하면 종류별로 차곡차곡 놓을 수 있는데 그렇지 못할 경우 엉망으로 쌓아놓게 된다는 것이다. 그리고 이런 경우 상품이 제대로 들어왔는지 찾기도 힘들고 확인하기가 어려우므로 음료는 포장을 뜯어서 진열하기 전에 미리 박스 단위로 검수하면 일을 좀 더 쉽게 마무리 할 수 있을 것이다.

⑥ 유제품 냉장고 음료는 한 명이 전담한다

유제품 냉장고에 들어가는 상품들은 주로 우유 및 가공유, 컵커피, 요구르트, 과즙 음료와 같은 마시는 음료들과 핫바, 김치, 족발 등의 간식용이나 냉장안주로 대부분 저녁 늦게 매장에 입고되는게 일반적이다. 이러한 유제품 냉장고에 진열되는 초도의 경우 상품들의 종류와 수량은 그다지 많지 않지만, 매장에 들어오는 시간이 늦은 관계로 위치를 본부에서 보낸 진열팀이 아닌 점주가 직접 잡아야 한다. 때문에 경험이 없는 점주가 혼자서 초기 세팅을 하기는 힘들고, 주로 영업 담당이 함께 도와주는 경우가 대부분으로 마지막에 다른 상품들의 진열이 거의 마무리되면 옆에서 가족 한 명이 상품별 수량만 잘 체크하면 된다. 즉 영업 담당이 진열하는걸 도와주면서 동시에 상품이 제대로 들어왔는지 검수를 하게 되면 크게 어려움 없이 마무리 할 수 있을 것이다.

매일 송금을 하지 않으면 생기는 부과금?
송금지연가산금

편의점 프랜차이즈 시스템과 다른 업종의 가장 큰 차이점이 있다면 바로 '24시간 운영'과 '일일송금'이라고 할 수 있겠다. 특히 매일 본부에 보내야 하는 매출액 송금은 편의점만의 독특한 구조로 금전적인 손해가 발생할 수 있으므로 사전에 잘 챙겨야 할 것이다. 편의점 본부는 점포가 원활히 운영될 수 있도록 매일 상품을 공급해주고, 점주는 매출액의 전부를 매일 본부로 송금하여 본부가 이를 정산한 후 매월 정해진 날에 점주에게 정산금을 지급하는 시스템으로 되어있다. 다시 말해, 점주는 매일의 총 매상금(상품 매출액+ 부가세) 및 판매 장려금, 대행 수납금, 대행 판매, 기타 잡수입 등의 합계 금액을 본부가 지정한 금융기관에 개설된 계좌로 송금하여야 한다는 것이다. 여기서 가령 일매출 미송금이 발생한 경우 미송금액의 지체 하루당 年 20% 비율로 계산한 위약금이 부과되는데, 이를 송금지연가산금이라 칭한다. 예를 들어, 3월 1일에 100만원 미송금, 2일에 150만원 미송금 후 3일에 전액 송금했다고 가정하면,

- 1일 100만원 × 20% : 365일 = 548원
- 2일 250만원 × 20% ÷ 365일 = 1,370원

이렇게 해서 점주에게 총 1,918원의 송금지연가산금이 발생한다.

언뜻 보면 미미한 금액이라고 대수롭지 않게 생각할 수도 있지만, 예시로 든 상황이 3일에 전액 송금한다는 조건인 만큼 그렇지 못하고 쌓이는 경우에는 송금지연가산금이 계속해서 증가하게 된다. 더욱이 위

의 가산금은 당일 미송금액이 아닌, 그동안 송금하지 못한 누계 금액에 붙는 이자인 만큼 혹시라도 이전에 쌓였던 미송금액이 있다면 해당 금액을 전부 송금하기 전까지는 지연가산금이 계속 늘어나서 그 액수는 상당히 커질 수 밖에 없는 것이다. 그래서 가끔 현재는 매일 송금도 잘 하고 당월에 미송금도 없는 점포에서 송금지연가산금이 몇 십만원씩 부과되는 경우를 볼 수 있는데, 이러한 이유는 예전의 미송금액이 남아 있기 때문이다. 그렇다면 이러한 경우는 어떻게 해결하면 좋을까? 당연히 여윳돈이 있다면 즉시 추가 송금하여 미송금을 '0'인 상태로 만들면 좋겠지만 그만한 자금이 당장 없다면 본부의 특별인출금 시스템 활용하면 된다. 이것은 당장의 현금을 활용하지 않고 해결할 수 있는 방법으로, 본부에 추가로 인출금을 요청하는 것이다(특별인출금의 일반적인 개념은 매출이 저조하여 이익금이 부족한 월에 생활비 및 인건비의 명목으로 내 점포의 상호계산계정 범위 내에서 추가 인출금을 요청하는 시스템이다). 물론 특별인출금이라고 하는 시스템 역시 내 돈을 먼저 사용하는 개념이지만 그래도 그 돈을 받아서 미송금을 먼저 갚게 되면 적어도 없어지는 송금지연가산금은 나오지 않으니 이득일 것이고, 사용한 특별인출금은 조금씩 추가 송금을 하면 상호계산계정이 다시 안정화될 테니 아무 문제없이 해결할 수 있게 된다. 다만 필자가 부탁하고 싶은 건 아무리 귀찮더라도 편의점을 운영하면서 송금은 매일 매일 하라는 것이다. 비록 적은 금액이지만 그것이 모이면 몇 만원에서 몇 십만원까지 부과되기도 한다. 얼마나 아까운 돈인가? 조금만 부지런하면 그 돈으로 여행도 가고, 가족끼리 외식도 할 수 있는데 왜 굳이 돈 많은 본부에 지불하는가? 제발 아까운 돈을 허공에 날리지 않기를 바란다.

정산금이 부족할 때 요청하는 금액? 특별인출금

요즘 코로나로 인해 자영업을 하는 사장님들이 많은 어려움을 겪고 있다. 편의점도 예외는 아닌데 24시간 운영에 따른 과도한 인건비로 인해 오히려 스태프보다 급여가 적어지는 경우도 비일비재하다. 다행히 점주가 직접 오랜 시간 근무할 수 있는 상황이라면 인건비를 줄일 수 있겠지만 그렇지 않다면 유지는커녕 본인 돈으로 스태프 월급을 채워야 할 수도 있다. 그럼 이같이 매출이 저조하여 인건비조차 지급할 수 없을 정도로 이익금이 낮게 나오면 어떻게 하면 좋을까? 임시방편이지만 우선 특별인출금을 활용하면 된다. 메이저별로 편의점마다 지칭하는 용어는 다르겠지만 이 돈은 이익금 외 추가로 지급받는 금액이다. 물론 내 돈을 먼저 사용하는 것이긴 하나 비수기 등 급전이 필요할 때 사용하면 요긴하게 활용할 수 있다. 편의점 개점을 하면 상호계산계정, 쉽게 말해 보이지 않는 통장을 사용하게 된다. 매일 발생하는 상품 대금 지출이나 발주 장려금 입금은 현금을 주고받는 것이 아니라 월말 회계상 차변(인출)·대변(입금) 형식으로 플러스(+) 마이너스(-) 과정을 거치면서 매월 이월된다. 매출이 클수록 상호계산계정이 플러스 될 확률이 높고, 재고는 많은데 매출 송금액이 적으면 마이너스가 될 확률이 높다. 간단하게 마이너스 통장을 운영 기간 내내 사용한다고 생각하면 편한데 특별인출금을 요청하면 이 통장에서 먼저 빼서 쓴다고 생각하면 된다. 다만 문제는 본부도 은행이 아닌 만큼 마이너스가 과다하면 거부할 수도 있으니 평소에 잘 관리하면 급할 때 요긴할 것이다. 단순하게 설명하면, 지난달 상호계산계정이 +500만원이고, 이번달 자금이 필요하여 특별인출금을 300만원 신청하면 이번 달 마감 상호계산계정은 +200만원으로 줄어들게 되는 것이다. 보통은 이익금이 저조하여 인건비 및 생활비가 부족한 매장에서 신청하거나 성수기·비수기 매출 차이가 너무 커서 비수기에는 특별인출금을 신청하고 성수기에는 과송금을 하면서 유지하는 경우가 많다. 또는 본부 연계 세무사가 아닌 개인 세무사를 사용하는 경우 상호계산계정이 과도하게 (+)인 경우 추가로 지급해 주기도 한다.

4개월에 한 번씩 진행되는 재고 조사

개점 후 운영을 하면서 발주와 함께 중요하게 다루어야 할 업무 중 하나가 바로 재고에 대한 철저한 관리이다. 특히나 편의점은 그 특성상 대부분 24간 영업을 해야 하기 때문에 점주 혼자서 계속 근무하면서 재고를 확인할 수 없는 노릇이며, 그러다보니 조금씩 스태프나 고객에 의해 재고가 틀어지는 경우가 발생하기도 한다. 물론 상품 인수시 검수 실수나 분실 등의 원인도 있을 수 있다. 그리고 이런식의 상황이 반복된다면 아무리 매출이 많이 나와도 이익금에서 재고손실액을 제외하게 되니(4개월에 한번씩 본부 재고조사팀에서 나와 실제 재고를 확인 후 부족한 상품이 발생하면 그 금액만큼 점주 이익에서 자동으로 빼고 최종 이익금을 준다). 결국 고생해서 벌어들인 돈에서 그만큼 손실이 발생하게 되는 것이다. 그러므로 점주는 재고 관리에 대해 특별히 신경

써야 하고, 시스템에 대해 정확히 이해하고 있어야 하는 것이다. 그렇지 않으면 본부와의 오해로(재고 조사의 정확성에 대한 다툼) 인해 마찰이 발생할 수도 있고, 금전적인 손해를 볼 수도 있으므로 특별히 주의해야 한다. 그러면 지금부터 본부에서 진행되는 재고 조사에 대해 알아보도록 하겠다.

① 재고 조사 일정은 3~4개월에 한 번씩 진행한다

점포에서 재고 조사를 시행되는 기간은 메이저 편의점별로 약간씩의 차이가 있겠지만 요즘에서 보통 4개월에 한 번씩 진행하는게 일반적이다(예전에는 3개월에 한 번씩 진행한 적도 있다). 예를 들어, 어느 점포에서 재고 조사를 2월에 한번 받았다면 다음 재고 조사는 4개월 후인 6월에 다시 받게 되는 것으로, 일반적으로 재고에 대한 관리 및 파악은 4개월 정도의 기간을 두고 점검하는게 가장 효율적이기 때문이다. 다시 말해, 재고 조사를 하는 기간이 4개월보다 짧으면 재고의 변동이 거의 없을 가능성이 크기 때문에 오히려 재고 조사 진행에 드는 비용만 지출하게 되고, 4개월보다 길면 상품 관리에 대한 어려움으로 재고가 틀어질 가능성이 높아 결국에는 점주의 손실이 높아지기 때문이다(물론 이러한 설명은 지극히 본부측 의견이다). 그러니 매주 카테고리별로 혹은 스태프별로 일정을 정하여 재고를 수시로 점검하고, 수량이 맞지 않는 상품은 기록해두어, 4개월마다 진행되는 재고 조사 진행 시에는 그동안의 자료와 잘 맞는지 확인해야 할 것이다.

② 재고 조사에 대한 진행 비용은 본부가 전액 부담한다

4개월에 한 번씩 정기적으로 진행하는 재고 조사 비용은 보통 본부에서 부담하는게 일반적이다. 그러니 점포 입장에서는 비용 걱정없이 편하게 재고 조사를 받으면 되는 것이다. 다만 주의할 점은 일반적인 재고 조사에 대한 비용은 본부에서 전액 부담하지만, 이렇게 진행된 재고 조사에서 오류 및 누락 등의 불만이 있거나 잘못되어서 추가 재고조사를 받아야 한다면 그 비용은 점주가 부담하게 되니 한번 받을 때 특히나 신경써야 할 것이다(물론 실제로 본부 재고조사팀의 실수가 맞다면 비용은 본부에 전가할 수 있다). 그러니 재고 조사를 하는 날에는 되도록 점주가 옆에서 정확히 체크를 해야하는데, 특별히 그날은 가족이나 스태프들에게 도움을 요청하여 카운터를 보게 하고 점주는 재고 조사를 하는 직원 옆에서 따라다니면서 함께 체크한다면 더욱 확실할 것이다. 결국 재고 조사팀 직원도 사람이기 때문에 실수할 수도 있으므로 옆에서 같이 확인해가면서 직원이 모르는 곳에 재고가 있으면 알려주어야 손실을 사전에 방지할 수 있다.

③ 재고 조사 결과에 따라 매월 받는 이익금이 달라진다

재고 조사를 하고 결과가 나오면 점포에 있는 재고와 전산상의 차이만큼 확인 후 최종적으로 확정을 짓게 된다. 즉 재고 조사 직원이 점포에서 직접 눈으로 보고 기록한 숫자대로 재고를 다시 세팅을 하는 것이다. 그러니 처음부터 재고 조사 직원이 수량을 잘못 체크하고 입력하게 되면, 재고 조사 이후에도 PDA(들고다니면서 발주를 하는 기계)상 수량이 달라지게 되어 발주를 함에 있어서 상당히 불편하게 된다. 더욱이 재고 조사 결과에 따라 점주가 갖게 되는 해당 월의 이익금이 달라지게 되는데, 상품의 수량 차이가 (+)이면 해당 금액만큼 이익금도 많이 나올 것이고, 부족하다면 (-)라면 그만큼 공제를 하고 주는 것이다. 그리고 간혹 이러한 재고 조사를 진행하는 월에 많게는 백만원 이상의 이익이 생기거나 손실이 생기는 점포가 나오는데, 특이사항 없이 해당 점포 재고금액의 3% 이상 차이가 발생시 본부에서는 문제 소지가 있다고 판단하여 각종 지원금을 중단할 수 있으니 주의해야 할 것이다(일부 점포에서 1+1이나 2+1 행사상품 중 +1상품을 고객에게 전달하지 않고 재고로 잡아 재고(+)를 내는 경우가 종종 있는데, 요즘에는 시스템으로 금방 찾아낼 수 있고 문제가 될 수도 있으니 지양하길 바란다)

영업 담당은 어떤 일을 할까

비단 편의점의 경우뿐 아니라 프랜차이즈 창업을 하게 되었을 때 가장 편하고 좋은 점은 본부에서 정기적으로 영업 담당이 나와서 궁금한 점이나 불편한 사항을 해결해 준다는 것이다. 특히 편의점 같은 경우는 담당 직원이 더욱 자주 매장에 방문을 하는데 24시간 영업의 특성상 점검해야 할 부분이 상당히 많기 때문이다. 그리고 메이저 편의점마다 이런 영업 사원을 부르는 명칭이 조금씩은 다른데 GS25에서는 OFC, CU는 SC, 세븐일레븐은 FC로 이름은 다르지만 하는 업무는 크게 다르지 않다. 특히 우리나라에는 편의점의 숫자가 상당히 많고, 현재에도 많은 사람들이 창업을 희망하는 주된 이유가 낮은 투자금과 그것을 다시 돌려받는 안정성이라고 앞서 언급한바가 있는데, 여기에 한가지를 더 추가하자면 바로 이 영업 담당들의 매장 지원 서비스라 할 수 있겠다. 즉 메이저 편의점을 창업하게 되면 매주 정기적으로 영업 담당들이 일주일에 1~2번 매장에 방문하여 소소한 것까지 지도를 해주니 특별한 기술이나 경험이 없어도 누구나 편하게 시작할 수 있고, 운영 중 문제가 발생하여도 크게 걱정없이 바로 해결을 할 수 있는 것이다. 그렇다면 이러한 본부 영업 담당들은 주로 어떠한 일을 할까?

① 최신 편의점 트렌드를 설명해 주고 운영의 방향을 잡아 준다

편의점은 특히나 변화가 빠르기로 손꼽히는 업종 중 하나이다. 그 이유는 매장의 규모가 보통 20~30평으로 한정적이다 보니 마트처럼 넓은 공간에 상품을 넉넉히 진열하여 다양한 마케팅을 진행할 수 없기 때문으로, 입지의 특성에 맞게 특정 고객층을 겨냥한 상품을 적정 시점에 적정 행사와 진열을 통해서 판매해야 한다. 또한 매월 다르게 운영하는 '1+1', '2+1' 행사를 위해 우리 점포에 맞는 상품의 발주와 진열도 수시로 바꿔줘야 하는 것이다. 이렇다보니 하루에 많은 시간을 근무하는 점주 혼자 트렌드 분석, 상품 정비, 마케팅 행사 등 모든 것을 혼자 할 수는 없다. 이럴때 영업 담당들이 일주일에 최소 1~2회 매장에 들러서 지도를 해주게 되는 것이다. 좀 더 구체적으로 말하자면, 최근에 유행하는 신상품 발주 지도, 행사상품 진열 및 POP 부착, 잘못된 진열 재정비, 당월 마케팅 행사에 대한 설명 등 다양한 업무를 점주와 함께 진행하는 것이다.

② 궁금한 사항이나 불편한 점을 해결해 준다

물론 오랜기간 운영을 해온 기존 점주의 경우도 마찬가지겠지만 신규로 개점한지 얼마 안되는 점주들은 특히나 모르는 내용이 많을 것이다. 개점 전 일정기간 본부에 가서 교육을 받고 오기는 하지만, 현장(점포)에 와서 직접 고객을 응대하다 보면 전혀 다르게 느껴지는게 어쩌면 당연할 것이다. 특히 방문객 수가 상당히 많은 편의점 특성상 혹시라도 손님이 앞에 있는 상황에서 계산대(포스기) 조작 방법에 대해 헷갈린다면 여간 난처한게 아닌데, 이럴 때도 해당 영업 담당에게 전화를 해서 문의하면 웬만한 문제는 해결할 수 있다. 또한 혹시라도 생각보다 큰 문제가 발생하여 담당 직원이 직접 방문해야 하는 상황이 발생하여도, 보통은 영업 담당이 인근 점포에 체류하고 있기 때문에 짧은 시간 내에 모든 문제를 처리할 수 있어 점주 입장에서는 상당히 편리하다. 그러니 처음 시작하는 점주들은 컴퓨터 사용이나 계산 같은 전산 업무 등 편의점의 시스템에 대해 잘 모른다고 해도 운영하는데 있어서 크게 걱정하지 않아도 되는 것이다. 다만 직원도 직장인이다 보니 웬만하면 근무 시간(9~18시) 내에 연락하는 것을 추천한다.

③ 각종 운영에 필요한 부수적인 업무를 처리해준다

24시간 편의점 운영을 하다 보면 정말 다양한 사람들을 만나고 여러 가지 상황에 부딪히는데, 점포에 방문한 고객이 클레임을 거는 경우도 그 중에 한가지이다. 물론 내 매장에서 발생한 건이기 때문에 점주가 직접 해결하면 가장 좋지만, 점주가 이러한 상황에 대한 경험이 없다면 여기서도 영업 담당의 도움을 받을 수 있다. 실제로 유통기한을 넘긴 상품을 구매하고, 치료 목적을 벗어난 과도한 금전을 요구하는 고객이 있어서 영업 담당이 직접 해당 고객을 만나서 문제를 해결하는 경우도 종종 볼 수 있다. 또한 매장 내 각종 공사진행 시에도 직접 점포에 방문하여 점검을 해주고, 점주가 갑자기 몸이 안 좋아져서 병원에 가야 한다면 대신 매장에서 계산을 해주기도 한다. 거기다 물건이 부족하면 인근 점포에서 해당 상품을 옮겨 주거나, 점주 혼자서 하기 힘든 청소가 있다면 같이 한다던지 등 실제로 점포 운영에 관련된 전반적인 업무를 도와준다고 보면 될 것이다.

※ 물론 영업 담당도 사람 나름이라 어떤 직원을 만나느냐에 따라 점포에 해줄 수 있는 많은 부분이 달라진다. 단순히 성격이나 능력의

좋다 나쁘다라기 보다는 점주와 직원의 성향이 잘 맞으면 기본적인 지도보다 더 많은 업무를 처리해 줄 것이며, 반대의 경우라면 당연히 해야할 일도 잘 안챙겨주어 서로에게 스트레스만 받게 될 것이다. 그렇지만 기본적으로 편의점 영업 담당이라는 직무는 점주에게 가장 힘이 되고, 도움이 되는 존재인 만큼 서로 양보하고 배려한다면 분명 운영 및 매출 상승에 큰 도움을 얻을 수 있으니 적극 활용하길 바란다.

본부의 리뉴얼 압박이 있을까

이번 편에는 많은 분들이 궁금해하는 편의점 재계약 후 혹은 운영 중 리뉴얼 공사 진행시 본부의 압박 등이 있는지에 대한 내용을 알아보고자 한다. 다시 말해, 같은 브랜드의 편의점인데도 불구하고 매장마다 제각각 다른 간판이 설치된 이유와 운영하는 중에 리뉴얼을 진행할시 본부의 비용부담 강요가 있는가에 대한 부분으로, 이와 관련해서는 편의점의 경우 타 업종과 시스템이 약간 다르다는 것을 미리 알고 창업을 준비하면 좋을 것이다. 특히 한 번 창업하면 하루 이틀이 아니라 생계를 유지하기 위해 오랫동안 운영을 해야하므로 중간에 추가로 지불해야 하는 비용이 있는지에 관련된 사항은 상당히 중요하다 할 수 있으니 반드시 숙지하길 바란다(더욱이 편의점의 경우 60개월이라는 의무계약 기간까지 있다).

① 간판 교체는 가맹형태, 계약 기간 등에 따라 다르다

편의점 간판이 점포마다 조금씩 다른 이유는 브랜드별로 중간에 디자인을 바꿨기 때문이다. 대표적인 대형 편의점 3사인 GS25, CU, 세븐일레븐 모두 같은 상황으로, 좀 더 심플하고 직관적으로 보이게끔 디자인도 바꾸고 기존 형광등을 모두 LED형식으로 바꿔 고객의 눈에 좀 더 잘 띄게 해 놓았다. 그렇다면 왜 간판을 한 번에 일괄적으로 바꾸지 않고 조금씩 바꾸고 있는 것일까? 가장 근본적인 원인은 바로 비용의 문제로 좀 더 구체적으로 들어가면 그 비용을 본부가 부담하기 때문이다. 즉 점포마다 다른 잔여 계약기간이 주요 원인으로, 추후 발생할 수 있을 손실에 대비하지 않을 수 없는 것이다. 예를 들자면, 가맹계약 기간이 5년 중 1년밖에 남지 않은 점주임차형의 점포라면 본부 입장에서는 선뜻 간판을 바꾸기 쉽지 않을 것이다. 왜냐하면 편의점 공사의 모든 감가상각은 5년인데 해당 점주가 남은 1년을 채운 후 폐점을 하거나 타 브랜드로 갈아타면 본부 입장에서는 남아있는 간판의 잔존가만큼 손해를 보기 때문이다. 이러한 이유로 본부는 모든 점포의 간판을 일괄적으로 바꾸는 것이 아니라 가맹계약 기간이 많이 남아있고, 점주임차형이 아닌 본부임차형 위주인 곳, 그리고 여기에 더해 임대차 계약 기간도 많이 남아있는 등의 조건을 파악한 후 우선순위로 매달 일정 수 확인하여 간판 교체 작업을 진행하게 되는 것이다. 그래서 일부 노하우가 있는 점주는 가맹계약 기간이 얼마 남지 않은 상황에서 동일 브랜드의 편의점을 계속 운영할 계획이라면 6개월 혹은 1년 전 조기 재계약을 통해 간판도 바꾸고, 일정 금액의 장려금을 추가로 받기도 한다.

② 본부의 리뉴얼 압박은 편의점에서는 있을 수 없는 일이다

필자도 일부 타 프랜차이즈 업종에서 발생하는 본부에서의 매장 리뉴얼 압박에 대해 들어본 적이 있다. 가장 대표적인 브랜드가 바로 프랜차이즈인 베이커리 전문점 P사와 아이스크림 전문점 B사로, 일정 기간이 지나면 1억 가까이 되는 비용을 들여 새로운 인테리어로 리뉴얼을 해야 하고, 만약 그렇지 않을 경우 매장을 운영하지 못하게 하는 것으로 알고 있다. 그러나 편의점의 시스템은 전혀 다르다고 할 수 있으며, 그 이유는 앞서 언급했듯이 편의점에서는 공사에 대한 비용 전부를 본부에서 지불하기 때문이다. 즉 편의점에 있어서의 공사라는 개념은 본부가 먼저 비용을 지불하고, 점주는 그 댓가로 60개월을 의무적으로 사용하고 돌려주는 렌탈 방식과 유사한 시스템이다. 그러니 오히려 본부에서는 리뉴얼 공사를 강요하거나 진행한다면 비용을 전액 본부가 지불해야 하는 것이니 오히려 손해가 발행하는 것이다. 즉 결론적으로 편의점 업종에서는 매장에 대한 본부의 리뉴얼 압박이 절대로 있을 수 없는 구조이다(오히려, 반대로 본부에서는 공사를 안해주려고 하는게 일반적이다). 그러나 한 가지 예외적으로 본부가 먼저 공사를 해주겠다고 하는 상황이 있는데, 바로 가맹계약 종료 후 재계약을 진행하는 시점이다. 만약 점주가 재계약 시점에 타 브랜드로 가지 않고 연장을 하는 조건으로 장려금을 요청할 때, 본부도 타사에 뺏기는 것보다 이익이 된다면 일부 지급을 해서라도 잡으려 할 것이다. 그리고 이때 전부 돈으로만 지급한다면 본부 입장에서는 비용만 들고 매출에는 변화가 없을테니 공사도 함께 진행하자고 제안할 수 있다. 왜냐하면 공사를 하면 일매출이 조금이라도 오를 것이고, 수수료율에 따라 수익을 나누게 되는 본부 입장에서도 당연히 이익이 늘어나기 때문이다. 결국 편의점의 경우 이 한가지 경우를 제외하고는, 본부가 점주에게 스스로 비용을 들여 공사를 하도록 압박하는 경우는 전혀 없다고 할 수 있다.

창업에도 거리 제한이 있다

평소에는 잘 모르겠지만 본격적으로 편의점 창업을 생각하고, 주변을 돌아다니다 보면 여기저기 눈에 띄는 편의점 숫자에 아마도 상당히 놀랄 것이다. 굳이 자동차로 이동하지 않고 걸어서 20~30분만 가더라도 어렵지 않게 편의점을 찾을 수 있고, 또다시 조금만 이동하면 다른 브랜드의 편의점을 쉽게 발견할 수 있는게 지금의 현실이다. 이렇듯 요즘에는 전국적으로 대략 5만개가 넘는 수의 메이저 편의점이 있는 만큼 지방의 깊은 시골일지라도 하나의 편의점이 독점적으로 운영하고 있는 곳은 거의 없다고 하는게 맞을 것이다. 그만큼 인근에 매출이 높다는 소문과 함께 창업에 대한 조건만 충족한다면, 특별한 기술이 필요없기 때문에 우후죽순으로 편의점이 생기고 있는 실정이라고 할 수 있다. 그러면 편의점은 현재 어떠한 기준으로 매장을 개점할 수 있으며, 어떻게 해야 경쟁점의 개점을 막을 수 있는지 좀 더 구체적으로 알아보도록 하겠다.

① 동일 브랜드 편의점 250m 내 출점제한

2018년 국회는 너무나도 많은 편의점으로 인한 점주들의 피해를 막기 위해 '근접출점제한'에 관한 법안을 통과시켰다. 좀 더 구체적으로 말하면, 동일 브랜드끼리는 서로 250m 내에서 추가 개점을 금지시키는 법안이었다. 이 당시에도 필자는 편의점 업계에서 영업을 10년 넘게 하고 있던 상황으로 솔직히 이 소식을 듣고, 정말 국회의원들이 대기업 눈치를 보면서 눈가리고 아웅하는 식으로 일을 하는구나 하는 생각을 할 수밖에 없었다. 우리나라 편의점의 근본적인 문제는 너무 많은 점포

숫자로(원조격인 일본보다도 인구 대비 편의점 수가 많음) 그 중에서도 타브랜드와의 개점 경쟁이라 할 수 있겠다. 오히려 같은 브랜드의 인근 추가 개점은 기존 점주의 심한 반발로 인해 막히는 경우가 대부분이다. 즉, 무차별적인 편의점 경쟁의 심각한 원인은 동일 브랜드가 아니라 강제할 수 없는 타브랜드의 인근 개점이라는 말이다. 그런데 법안은 막을 수 없는 인근의 타브랜드의 개점은 제한하지 않고, 내부적으로 관리가 어느 정도 가능한 동일 브랜드끼리만 250m라는 출점제한을 만든 것이다. 거기에 기존 점주의 동의만 있으면 추가 출점이 가능하게 만들어 놓아서 본부에서 기존 점주에게 추가 혜택을 주고, 동의서를 수취하여 신규점을 개점시키는 상황이 반복되고 있으니 얼마나 한심한 일인가? 그리고 그 결과는 데이터를 확인해도 금방 알 수 있는데, 실제로 법안 개시 후 편의점 수의 증가 속도는 그다지 줄지 않고 오히려 늘어나는 추세를 보이기도 했다.

② 담배권 취득을 위한 50~100m 이상 거리확보

현실이 이렇다 보니 편의점 본부에서는 실질적으로 동일 브랜드의 개점보다 타브랜드 인근에 추가로 개점하는 것에 더 열을 올리고 있는 실정이다. 브랜드가 다르면 250m라는 거리제한에 걸리지도 않고, 담배권만 취득할 수 있으면 아무 문제없이 개점이 가능하기 때문이다. 그리고 담배권에 대한 거리제한이 얼마 전부터 그것도 서울 및 수도권 위주로만 100m로 제한하고, 그 외의 지역에서는 아직도 50m만 넘으면 취득이 가능하니 우리나라에서 편의점 개점에 따른 기존 점주들에 대한 상권보호는 거의 없다고 봐야 할 것이다. 거기에 담배권에 대한 거리측정은 단순히 직선거리가 아닌 가장 일반적으로 사람들이 이동하는 동선으로 측정하기 때문에, 서로 마주 보고 30m가 안되더라도 횡단보도가 멀리 떨어져 있으면 충분히 50m를 넘겨 담배권 취득이 가능할 수도 있게 된다. 혹시 거리를 지나가다가 건물이 마주 보고 가까운 거리에 편의점이 있다면 바로 이러한 이유로 개점이 가능했던 것이며, 그 안에서 점주들은 서로 힘겨운 싸움을 하고 있다고 생각하면 될 것이다.

③ 매장 크기 50평 이상 거리제한 無

요즘에는 지역에 따라 없어진 곳도 많지만, 예전에는 매장의 크기가 50평이 넘으면 주변 담배 판매 매장과의 거리에 상관없이 담배권을 주었다. 즉 기존 담배를 판매하는 매장과 50~100m 밖에 거리의 차이가 없어도 평수가 넓으면 상관없이 담배를 판매할 수 있게 했던 것으로, 물론 여기서 말하는 크기는 창고와 집기 면적을 제외하고 순수 매장만을 측정하기 때문에 편의점으로서는 쉽지 않은 크기이다. 편의점은 특성상 상품을 보관할 창고가 필요하기 때문에 매장만 50평이 넘으려면 전체 평수는 최소 60평 이상 나와야 하는데, 편의점의 경우 그 정도 크기의 매장은 많지 않다(평수가 넓을수록 관리가 어렵고 월세가 높다는 단점이 있기 때문이다). 실제로 아직 평수로 담배권을 취득하여 운영하는 매장의 경우 창고 출입문이 제대로 없고 자바라로 설치되어 있는 경우가 많은데, 매장 크기를 최대한 50평에 맞추기 위해 임시방편으로 공사를 진행한 것이다. 그리고 요즘은 이러한 평수에 따라 담배권을 주는 지방자치단체가 점점 줄어드는 추세이니 반드시 확인하고 업무를 진행하여야 할 것이다.

제6장

브랜드별
장단점 분석

편의점을 창업하려고 하면 가장 먼저 어떤 회사의 브랜드로 결정할지가 고민일 것이다. 메이저 편의점 모두 큰 규모의 안전한 기업이고, 저마다의 장단점이 다르다 보니 어디가 좋다 어디가 나쁘다를 단정지어 말하기가 참 어렵다. 때문에 특히나 주의해야 할 사항이 있는데, 브랜드별로 상담을 하기 전에 해당 브랜드에 대한 분석없이 개발 담당자를 만났다가는 자칫 그 사람의 이미지를 해당 브랜드와 동일하게 판단하는 실수를 범할 수 있다는 것이다. 다시 말해, 그 사람은 어디까지나 회사의 직원일 뿐이지 회사의 시스템을 바꾸고 내가 원하는 조건을 만들어내는 능력까지는 없다. 즉 아무리 개발 담당이 상냥하고 믿음이 가더라도 딱 거기까지인 것이다. 점포 개점을 하고 나면 이젠 끝이라는 뜻이다. 그러니 창업을 하기 위해 개발 담당자와 면담을 진행할 시에는 사전에 각각의 브랜드별 장단점을 분석한 후 하나씩 물어보면서 차근차근 비교해야지 본부 직원의 화려한 언변(?)에 넘어가서는 절대 안된다.

젊고 역동적인 이미지의 상품 최강자 GS25

GS25 1990년 12월, 당시 럭키금성(호남정유) 계열사 희성산업이 서울특별시 동대문구 회기동에 1호점(경희점)을 열었다. 당시 상호는 'LG25'로 2005년 GS가 LG그룹에서 분리될 때 쇼핑 부문을 GS리테일로 받아 오면서 현재의 이름이 되었다. 오리온의 바이더웨이가 롯데그룹에 인수되어 세븐일레븐에 합병되어 소멸된 후에는 한동안 유일한 대한민국형 편의점이었으나, 2012년 8월 훼미리마트가 CU로 바뀌면서 현재는 CU와 함께 대한민국형 편의점으로 통하고 있다.

① 신상품 종류도 가장 많고, 상품에 가장 집중하는 회사이다

편의점을 조금이라도 다녀본 사람이라면 담배 제외 일반상품의 종류와 신상품 출시가 가장 많은 브랜드가 GS25라는 사실을 금방 알아차릴 수 있을 것이다. 그만큼 GS25는 상품에 대한 중요성을 일찍부터 인지하고 있었으며, 이에 따라 공격적인 개발과 마케팅을 해왔다. 예를 들어 일부 폐기가 발생할 가능성이 높은 간편식사, 디저트, 과일 신상품의 경우 초기 도입시 일정 부분 본부에서 폐기 지원을 하여 점주들이 적극적으로 발주할 수 있게끔 지원한다. 이러한 시스템에서도 엿볼 수 있듯이 이 회사는 신상품 관리에 상당히 중점을 두고 있다. 또한 칫솔, 샴푸, 건전지, 위생용품 등 비식품의 경우 타사 대비 종류가 상당히 많아 점주들은 내 매장에 맞는 상품을 골라서 판매할 수 있다. 결과적으로 회사가 예전부터 발휘해 온 이러한 적극성이 점주의 영업 만족도와 고객의 이용 편의성을 끌어 올려 편의점 중 가장 높은 일매출과 점포당 이익을 실현하게 된 것이 아닌가 싶다.

② 브랜드편의점 중에 이미지가 가장 젊다

GS25는 편의점 중에서도 가장 역동적이고 젊은 이미지를 가지고 있기로 유명하다. 필자는 이러한 부분 역시 어느 정도 상품과 연관이 있다고 생각하는데, 빠르고 다양한 신상품의 출시가 새로움을 추구하는 젊은층의 니즈와 잘 맞아떨어진 것이 아닐까 싶다. 그리고 또한 마케팅이 신선하다. GS25는 GS그룹에 속하고, 상당히 큰 규모를 자랑하는데 타사 대비 마케팅에 대한 인력도 상당히 많다고 한다. 지금이야 CU에서도 '키핑 쿠폰'이라는 증정 상품 보관앱을 운영하고 있지만, GS25에서는 그 전에 거의 10년 이상 '나만의 냉장고'라는 앱으로 고객에게 +1

행사상품을 보관했다 먹을 수 있는 편리함을 제공하고 있었다. 또한 젊은층의 호기심을 유발하는 각종 day행사(화이트데이, 빼빼로데이 등)나 매월 진행하는 이벤트 역시 GS25가 가장 신선한 아이템을 보유하고 있다.

③ 점포당 평균 매출액이 편의점 중 가장 높다

몇 해 전부터 이미 알려진 데이터인데 편의점 점포당 매출이 GS25가 가장 크다. 이것의 이유는 앞서 설명했듯 상품에 대한 집중이 가장 큰 원인이라 할 수 있는데, 예전에 CU가 이익률을 강조한 나머지 상품의 종류를 마진 높은 아이템으로 줄여 이익률을 높인 대신, 고객의 만족도를 떨어뜨린 경우와 큰 비교가 된다. 이때 GS25는 마진은 좀 떨어지더라도 고객이 원하는 상품을 다양하게 구비해 놓으려고 노력하여 이익율은 CU가, 매출은 GS25가 높아진 결과를 초래하였다. 다만 요즘에는 CU도 다양한 신상품의 도입에 집중하고, GS25는 이익률에도 신경을 쓰고 있는 만큼 그 차이는 점점 줄어들고 있는 상황이라 할 수 있다. 그리고 매출액이 높다는 것은 점포의 입지가 좋아서일 수도 있지만, 그만큼 고객의 선택을 많이 받고 있다는 증거이므로, 브랜드 선택시 굉장히 중요하게 생각해 볼 요소이다.

④ 추가 공사에 대한 피드백이 빠르다

운영을 하다 보면 각종 집기가 고장나거나 매출을 올리기 위해 추가 집기나 공사가 필요한 경우가 생긴다. 이럴 때 편의점은 다른 프랜차이즈와 다르게 점주가 직접 투자를 할 수도 없고 그럴 필요도 없는데, 그 이유는 본부에서 공사를 진행하기 때문이다. 즉 계약이 끝나면 본부에 집기를 돌려주게 되므로 추가 진행 역시 본부에 요청해야 하는데 이럴 때 진행이 가장 빠른 회사가 바로 GS25이다. 물론 예산 상황이나 영업 담당이 누구냐에 따라 다르겠지만 대체로 고장이 나거나 추가 공사가 필요할 때 빠르게 처리해준다. 편의점을 처음 운영해본 사람은 잘 모르겠지만 이 부분은 굉장히 중요하다. 뭔가를 해보고 싶어도 본부에서 협조해 주지 않으면 진행이 안 되기 때문이다. 필자의 주관적인 견해로 이 부분의 순위는 GS25 = CU 〉 세븐일레븐 순이라고 생각하니 참고만 하길 바란다. 특히 성격이 급한 점주라면 회사의 처리 방식에 따라 울화통이 터지는 경우도 있을 수 있으니 나중에 후회하지 말고 현명하게 선택하기 바란다.

⑤ 상품관리 시스템이 체계적이다

점포별 또는 점주별로 다르겠지만 일반적으로 GS25를 지나다 보면 상품 진열과 홍보물(POP) 부착이 상당히 일관적이라는 사실을 알 수 있을 것이다. 또한 매월 진행되는 행사를 꾸밀 때 월말부터 월초까지 일자별로 체계적으로 행사를 진행한다. 즉 상품 발주부터 진열, 홍보물, 기존 상품에 대한 철수까지 잘 짜여진 스케줄에 따라 움직인다는 것이다. 예를 들어 매월 20일 초쯤 그 달에 행사한 상품의 재고를 줄이며 철수를 준비하고, 25일이 넘으면 다음달 행사하는 +1상품을 점주와 협의한다. 그리고 상품이 결정되는 월말에 미리 발주하여 다음달 1일 상품과 함께 홍보물을 정비하는 식이다. 월별로 점포 외부에 +1행사상품들이 깔끔하게 진열되어 있는 것도 역시 이러한 이유에서이다. 이렇게 하면 점주는 매월 행사를 편리하게 진행할 수 있을 뿐만 아니라 고객을 만족시키는 서비스를 효율적으로 운영할 수 있다. 또한 월별 행사뿐만 아니라 특정한 (신)상품의 도입 시에도 본부에서 밀고 있는 상품이라면 폐기지원을 해서라도 대량 운영을 유도하고 있어 트렌드에서 벗어나지 않는 관리를 가능하게끔 해준다.

⑥ 폐기지원 정책이 효율적이다

여기에서 지원은 폐기에 관련한 것을 말한다. 즉 단순히 본부에서 생색내기를 하기 위함이 아니라 점포에서 꼭 필요한 부분에 도움을 주려고 노력한다는 뜻이다. 예전이지만 튀김을 운영하는 점포가 늘어나자 기름 발주에 대한 일정 금액을 보조해 준다던지, 신상품 도입시 부담을 덜어주기 위해 초기 일정 기간 폐기지원을 해 준다던지, 과일 등 시즌 상품이 나올시 대량운영을 위해 반품을 가능하게 해준다던지 실제로 점주의 부담을 덜어주고 고객은 다양한 상품을 구매하여 만족감을 느낄 수 있도록 지원을 아끼지 않는다. 아무리 좋은 상품을 판매하고 행사를 진행한다고 해도 점주가 운영에 부담을 느낀다면 아무것도 할 수 없을 것이다. 비록 지금은 GS25도 폐기지원에 대한 혜택을 없애고 대신 수수료율을 2% 높이는걸로 방향을 바꾸긴 했지만 나름 좋은 시도였다고 할 수 있다.

⑦ 원칙적인 부분을 많이 강조한다

편의점을 운영하면서 여러 가지 업무를 진행할 때 GS25는 인간적인 면보다는 원칙적인 면이 강하다. 예를 들어 송금을 잘 안할시 내용증명을 보낸다던지, 미송금이 발생하면 매월 점주에게 지급되는 이익금에서 해당 미송금액만큼 빼고 주는 등 시스템적으로 철저한 부분이 많다. 물론 그렇다고 타브랜드가 원칙을 무시한다는 얘기는 아니지만 그래도 어떠한 문제가 발생했을시 점주와 몇번 면담을 하고 해결책을 찾아볼 수도 있을텐데 그 과정이 GS25는 타사보다 좀 더 짧다. 그러니 성격이 꼼꼼하고 금전 관리가 정확하여 매일 송금하고 약속을 신념처럼 생각하는 사람이라면 GS25는 굉장히 운영하기 편한 브랜드일 것이다. 그러나 그 반대의 경우라면 회사의 강한 원칙대응으로 인해 스트레스와 손해가 발생할 수 있으니 브랜드 선택시 참고하여 결정하길 바란다.

⑧ 페미니즘의 타격이 너무 컸다

21년 5월 GS25에서는 전용 모바일 어플에 캠핑용 식품 구매자 대상으로 진행하는 경품 증정 이벤트 홍보 포스터를 올렸다가 논란에 휩싸였다. 내용인즉 남초 커뮤니티에서 포스터 속 손 모양이 남성혐오 성향의 커뮤니티 '메갈리아' 로고와 유사하다는 지적이 잇따른 것이다. 엄지와 검지로 길이를 재는 듯한 이 이미지는 한국 남성의 성기 길이가 작다는 의미를 담고 있다. 메갈리아 등에선 이를 '소추'(작은 성기)라는 말로 표현한다. GS25 포스터에는 우연치않게도 이 손 모양 이미지가 구워진 소시지를 잡으려는 형태를 하고 있다. 또 'Emotional Camping Must-have Item'라는 문구의 각 단어 마지막 알파벳을 거꾸로 읽으면 'megl'이 되는데 이는 '메갈'(magal)을 뜻한다는 주장도 나왔다. 이로인한 포스터 논란이 생각보다 확산되자 결국 GS25는 해당 포스터를 완전히 내리고 조윤성 사장까지 나서 사과하며 뒷수습에 나섰지만 남성 네티즌들이 GS25 불매운동은 물론 GS샵 탈퇴 운동까지 벌이게 되었고, 이러한 손해로 인해 GS25 점주들은 본부를 상대로 소송을 준비하는 등 최악의 상황을 맞기도 했다. 그리고 이러한 좋지 않은 이미지는 아직도 완전히 사라지지 않았다고 볼 수 있다.

⑨ 모든 데이터 수치가 하락세이다

위에서 설명한 페미니스트 사태로 인해 결국 GS리테일 조윤성 사장까지 교체되었을 뿐 아니라 점포당 매출에도 심각한 타격을 받게 되었다. 개점하려는 점포수 뿐 아니라 점포당 일매출, 영업이익 등 모든 수치에서 경쟁사인 CU에 밀리는 상황이다. 특히 해당 문제가 터졌던 21년도에는 CU를 운영하는 BGF리테일은 영업이익이 22.9%(1,994억) 상승한 반면, GS25를 운영하는 GS리테일은 6.5%(2,140억) 감소했다. 매출의 경우 역시 CU는 9.7% 상승하였으나, GS25는 3.4% 증가하는데 그쳤다. 그리고 이러한 데이터를 분기 기준을 봤을때는 더욱 심각한데 CU의 4분기 영업이익은 39.7%, 매출액 12.0% 성장했으나, GS25는 지난해 4분기 매출은 5.5% 증가했지만 영업이익은 오히려 15.5% 감소해 수익성이 나빠졌다. 이런 결과에 대해 CU측은 적극적인 신상품 도입 및 영업 전개 등을 통해 기존점들의 매출 향상을 이끌었다는 설명이지만, 이 시기에 터진 GS25의 페미니스트 사태(불매운동)도 상당 부분 영향을 끼쳤다고 할 수 있다. 또한 지난해 외형 확장도 CU가 GS25보다 앞선 것으로 보이는데 지난해 CU 순증 점포 수는 전년 대비 932개 늘어난 1만5855개로 GS25와 350여개 가량 차이가 나는 것으로 추정된다.

가장 많은 점포수와 높은 이익률의 CU

CU는 1989년 보광그룹의 편의점 사업부 일부에서 시작하여 훼미리마트 브랜드명으로 일본 훼미리마트에 로열티를 주는 일본계 회사로 유지되고 있었다. 그러다 매년 지속적으로 성장하여 일본과의 계약 기간이 끝난 2012년 회사명을 독자적인 BGF리테일로 바꾸게 되고, 브랜드 이름도 훼미리마트에서 CU로 변경해 2014년 드디어 주식 시장에 상장하기까지 이른다. 그 후 매년 성장하여 2000년대에 최초로 매장 4,000점을 달성하는 등 대한민국에서는 점포수가 가장 많은 대표적인 편의점으로 자리 잡기에 이르게 된다. 물론 한때 그리고 현재도 GS25와 점포수 면에서 엎치락 뒤치락하고 있지만 오랜 기간 1등을 유지해 온 건 사실이고 22년 3월 현재도 그 순위를 계속해서 이어가고 있다.

① 브랜드 편의점 중 점포 수가 가장 많다

위에서도 언급했듯이 현재 CU의 점포수는 2021년 기준 15,855점으로 경쟁사인 GS25보다 350여개 정도 앞서 나가고 있다. 물론 차이가 크지 않고, 점포수가 그 브랜드의 전부를 말해주는 것은 아니지만 그렇다고 중요하지 않다고 할 수도 없다. 점포의 숫자가 많다는건 그만큼 전국적으로 해당 네트워크가 잘 구축되어 있다는 증거이기 때문이다. 즉 회사가 어떠한 행사나 마케팅 등의 이벤트를 진행할 때 확장 범위와 속도가 상당히 빠를수 밖에 없고, 그만큼 무엇을 하던 파급력이 굉장하다고 할 수 있겠다. 또한 전국에 퍼져있는 점포로 인해 물류 시스템이 상당히 잘 구축되어 있기 때문에 원하는 어느 지역에라도 개점이 가능하며, 상당히 편하게 상품을 받아볼 수 있는 장점도 있다. 실제로 CU는 진천에 대규모 물류 센터를 구축하는 등 배송 시스템에 있어서 타경쟁사 대비 우수하며, 또한 최적의 상태를 유지하기 위해 상당한 노력을 기울이고 있다.

② 상품 판매에 대한 이익률이 높다

CU로 창업을 하기로 선택한 경우 가장 큰 장점은 바로 높은 이익률이라 할 수 있다. 예전에 비해 타브랜드와의 차이가 좀 좁혀지기는 했지만 여전히 높은 이익률을 자랑하고 있다. 물론 이익률은 점포 및 입지에 따라 천차만별이지만 회사의 전체적인 평균 이익률로 봤을때 CU는 31.5%, GS25는 30%, 세븐일레븐은 28~29%, 이마트24는 그 이하로 나타난다. 그러니 CU를 운영하게 되면 세븐일레븐과는 이익률이 대략 3% 가까이 차이가 나는데 이 수치는 장려금을 3% 더 받는 효과와 같기 때문에 CU에서 장려금을 2% 준다고 가정을 하면 세븐일레븐은 5%를 제시해야 동일 선상에서 시작하게 되는 것이다. 이렇게 CU가 유독 이익률이 높은 이유는 여러 가지가 있겠지만 크게 보자면 두 가지를 들 수 있다. 하나는 바로 예전부터 진행해 온, 이익률 높은 상품으로의 최적화 작업을 들 수 있고, 나머지 한 가지는 원가 DC상품의 활용을 꼽을 수 있다. 즉 상품의 아이템을 줄이고 이익률이 높은 상품 위주로만 점포를 꾸며 놓았던 전략과 당월에 원가로 DC하는 행사상품을 싸게 대량으로 받아두고 쟁여놓았다가 행사가 끝난 다음달에 판매하여 이익률을 높이는 방식이 바로 그것이다(경쟁사인 GS25의 경우 당월에 행사하는 원가 DC상품을 싸게 받아두더라도 다음달에 행사가 끝나면 다시 기존의 할인되기 전 원가로 돌아가되는 시스템이다). 물론 현재는 CU도 신상품에 집중하는 등 상품의 다양화에 신경쓰고 있는 상황으로 이익률의 차이는 점점 좁혀지고 있다.

③ 점포 운영 체계가 대체로 무난하다

CU를 가장 잘 표현할 수 있는 말은 아마 '무난하다'일 것이다. GS25의 지나친 원칙주의와 세븐일레븐의 약간 방치하는 듯한 스타일 사이에서 CU는 중간을 잘 유지하고 있다. 브랜드별 24시간 운영 현황을 봐도 알 수 있다. 전국적으로 19시간 운영점 수가 가장 적은 브랜드가 바로 GS25이다. 그리고 운영하는 중에 24시간에서 19시간으로 변경하는 게 가장 어려운 편의점도 GS25이다. 그만큼 원칙을 지키는 성향이 강하다는 것이다. 반대로 세븐일레븐의 경우는 어떠할까? 안타깝게도 지방에서 그것도 조금만 외곽으로 들어가 보면 야간에 문을 닫는 매장이 수두룩하다. 필자가 알기로는 심지어 24시간 운영점임에도 불구하고 마음대로 야간 운영을 하지 않는 매장이 상당히 많다. 게다가 19시간 운영이 아니라 더 일찍 영업을 종료하는 점포도 있으니 실제로 관리가 잘되지 않고 있다는 것이 느껴진다. 이러한 GS25와 세븐일레븐 사이에서 균형을 잘 유지하고 있는 곳이 CU로 이뿐만이 아니라 일일 송금 대응, 미송금 관리, 발주 강요 등 여러가지 운영 측면에서 가장 유연하게 대응하며 관리를 해주고 있어 점주 입장에서는 좀 더 체계적으로 영업을 할 수 있는 브랜드이다.

④ 폐점시 마무리 지원 시스템이 좋다

폐점을 하게 된다면 일부 경우를 제외하고는 대부분 상황이 좋지 않은 경우가 많을 것이다. 계약기간 만료 폐점이던지 중도해지던지 둘 다 매출이 저조하여 그만두는 경우일 것이기 때문이다. 물론 중도해지의 경우 폐점까지 가는 과정이 쉽지는 않겠지만 결정만 나게 된다면 만료 폐점의 경우와 같이 진행해야 할 업무가 상당히 많을 것이다. 특히 그 중에서도 기존 상품에 대한 처리 문제가 가장 큰 골칫거리로 폐점을 결정하게 되더라도 그 전까지 일정 기간 상품을 보유해야 점포 운영이 가능하기 때문이다. 이럴때 CU는 타사 브랜드로 변경하는 경우를 제외하고는 원가로 300만원까지 반품을 할 수 있게 도와주고 담배와 술같이 반품이 되지 않는 상품들까지도 가능한 한 인근의 다른 점포로 이동해 주려 노력한다. 즉 마무리도 깔끔하게 처리해 주려고 최선을 다하는 것인데 타사 대비 상당히 좋은 모습이라 할 수 있겠다.

⑤ 장기 점주에 대한 혜택이 가장 우수하다

상생에 대한 부분은 매년 바뀔 수 있는 시스템이긴 하지만 2022년 현재 오랫동안 운영해 온 점주에 대한 혜택은 CU가 가장 좋은 편이다. 브랜드별로 10년·15년·20년 동안 계속해서 가맹계약을 연장하며 운영한 점주에게 주는 혜택으로, 타사에서는 20년차 점주에게만 주는 혜택을

CU에서는 10년차 점주부터 지원해준다. 예를 들어 프리미엄클럽 리프레쉬 지원, 경조사 지원, 종합건강검진 할인, CU행복라이프 지킴이 등 다양한 프로그램들을 제공하여 점포를 오래 운영중인 점주들을 위한 혜택을 계속해서 확대해 나가고 있는 것이다. 또한 지금은 CU포인트로 지급하여 각종 제품을 구매할 수 있도록 하였으나, 앞으로는 여행 패키지 상품권으로 2~3인에게 지급해 준다고 하니 매력적인 '힐링 지원'이라 할 수 있겠다.

⑥ 모든 데이터 수치가 상승세이다

요즘의 CU는 모든 수치에서 경쟁사 대비 압도적인 상승세라 할 수 있다. GS25가 페미니스트 사태로 주춤하는 사이 CU는 영업이익이 22.9%(1,994억)나 상승하였고, 매출의 경우도 3.4% 증가한 GS25에 비해 9.7%나 상승하였다. 이러한 호실적에는 PB(자체브랜드)상품 개발 등 상품경쟁력 강화 전략이 주요했던 것으로 보인다. 특히 대한제분·세븐브로이와 콜라보 상품 '곰표 밀맥주'가 대표적인데 2020년 6월 출시 이후 장기간 매진 행렬을 기록하며 CU의 효자상품으로 자리매김했으며, 이듬해 주류 OEM(위탁생산)이 허용돼 기존(월 기준 20만개) 대비 15배가 넘는 300만개가 매장에 풀리면서 공급 초기 하루 판매량이 15만개를 넘기는 등 폭발적인 인기를 이어갔다. 또한 코로나19 확산에 맞춰 배송, 택배 서비스와 초저가 행사를 강화하며 근거리 소비가 확산하는 상황에 발빠르게 대응하였고, 적극적인 신상품 도입과 영업으로 지속적인 매출 향상을 이끌어낸 것이다.

⑦ 공사에 대한 부분이 소극적이며, 진행시 피드백이 느리다

CU의 가장 취약한 부분은 어떠한 이유에서인지는 몰라도 개점 및 운영 중 추가 공사를 요청시 처리가 느리다는 점이다. 앞서 얘기했듯이 편의점 공사는 대여 개념으로 본부가 비용을 들여 진행하는 시스템이다. 즉 편의점 창업시 비용이 적게 드는 이유가 바로 이것으로, 창업의 '문'은 상당히 넓다고 할 수 있다. 그러나 문제는 열정적으로 운영을 하다가 필요한게 있어서 추가로 공사를 하거나 집기를 추가하고 싶어도 본부의 허락 없이는 절대 안된다는 것이다. 모든 게 본부 소유이기 때문인데 이 부분에서 업무처리 속도가 CU는 GS25 대비 상대적으로 느린 편이다. 그 이유는 다양하겠지만 GS25는 매출에 도움이 되는 공사이거나 집기가 고장이 났을때 바로 처리하여 점주의 만족도를 높여주는데 반해, CU는 리뉴얼예산 부족 등 각종 이유를 들며 진행이 지체되는 경향이 종종 있다. 물론 어떠한 상황이냐에 따라 그리고 비용이 얼마나 드느냐에 따라 다르겠지만, 두 브랜드의 편의점을 모두 운영해본 점주의 말에 따르면 확실히 공사 부분에 있어서는 GS25가 좀 더 빠르다고 하는 경우가 많으니 참고하시길 바란다.

⑧ 1+1행사상품의 종류가 가장 적다

편의점은 일반슈퍼나 대형마트에 비해 상대적으로 가격이 높은 대신 +1행사를 통해 고객에게 혜택을 주고 있으며, 그 중에서도 1+1행사는 한개의 가격으로 두개의 상품을 구매하는 효과로 특히나 고객들에게 인기가 많다. 이러한 행사상품은 브랜드 편의점마다 매월 종류를 바꿔가며 운영하고 있는데, 고객들은 자신이 원하는 상품에 행사가 걸려있으면 그 상품을 구매하기 위해 해당 브랜드로 일부러 찾아가는 현상을 보이기도 한다. 예를 들어, 이번 달에는 CU에서 바나나우유가 1+1행사 중이니 CU를 가고, 다음 달에는 GS25에서 바나나우유 1+1행사를 하니 GS25를 이용하는 식으로 말이다. 특히나 이러한 현상은 주변에 경쟁점이 많으면 많을수록 더욱 심한 편으로, 이로인해 매출의 영향도 상당히

크다고 할 수 있다. 그런데 이러한 매월 진행하는 1+1행사상품의 종류
가 CU는 상당히 적다. 물론 월마다 약간씩의 차이는 있겠지만 일반적
으로 이마트24와 GS25가 가장 많고, 그 다음은 세븐일레븐 그리고 CU
순서로 보면 될 것이다.

공격적인 투자의 세계 1등 세븐일레븐

코리아세븐(주)은 1988년 5월 21일에 설립되어 미국의 사우스랜드사
와 기술 도입 계약을 체결하고, 1989년 5월 서울 방이동 올림픽 선수
촌 아파트 내에 국내 최초의 편의점 세븐일레븐을 열었다. 1994년 8
월 롯데쇼핑(주)에서 인수하였고, 다시 1997년 6월에는 (주)롯데리아
로 합병되며 (주)롯데리아 편의점사업본부로 상호를 변경하였으나, 다
시 1999년 4월 롯데리아로부터 분리하여 코리아세븐(주)으로 다시 설
립되었다. 이후 좀 더 공격적인 투자로 2001년에는 일본계 편의점인 로
손과, 2010년에는 대한민국 편의점 프랜차이즈 바이더웨이와 통합하
면서 규모와 점포 수를 점점 확장하게 된다. 또한 2022년에는 2,600여
개의 점포수를 가지고 있는 미니스톱을 인수키로 하면서 14,000여개로
명실상부한 편의점 3강으로 부상하게 됐다.

① 편의점 중에서는 세계적으로 1등 브랜드이다

세븐일레븐은 전 세계에서도 가장 많은 점포 수를 가지고 있으며, 가
장 높은 인지도를 자랑하는 편의점 브랜드이다. 시작은 1927년 미국
에서 얼음을 판매하던 가게에서 점차 고객이 요구하는 각종 필요한 식

료품들을 구비하기 시작하면서 편의점의 개념이 만들어졌다. 이리하여 아침 7시부터 밤 11시까지 운영한다는 의미로 '7-11'으로 최초의 편의점 시작을 알렸고, 일본에서 이 회사를 인수하여 24시간 동안 편의를 제공하는 시스템으로 바꿔놓게 된 것이다. 이러한 편의점은 1960년대 후반 일본의 빠른 경제 성장과 맞물려 엄청난 성장을 하게 되었고, 특히나 가장 선두에 있는 일본 세븐일레븐은 훼미리마트나 로손 등 다른 2, 3위 브랜드 편의점이 따라잡을 수 없는 독보적인 위치로 성장하게 되었는데, 바로 이러한 회사가 우리나라의 롯데와 손잡고 한국에 상륙한 것이다. 비록 우리나라에는 11,000여개(미니스톱 제외)로 CU와 GS25에 이어 3등에 그치고 있지만, 세계적으로는 72,000여개를 운영하고 있는 글로벌 기업이라 할 수 있겠다.

② 지원 장려금을 가장 많이 준다

편의점 창업을 계획하면서 각 회사의 개발 담당들과 면담을 하다 보면 브랜드끼리 상당한 경쟁을 하고 있는걸 느끼게 될 것이다. 특히 기존에 슈퍼라도 운영하고 있던 상황이라면 서로 장려금과 혜택을 더 준다며 자기 브랜드로 바꾸자며 치열한 경쟁을 한다. 이렇게 각 회사들이 경쟁을 벌일 때 가장 많은 지원금과 적극적인 공사를 제시하는 곳이 세븐일레븐이다. 물론 어느 상황에서나 그런 것이 아니라 평균적으로 이러하다는 뜻이니 오해없길 바란다. 정확한 사실은 아니지만 이러한 이유는 세븐일레븐을 롯데라는 대기업이 관리하기 때문이 아닌가 싶기도 하다. 예전에 잠깐이지만 세븐일레븐이 공격적으로 점포수에 집중할 때는 실제로 우스갯소리로 돈 한 푼 없어도 세븐에서 지원해 주고 빌려주고 해서 개점을 할 수 있다는 소문도 있었다. 당연히 추후 매출이 저조하여 받은 금액에 손해배상금까지 다 반환하고 폐점해야 하는 점포도 많았지만 말이다. 또한 공사에 대한 부분에서도 지주간판, 현금지급기, 소형집기, 원목테이블 등 점주가 원하는 부분에 대해 적극적으로 지원해주려고 많은 노력을 하고 있다.

③ 자체 상품 종류가 많고, 품질이 좋다

롯데그룹이라는 엄청난 대기업을 등에 업고 움직이는 세븐일레븐 역시 운영하는 상품의 종류와 품질이 상당히 다양하고 우수하다. 특히 자체 상품인 PB의 개발에 집중하고 있으며, 그 중에서도 도시락, 삼각김밥, 샌드위치 등의 간편식사와 라면, 과자 등의 일반상품으로 실제로 '강릉교동짬뽕' 컵라면의 경우 출시 후 고객들에게 큰 인기를 얻기도 했다. 또한 세븐티(tea), 세븐팜(채소), 브레디크(빵) 등 경쟁사와 차별화할 수 있는 세븐일레븐만의 자체적인 브랜드 개발에도 꾸준히 노력하는 있는 중으로 세븐일레븐의 개발 담당들이 CU와 개점 경쟁이 붙었을 때 실제로 CU보다 상품의 종류가 월등히 많고 품질도 뛰어나다며 예비 창업자들에게 어필하는 모습만 봐도 나름 자부심이 있는 듯하다.

④ 타사 대비 상대적으로 개점이 쉽다

세븐일레븐은 세계에서는 1등일지 몰라도 한국에서는 점포수나 매출 등 모든 면에서 아직은 3등에 불과하다. 그것도 1등인 CU와 2등인 GS25가 서로 치열하게 각축을 벌이고 있는 상황임에 반해, 세븐일레븐은 그들에게서 월등히 밀리고 있는 현실로 상황이 이렇다보니 세븐일레븐은 개점에 더욱 열을 올릴 수밖에 없다. 일반적으로 창업자들이 좋은 위치를 선점하고 개점하기 위해서는 먼저 브랜드 편의점 개발 담당들과 해당 입지에 대한 적정성 여부 협의를 해야한다. 프랜차이즈 편의점 시스템 특성상 수수료를 나눠 갖기 때문에 오픈 후 매출이 적으면 점주와 마찬가지로 본부도 손해가 발생하기 때문이다. 그래서 아무리 편의점들끼리 경쟁이 심하다고 해도 주변 상권이 빈약하고 너무 후미진 곳에는 개점을 꺼리게 되는 것이다. 그러나 점포수에서 상대적으로 밀리는 세븐일레븐은 열악한 조건에서 개점을 하는 것에 대해 좀 더 긍정적으로 접근할 수밖에 없다. 그리하여 빈약한 상권의 건물주거나 변두리에서 운영을 하고 싶어 하는 예비 창업자들이 GS25나 CU에서 개점을 거절당하면 마지막으로 협상하는 브랜드가 바로 세븐일레븐과 이마트24인 것이다.

⑤ 일본 회사라는 이미지가 강하다

가장 치명적인 단점은 바로 세븐일레븐은 일본 회사라는 이미지를 갖고 있다는 것이다. 우리나라는 역사적인 문제로 인해 일본과는 적대적인 관계에 있는데 바로 이 민감한 부분에서 세븐일레븐은 중심에 있을 수밖에 없다. 실제로 얼마 전 유니클로를 비롯한 일본 제품 불매운동이 심할 때 편의점 중에서는 세븐일레븐과 미니스톱이 가장 큰 폭으로 매출이 하락한 것도 시사하는 바가 크다. 실제로 개점하는 단계까지 면담을 진행하다가 일본 기업이라 꺼려진다는 이유로 계약을 포기하고 타사를 선택하는 경우가 상당히 많다고 하는걸 보면 세븐일레븐에는 분명 치명적인 약점이 아닐 수 없다. 물론 CU도 예전에 잠시 일본 훼미리마트를 운영한 전력(前歷)이 있어 일부 사람들에게는 일본 기업이라는 이미지가 남아있지만, 시간이 점차 지나면서 독자적인 브랜드의 영향으로 조금씩 한국 기업의 이미지로 쇄신하고 있는 실정이다.

⑥ 담당별 관리하는 점포 수가 너무 많다.

세븐일레븐은 영업 담당 한 사람이 관리하는 점포수가 많기로 유명하다. 보통 GS25나 CU같은 경우는 직원 한 명이 15개 내외의 점포를 맡고 관리하는데 반해 세븐일레븐은 기본적으로 18~20개 정도의 점포를 담당하기 때문에 일주일에 관리하는 점포를 방문하는 횟수도 적고, 그만큼 체류하면서 지도하는 시간도 짧을 수밖에 없다. 현실이 이렇다 보니 매일 점포를 다니며 관리하는 영업 담당도 힘들고, 직원이 신경을 덜 쓰게 되니 점주들은 당연히 불만이 쌓이고, 점점 더 점포상태는 엉망이 되는 것이다. 실제로 브랜드별로 편의점을 돌아다니다 보면 모든 점포의 경우는 아니지만 일반적으로 상품의 관리부터 시작해서 진열 및 결품 등 대부분의 면에서 브랜드 편의점 중에서 가장 좋지 못한 상태를 자주 볼 수 있다.

⑦ 상품 판매 이익률이 너무 낮다

상품 판매에 대한 매출 이익률 역시 브랜드 편의점 중에서 수익구조가 다른 이마트24를 제외하고는 가장 낮은 편이다. 이러한 이유는 아직 정확히 알 수 없지만 기본적으로 자체 PB상품에 대한 이익률이 경쟁사 대비 좀 떨어지는게 아닌가 싶다. 세븐일레븐의 전체 이익률 평균이 29~30% 정도로 31~32%인 CU와 비교하면 많게는 3% 가까이 차이가 나는 것이니 상당히 크다고 할 수 있다. 이익률이 중요한 이유는 점주의 이익금과 연관되기 때문인데 같은 일매출의 점포가 있다고해도 이익률에 따라 매월 받는 이익금에는 상당한 차이가 있기 때문이다. 또한 초기 장려금을 지원해 줄 때 CU에서 2%를 추가로 준다고 가정하면 세븐일레븐에서는 5% 가까이 지원해 주어야 동일한 조건이 되는 것이니 편의점을 처음 운영하는 분이라면 단순히 눈에 보이는 숫자에만 현혹되어 계약을 체결하는 실수를 범하지 않기를 바란다.

자유로운 운영시간에 실내가 예쁜 이마트24

이마트24는 2003년 1월에 설립한 소규모 프랜차이즈 편의점인 위드미가 그 시초이다. 초기에는 주로 수도권을 중심으로 사업을 확장하여 2011년에 100호점을 돌파하였고, 2014년 2월 편의점 사업에 진출하려던 신세계그룹이 위드미를 인수했다. 정확히는 이마트의 자회사로 편입시킨 것이다. 그 후 신세계그룹의 자본 덕분에 전국구 체인으로 발돋움하면서 매장을 급속도로 늘리고 있으며, '3무(無) 원칙'을 표방하고 있다. '3무'란 본부에 내는 로열티가 없고, 24시간 영업이 없으며, 폐점 시 위약금이 없다는 뜻으로 CU와 GS25로 양분되어 있는 현재 편의점 시장에서 좀 더 파격적인 조건을 내세워 점유율을 확장하려는 의도가 아닌가 싶다.

① 영업시간을 마음대로 정할 수 있다

이마트24의 가장 큰 장점 중 하나는 바로 타브랜드 경쟁점과는 다르게 운영시간이 자유롭다는 부분일 것이다. 이것은 이마트24가 내세우는 '3무(無) 원칙'의 대표적인 하나로 일반적으로 GS25와 CU, 세븐일레븐과 같은 메이저 편의점의 경우 24시간과 19시간 영업 중에서 선택하게 되어 있고, 대부분 24시간 운영을 유도하는데 반해 이마트24는 시간에 대한 제약이나 강요가 전혀 없어 긴 영업시간에 대한 거부감이 있는 중장년층 예비 창업자들에게는 큰 인기를 얻고 있다. 특히 요즘 들어서는 지방이나 인적이 드문 외곽에 2층짜리 건물을 가지고 있고, 위층에서 숙식을 하면서 1층에 편의점을 운영하려는 경우 야간에 사람들의 이동이 드물기 때문에 운영 면에서 좀 더 자유로운 이마트24를 선택하는 경우가 상당히 많이 생기고 있다. 점점 더 이마트24가 시골에 그것도 골목에 많이 개점을 하는 이유는 바로 이러한 요인 때문이라 할 수 있겠다.

② 매장 인테리어가 너무 예쁘다

요즘 주변에 있는 편의점 매장을 둘러보면 이마트24의 인테리어가 가장 훌륭함을 느끼게 된다. 일반적으로 편의점은 밝은 LED조명으로 인해 자칫 차가워 보일 수 있는 단점이 있는데 반해, 이마트24는 여기에 은은한 주황색 형광등을 입혀 편안한 분위기를 조성하였고 딱딱한 휴게 공간 대신 원목 테이블을 효과적으로 도입하여 고객의 만족감을 높여주고 있다. 또한 사람마다 호불호가 있겠지만 이마트24의 경우 타 브랜드에 비해 중앙 진열대의 높이가 높아서 상품을 구매하면서 좀 더 안락한 기분으로 쇼핑을 할 수 있게 하였다. 이밖에도 벽면 공간을 일체형 진열대로 활용하여 와인, 양주, 노브랜드 상품을 진열하고 각종 새로운 집기를 도입하여 상품의 구매욕을 높이는 등 차별화된 행보를 유지하고 있다. 이리하여 초보자들은 이러한 고급스러운 매장 인테리어에 혹해서 이마트24를 택하는 경우도 상당히 많이 생기는데 장점만 있는 것은 아니니 좀 더 세밀한 주의가 필요하다.

③ 본부와 수수료를 나누지 않고 일정 금액을 지불한다

일반적으로 일본을 포함한 우리나라 대부분의 편의점은 이익을 본부와 수수료율에 따라 나눠갖는 시스템이다. 즉 가맹형태에 따라 다르지만 점포60 : 본부40 혹은 점포70 : 본부30 등 일정 비율로 정해놓고 계약을 한다. 이러한 이유로 가끔 점주들 중에 편의점이 물류를 통해 혹은 상품 업체를 통해 수익을 남기는거 아니냐는 착각을 하는데 전혀 사실이 아니고, 편의점은 오직 처음 계약할시 정한 수수료율에 따라 수익을 가져간다. 그러나 이마트24는 시스템이 조금 다르다. 신세계에서 최초로 도입한 배분 개념으로 매출이 많건 적건 본부에는 매월 160만원만 지불하게 만든 것이다. 즉 매출이 높으면 많이, 매출이 낮으면 적게 받는 것이 아니라 일정액을 수취함으로써 본부는 큰 수익은 아니지만 어디 위치에 개점을 하던 안정적으로 이익을 창출할 수 있는 것이다. 그러나 반대로 점주는 매출이 높으면 수수료율보다는 160만원이라는 금액이 적으니 이득이겠지만, 매출이 적다면 수수료율보다 160만원이 큰 금액이라 운영을 유지하기가 힘들어지는 아주 난해한 시스템인 것이다(물론 네 가지 형태의 가맹조건 중에 선택하면 되지만, 대부분 가장 무난한 P1형을 선택하여 운영 중이다).

④ 어디서 개점하든 본부가 거부하지 않는다

이마트24의 아이러니한 장점 중 하나는 바로 창업 희망시 아무리 위치가 좋지 않더라도 본부에서 거부 의사를 거의 표시하지 않는다는 점이다. 반대로 GS25나 CU 같은 경우는 시골로 사람들이 거의 다니지 않는 입지에 창업을 하겠다고 하면 예상 매출 저조를 이유로 개점을 거부할 것이다. 이러한 이유는 바로 이마트24와 타브랜드 편의점의 배분 방식의 차이에 있다고 할 수 있다. 예를 들어 대형 3사 브랜드의 경우 이익금을 수수료율대로 나눠서 갖는 방식이기 때문에 점포의 매출이 저조하다면 당연히 본부도 손해가 발생할 수밖에 없다. 특히 초기 공사 비용이라도 많이 들어갔다면 그 손해는 더욱 커지게 된다. 그러나 이마트24는 이미 설명했듯이 배분을 수수료율(%)이 아닌 일정액을(160만원) 받는 구조이다. 이제 알겠는가? 이마트24는 개점한 점포의 매출이 높던 낮던 아무 상관이 없는 것이다. 점주가 매출을 높여 이익금을 많이 받던 매출이 저조하여 이익금이 적던 상관없이 본부는 무조건 160

만원을 수취하기 때문이다. 그러니 당연히 개점 위치가 아무리 좋지 않아도 이마트24에 연락하면 어디서든 개점할 수 있는 것이다.

⑤ 영업 담당의 수가 적고, 점포 관리가 부실하다

이렇듯 이마트24는 매월 일정 금액을 받는 방식으로 인해 지방의 구석까지 입점이 가능하다고 하였다. 그리고 이런점 때문에 또 다른 문제가 생기는데 바로 영업 인력이 부족하고 이로 인해 관리가 부실하다는 것이다. 실제로 이마트24는 세븐일레븐과 마찬가지로 영업 담당들이 평균 20개 내외의 점포를 담당하고 있다. 게다가 이러한 점포들 사이의 거리가 상당히 멀어 방문하는 횟수가 적고, 방문시 체류 시간도 타 브랜드의 영업 담당보다 적을 수밖에 없다. 그러니 시내와 조금만 떨어진 이마트24를 가보면 상품도 없고 관리가 정말 형편이 없다는 것을 금방 확인할 수 있다. 그러나 더 큰 문제는 시간이 지나도 해결될 기미가 보이지 않는다는 것이다. 그 이유 역시 일정액을 본부에 지급하는 방식 때문으로 이마트24는 매출이 오르던 떨어지던 본부 수익은 그대로 유지되기에 굳이 영업 인력을 늘려 매출을 올리려는 노력을 하지않아도 되기 때문이다. 때문에 이마트24를 창업하려면 처음부터 도전하지 말고 타브랜드의 편의점을 경험하고 난 후 혼자서도 관리를 충분히 할 수 있게 되면, 그때 간판을 바꿔서 운영하는게 좋다.

제7장

월별로
해야 할 일은

1~2월에는 봄맞이 쓸고, 닦고, 채우고

입지마다 차이가 있지만 보통 편의점의 매출은 봄 학기가 시작되는 3월부터 여름철 성수기 7, 8월에 그 정점을 찍고 12월까지 점차 하락하다 1,2월에 비수기를 맞이하는게 일반적이다. 그러므로 비수기 1, 2월은 단순히 매출이 저조한 시즌이 아니라 매출을 올리기 위해 준비를 해야 하는 중요한 기간인 것이다.

① 유리창 청소

1월말부터 2월 초에는 날씨가 제법 따뜻해지기 시작하는 계절로 여행이나 나들이를 가는 등 사람들이 외부 활동을 많이 하게 된다. 또한 사람들끼리의 만남도 늘어나는 시기이므로 점포 입구를 청결히 하여 그러한 사람들이 많이 방문하도록 유도하는 것이 중요하다. 나와 가족이 먹을 식품을 사려는데 점포에 들어가기도 전에 먼지가 수북이 쌓여있거나, 거미줄이 늘어져 있다면 과연 그 매장에서 상품을 사고 싶을까? 객단가를 올리기는 커녕 고객이 들어오는 것 자체를 꺼려할테니 아무리 점포 내부 청소를 하고 할인 행사를 해도 아무 소용이 없을 것이다. 그러니 바로 점포의 실내가 잘 보이도록 유리창에 붙은 홍보물을 최소화하고 먼지를 닦고 거미줄을 제거해야 한다. 고객을 맞이하기 위한 가장 기본적인 일부터 하자는 것이다.

② 가격표 정비

편의점 관리를 하다 보면 가격표를 정비하는게 여간 귀찮은 업무가 아닐 수 없다. 신상품은 계속해서 나오고, 그로 인해 기존 상품들의 위치가 수시로 바뀌니 가격표가 그 자리에 제대로 붙어있을 리가 없다(요즘에는 물가 상승으로 인해 기존 상품들의 가격 역시 계속해서 오르고 있는 추세이다). 그래서 일부 점포에서는 정식 가격표 말고 필요할 때마다 임시로 된 가격표로 정비를 하는데, 색깔도 다르고 눈에 잘 띄지도 않아 추천하지 않는다. 그러니 되도록이면 정상적인 가격표로의 교체를 추천하는데, 번거로운 작업이라 해도 1, 2월 중에는 전체적으로 한 번 정비하는 게 좋다. 그래야 성수기 7, 8월까지 어느 정도 유지가 되고, 가끔씩만 정비해도 고객의 입장에서 이용에 불편함이 없을 테니 꼭 챙기기 바란다.

③ 상품 채우기

막막했던 겨울철 비수기의 마지막 시기인 1, 2월에 해야 할 가장 중요한 업무 중 하나로는 바로 상품 채우기를 들 수 있다. 기존까지 매출이 저조하여 재고를 줄였다면 매출이 올라가는 3월이 되기 전 늦어도 2월 중순부터는 상품의 종류와 양을 대폭 늘려야 하기 때문이다. 특히 회전율이 높고 유통기한도 긴 주류(소주, 맥주), 음료, 커피, 젤리 등은 기존 대비 2배 정도의 재고를 항상 유지해야 하는데, 단가도 높고 결품 시 기회 로스가 상당히 많이 발생하는 카테고리라 할 수 있겠다. 그러므로 점포에서는 전년 카테고리별 판매량을 분석하여 적정 수량의 재고를 반드시 확보해 두길 바란다.

④ 설 명절, 밸런타인데이 대응

1, 2월에는 설 명절과 밸런타인데이 행사가 들어있다. 설 명절은 지방의 어르신들이 사시는 지역이 아니라면 매출이 크게 늘어나지는 않기 때문에 준비할 건 많지 않지만 그래도 주류, 의약외품, 탄산음료, 커피, 유제품 등은 재고를 확보해 두는 것이 좋다. 그리고 밸런타인데이

는 예전에 비해 행사에 따른 매출 상승이 많이 약해졌고, 고객들도 인식이 많이 바뀌어 저가형으로 가볍게 줄 수 있는 상품을 대량으로 구비하고 고가형 선물용을 일부 준비하면 큰 문제없이 행사를 진행할 수 있을 것이다. 또한 되도록이면 실외에 진열하여 고객을 유도하면 판매 효과를 더욱 높일 수 있으니 참고하길 바란다.

3~4월에는 드디어 개학이다

드디어 3, 4월이다. 학교 개학, 학원가 개강이 있고, 따뜻한 날씨에 외출이 잦아지고, 꽃구경이 시작되는 등 전체적으로 분위기가 들뜨고 이동이 많아지는 시기라 할 수 있다. 편의점 운영에 있어서 특히 3월은 본격적으로 매출이 상승하기 시작하는 시기인 만큼 준비해야 할 업무가 많다. 그중 가장 대표적으로 해야 할 일이 바로 상품에 관련된 업무이다. 1~2월에 점포의 하드웨어인 점포 내외부의 청소나 정비에 집중을 하였다면, 3, 4월부터는 점차 방문하는 고객 수가 늘어남에 따라 소프트웨어인 상품의 발주 및 재고 확보에 힘을 쏟아 매출 상승을 일으켜야 하는 것이다. 특히 4월은 따뜻한 날씨로 인해 사람들의 외출이 많아지는 시기이므로 편의점에 있어서도 음료 및 과자, 디저트 등의 먹을거리 매출이 높아지는 시기라 할 수 있다. 또한 코로나로 인해 취소는 되고 있지만 벚꽃 등의 볼거리가 많아지는 계절이므로 도시락, 김밥 등의 식사류를 구매하여 나들이를 떠나는 고객이 늘어나는 계절이기도 하다. 그만큼 날씨의 차이를 완연히 느낄 수 있고 각종 꽃구경, 엠티 등 본격적인 실외 활동의 시작을 알리는게 4월인 만큼 이 시기에 어울리는 상품을 잘 구비해두면 그 어느 시즌보다 많은 매출을 올릴 수 있을 것이다.

① 학원가 개강·학교 개학 대응

3월에는 대학교의 개강 및 초중고교의 개학이 동시에 시작된다. 작년에는 코로나로 인해 개강이 연기되거나 온라인 수업으로 대체되어 학원가 점포들의 피해가 상당히 컸으나, 올해는 초중고교나 대학교 모두 정상적으로 개학·개강을 했으므로 사전에 준비를 잘하여 매출 상승에 대비해야 할 것이다. 그 중에서도 가장 먼저 준비해야 할 대표적인 상품 카테고리가 간편식사이다. 도시락과 삼각김밥, 샌드위치는 특히나 학생들이 오기 시작하는 3월부터 판매가 상승하기 시작한다. 학교에서 학생들이 점심시간에, 학원에서 저녁시간에 점포에 방문하여 음식을 섭취하는 경우가 많기 때문이다. 또한 '1+1' 행사 음료수나 컵라면, 과자 등의 매출이 많아지니 이들을 대량으로 확보하여 대량으로 모음진열을 하면 좀 더 많이 판매할 수 있으니 참고하길 바란다.

② 시식 공간 확대 및 정비

3, 4월이면 본격적으로 날씨가 따뜻해지고 밖에서 음식을 먹는 사람들이 점점 많아진다. 편의점 역시 마찬가지 상황으로 점포 내부와 외부에서 시식하는 고객들이 갑자기 증가하기 시작한다. 그렇기 때문에 점포 내에 있는 시식 공간에 (조명)등을 설치하거나 오래된 테이블을 교체하거나, 매장 밖에 있는 빛바랜 파라솔 천을 교체하거나 테이블 개수를 늘리는 작업을 반드시 해야 한다. 또한 기존에 플라스틱 테이블을 놓아두었다면 본부와 협의를 통해 원목 테이블로 바꿀 수 있다면 매출에 훨씬 더 도움이 될 것이다. 편의점 시식 공간에서 취식을 하는 고객들이 구입하는 평균 매출이 일반 고객에 비해 1.5배라는 사실을 봐서도

3월에는 반드시 점포 내부와 외부의 공간을 활용하길 추천한다.

③ 음료 및 주류, 컵 얼음 재고 확보

날씨가 따뜻해지는 만큼 마실(음료) 것들의 판매가 급상승한다. 탄산이나 이온, 캔커피 등의 음료 냉장고 상품과 가공유, 컵커피 등의 유제품 냉장고 음료들이 그것인데, 2월 대비 2배 이상의 재고를 준비해야 기회로스가 발생하지 않는다. 특히 기온이 상승하면 유지방이 들어간 우유류보다는 청량감을 주는 탄산 및 이온음료가 많이 판매되는데, 이러한 상품들은 유통기한도 긴 만큼 재고를 충분히 확보해 두는게 좋다. 그리고 주류의 경우, 겨울철 사람들이 추운 날씨로 인해 홈술을 즐기거나 주점에서만 마셨다면 봄철에는 편의점 테라스에서도 마실 수 있어서 추가 매출이 많이 일어나는 상품이기도 하다. 또한 술을 구매하는 고객 대부분이 안주도 같이 구매하기 때문에 술이 부족하여 판매하지 못 하는 경우가 없도록 특히나 유의해야 할 것이다.

④ 화이트데이 행사 대응

3월에는 14일 화이트데이 행사도 있다. 물론 요즘의 이벤트성 행사는 예전에 비해 의미도 많이 퇴색되고, 이에 따라 매출도 많이 줄어들었으나 그래도 매출에 있어서 무시할 수 없는 행사 중 하나이다. 특히나 화이트데이는 남자가 사탕을 구매하는 날이라서 여자가 남자에게 주는 밸런타인데이에 비해 바구니 등 고가의 상품 매출이 높아 매출에 적지 않은 영향을 미치는 날이니 신경을 써야하는 것이다. 그러므로 화이트데이에는 어중간한 상품을 진열하는 것보다 가족에게 선물할 고가의 바구니 상품들이나 동료, 친구에게 선물할 저가형 낱개 상품들을 대량 준비하여 점포 앞에 진열하면 매출에 큰 도움이 될 것이다.

⑤ 나들이객을 위한 주말 재고 사전 확보

4월은 전국적으로 벚꽃과 목련이 피기 시작하여 사람들의 본격적인 외출이 시작되는 시기이기도 하다. 또한 지금은 많이 사라지는 분위기지만 대학생들이 MT를 떠나는 시즌 역시 4월이다. 그만큼 3월은 편의점에 있어서 겨울의 침체기를 지나 매출이 오르기 시작하는 계절이라면, 4월은 이제 본격적으로 매출이 올라오는 안정적인 시기라 할 수 있다. 사람들은 설레는 나들이를 즐기기 위해 각종 준비하기 마련인데, 이동하면서 먹게 되는 간식거리 역시 빼놓을 수 없는 중요한 일이다. 때문에 이 시즌 편의점에서는 각종 음료수를 비롯해 삼각김밥, 핫바 등 가볍게 즐길 수 있는 상품들이 판매량의 상위권에 머무르게 된다. 특히 음료 중에 뽀로로 같은 어린이음료의 판매가 갑자기 늘어나는데, 이는 가족 단위의 이동이 많아지기 때문이라 할 수 있다. 그러므로 점포에서는 생수, 음료, 핫바, 김밥, 젤리 등의 간단히 즐길수 있는 먹을거리를 충분히 확보하여 추가 매출 상승을 노려야 할 것이다.

⑥ 본격적인 술판 벌이기에 따른 안주 준비

3, 4월은 실외에서 술을 마시는 사람들이 늘어나는 시즌이기도 하다. 날씨가 따뜻해지다보니 사람들의 외부 모임도 많아지고, 자연스럽게 술자리로 이어지게 된다. 그러므로 편의점에서도 술과 안주의 재고를 넉넉히 준비해야 한다. 술은 원래 유통기한도 길고 판매량이 많아 점포에서 알아서 잘 구비하는 편이나, 안주는 특별히 신경을 써야 하는 카테고리이다. 안주에는 여러가지가 있는데, 마른안주는 역시나 유통기한도 길고 걸어두면 신경을 안 써도 되지만, 문제는 냉장안주이다. 이들은 치킨 및 족발, 닭발 등의 제품으로 유통기한이 짧고 반품이나 폐기가 발생하는 상품이므로 특히 신경을 써야하는 것이다. 더욱이 이러한 냉장안주는 코로나 이후 홈술 문화가 유행하면서 매출이 급상승하

는 카테고리이기 때문에 특히나 신경써서 결품이 발생하지 않도록 챙겨야 할 것이다.

⑦ 점포 분위기 화사하게 꾸미기

앞서 언급했듯이 4월은 여기저기 꽃이 만발하기 시작하고 마음이 설레는 시기이다. 상품으로는 딸기나 벚꽃 등을 콘셉트로 해서 음료수, 과자 등이 나오기 시작하고 각종 행사도 진행한다. 그리고 이렇듯 봄을 맞아 설레는 고객의 마음을 이용하는 대표적인 곳이 다이소이다. 4월만 되면 다이소는 매장의 곳곳이 분홍색으로 물드는데, 편의점에서도 고객의 이러한 심리를 활용하여 매출을 올릴 수 있다. 즉 벚꽃과 관련된 상품을 적극 도입하고 모형 꽃으로 분위기를 조성하는 것이다. 상품은 상품 자체의 기능이나 품질로도 판매하지만 분위기로도 판매할 수 있기 때문이다. 편의품은 대형마트처럼 소비자가 오래 고민을 하며 상품을 고르는 곳이 아니다. 소비자의 마음을 훔쳐서 충분히 충동구매를 유도할 수 있으니 영리한 방법으로 매장의 매출을 높여보는 건 어떨까?

5~6월에는 날씨도 좋은데 나들이나 가볼까

5, 6월은 1년 중 가장 본격적으로 사람들의 지갑이 열리기 시작하는 시즌이라고 할 수 있다. 어린이날, 어버이날을 비롯하여 스승의 날과 부처님 오신 날까지 각종 여러 행사가 즐비하고, 직장인들은 이러한 징검다리 연휴에 휴가 일정을 잘 조정한다면 4~5일간의 황금연휴를 마음껏 즐길 수 있다. 또한 5월부터는 기온이 한껏 상승하여 사람들이 집

안에만 머물지 않고 외출을 즐기는 계절이기도 하다. 즉 4월에는 사람들이 그간의 추위를 깨고 피어나는 꽃을 구경하기 위해 잠깐 차를 타고 나갔다 들어오는 정도라면, 5월은 완전히 따뜻한 날씨 덕분에 돗자리, 음식 등을 제대로 준비해서 오랜 시간 외부 활동을 하거나 숙박을 하고 오는 경우가 많은, 소비의 황금기라고 할 수 있다. 그러므로 편의점에서도 이에 맞게 적절한 준비를 해야하는데 무턱대고 준비를 하기보다는 카테고리나 예상 고객층을 좀 더 세밀히 분석하여 선택과 집중을 하는 편이 좋을 것이다. 그리고 6월의 여러가지 특징 중 가장 대표적이라 할 수 있는 것은 고객이 방문하여 매출이 발생하는 시간대가 점차 늦춰진다는 점이다. 보통 편의점에서 매출은 아침 출근, 점심시간, 저녁 퇴근 시간대에 가장 많이 발생하고 이후부터는 방문객 수가 점점 줄어들기 마련인데, 특히나 겨울 같은 동절기에는 이러한 경향이 더욱 심해진다. 해가 짧아 빨리 어두워지기 때문에 밤 9시만 넘어도 고객의 발길이 끊기는 경우가 허다하다. 그러나 하절기가 본격적으로 시작되는 6월부터는 반대 상황이 벌어지는데, 그 이유는 기온이 상승하고 밤이 늦게 찾아오기 때문일 것이다. 6월에는 직장인들이 보통 18시에 퇴근을 하고도 20시가 되어야 어두워지기 때문에 늦게까지 주점과 식당 등에서 술을 마시는 사람들이 많고, 날씨까지 따뜻하여 편의점 외부 테이블에서 술을 한잔하면서 2차 모임을 즐기는 경우가 급격히 많아지는 것이다. 또한 3월처럼 옷차림이 변할 만큼의 큰 날씨 변화를 체감할 수 있으므로, 상황에 맞게 잘 준비하여 매출 상승의 황금기로 만들어야 할 것이다.

① 징검다리 연휴를 위한 전략을 짜자

2021년에는 5월의 행사들이 유독 수요일에 많이 잡혔다. 어린이날과 부처님 오신 날이 모두 수요일이어서 직장인들이 월, 화 혹은 수, 목으로 휴가를 잡게 되면 5일이나 되는 황금연휴를 즐길 수 있었던 것이다. 그렇다면 편의점에서는 어떠한 상품을 준비해야 할까? 우선 집콕족들을 위해 술과 안주, 간식거리를 준비하면 좋겠는데, 더욱이 요즘은 코로나로 인해 홈술족들이 증가하여 주류 매출이 더욱 늘어나고 있는 추세이다. 그러니 우선 젊은 층들이 즐기는 (수입)맥주와 와인 등의 재고를 확실히 늘려야 한다. 또한 휴가에 움직이기 싫어하는 분들을 위해 냉장 족발, 곱창, 치킨 등의 각종 안주류와 입이 심심할 때 먹기 좋은 스낵류도 다양하게 구비하고 있으면 좋다. 다음으로 나들이객들을 위한 간편식으로 여행지로 떠나기 전 간단히 먹을 수 있는 김밥류, 핫바, 생수, 커피, 어린이 음료를 준비해야 한다. 이때 주의할 사항이 있는데 사람들은 설레는 상황에서는 가격이 저렴하기보다는 품질이 좋은 상품을 구매하려는 경향이 있기 때문에 저가형 상품과 함께 고가의 상품도 진열해 놓는다면 충분히 객단가 상승을 노릴 수 있을 것이다.

② 어린이날인데 가만히 있을 거야?

5월은 아이들이 가장 좋아하는 어린이날이 있다. 장난감 전문점에서는 엄청난 매출을 올리고, 음식점은 외식을 하러 나온 손님들을 맞이하기 위해 분주하게 움직이는 시즌이다. 그럼 이렇게 특별한 날에 편의점은 어떤 준비를 해야 할까? 당연히 장난감과 캔디 완구류를 준비해야 한다. 그런데 여기서 중요한 것은 적절한 가격대의 장난감을 준비해야 한다는 것이다. 일부 점주 중에는 매출을 올리고자 너무도 큰 열정을 발휘한 나머지, 고가의 장난감을 대량으로 발주하여 판매에 실패하는 경우가 종종 있다. 그러나 고객들이 편의점에서 구매하기를 원하는 장난감은 대부분 가격대가 낮은 상품들 위주로, 고가의 장난감이라면 편의점이 아닌 제대로 된 전문점을 이용하고 싶어하기 때문이다. 그러니 아이들이 한 번 보면 지나치지 않고, 어른이 사주기에도 부담 없는 3~5천 원대의 장난감 위주로 세팅해서 충동구매를 유도해야 좀 더 효과를 볼 수 있다. 또한 캔디가 들어있는 완구류도 적당한 가격대로 골라 종류별로 구비해 놓는다면 어른들은 캔디라도 먹을 수 있으니 하는 마음에 아이들에게 사줄 확률이 높으니 반드시 진열대 맨 하단에 잘 보이게 준비해 놓으면 좋을 것이다.

③ 아이스크림은 집기 추가부터 해라

아이스크림 매출이 1년 중 전월 대비 가장 높게 올라가는 시기가 바로 5월이다. 4월이 되면 기온이 올라가기는 하지만 이때까지는 그래도 바람이 많이 불고 비가 오는 날도 많은데 비해, 5월에는 날씨가 20도 안팎으로 기온이 높게 오르는 때도 많고, 차량을 운전하는 사람은 에어컨을 슬슬 작동하게 되는 계절이기 때문이다. 그러므로 점포에서도 이에 맞춰 준비를 해야하는데, 우선 가장 중요한 아이스크림 집기가 넉넉한지부터 확인해야 한다. 지금도 두 대 이상을 운영하고 있다면 괜찮지만 그렇지 않다면 본부에 요청하여 한 대를 추가해서 운영하던지, 창고에 있는 예비 냉동고를 매장으로 끄집어내 가동하던지해야 하는 것이다. 그리고 당연히 상품 종류도 다양하게 운영을 해야하는데, 좀 더 구체적으로 말하면 4월부터 진행해 온 유지방이 많은 겨울용 아이스크림은 빼고 시원한 하드류로 상품을 교체를 하는 것이다. 즉 여름철에는 콘, 빵또아 등 목 넘김이 시원스럽지 않은 아이스크림을 줄이고 폴라포, 빠삐코 등 시원한 아이템 위주로 바꿔주는 작업을 마무리하면 된다.

④ 이온 음료는 골든존으로, 탄산은 안쪽으로 이동해라

여름이 되면 음료 냉장고(워크인) 상품의 진열을 정비해야 하는데 그중 신경써야 할 중요한 상품이 이온음료와 탄산음료의 위치이다. 겨울에는 몸에 수분을 채워주는 이온음료의 판매가 저조하고 콜라 등의 탄산의 매출이 높았다면 여름에는 그 반대가 되기 때문으로, 더운 날씨 탓에 사람들이 땀을 많이 흘려 생수를 포함해 포카리스웨트나 게토레이, 파워에이드 등의 이온 음료들을 찾기 시작한다. 그러니 당연히 음료의 위치도 조금씩 바뀌어야 하는 것으로, 골든존인 음료 냉장고 중간 높이의 문이 열리는 쪽은 이온음료로 채우고 그 밑이나 문 안쪽으로 탄산을 밀어내면 된다. 물론 계절에 따른 이온과 탄산의 매출 차이는 예전에 비하면 상당히 줄어들긴 했으나, 이온음료의 판매가 거의 여름에 이루어지는 만큼 좀 더 신경 쓴다면 탄산음료의 매출은 그대로 유지하면서 이온음료의 매출은 높아지는 일석이조의 효과를 볼 수 있을 것이다.

⑤ 점포 앞 파라솔 이용 시작을 알리다

5월은 편의점에서 VIP고객이라 할 수 있는 파라솔 이용객이 급증하는 시기이다. 파라솔을 이용한다는 건 체류 시간이 길어진다는 것이고, 체류하는 시간이 길어진다는 것은 그만큼 객단가가 높아진다는 의미이기 때문이다. 그래서 필자는 창업시 가능하면 점포 앞 활용 공간이 넓어 파라솔이나 원목 테이블의 설치가 가능한 곳을 추천하는데 이는 상당히 중요한 요소라 할 수 있다. 우선 점포에서 파라솔을 세팅했다면 다음으로는 여름철 매출 상승에 중요한 메뉴인 술, 안주, 고가의 커피(음료) 등을 챙기면 된다. 그래서 낮에는 파라솔로 고객들에게 쉴 수 있는 편의를 제공하며 고가의 커피(음료) 위주로 팔고, 저녁에는 다양한 맥주와 (냉장)안주 등을 구비하여 추가적인 매출을 올리면 되는 것이다.

⑥ 장마철 대응

안타깝게도 6월에는 장마철이 끼어 있다. 다른 자영업도 마찬가지겠지만 비가 오면 사람들이 외출을 잘 하지 않기 때문에 편의점도 매출이 심하게 하락하게 된다. 그러나 철저히 대처한다면 어느 정도의 손해를 줄일 수 있는데, 바로 우산 재고의 확보가 그것이다. 우산은 장마철에 특히 많이 판매할 수 있는 상품으로 어떤 아이템을 어떻게 운영하는지가 대단히 중요하다. 단순히 우산을 종류를 가리지 않고 조금씩 구비하여 판매해서는 매출에 도움이 되지 않는다. 그것보다는 종류를 단순화하여 5천원 정도로 저렴한 일회용 우산과 그것보다 조금은 가격이 높지만 그래도 저가형에 해당하는 우산을 30개 정도 구비해 놓고 비가 오면 즉시 바깥에 진열해서 판매하는게 좋다. 즉 고객의 충동구매를 유도하는 방법으로 비가 하루 종일 오는 날씨보다는 비가 오락가락하는 날에 특히 적용하면 좋은 효과를 볼 수 있다. 결국 고객들은 편의점 우산을 정식으로 쇼핑을 한다는 생각보다는 급해서 당장 써야 한다는 생각으로 구매하는 것이므로, 저가형으로 대량 구비해서 눈에 띄게끔 밖에 놓아두는 마케팅 방식인 것이다. 다음으로는 소주 및 막걸리, 봉지면을 잘 구비하는 것인데, 비가 올 때 꾸준히 판매가 되는 상품들이므로 결품이 발생하지 않도록 재고만 제대로 챙겨놓으면 매출에 도움이 될 것이다.

⑦ 심야 시간 대응

앞서 언급했듯이 6월부터 대략 9월까지는 심야 시간에 편의점 외부의 파라솔에서 술을 마시기 위해서 또는 집에서 마시기 위해서 술을 구매하는 고객들이 증가한다. 이 중 특히 신경써야 할 타겟층은 바로 점포 앞 파라솔에서 취식을 하는 고객들이다. 이러한 고객들은 구매하는 상품의 객단가가 높을 뿐만 아니라 재구매율이 상당히 높기 때문에 편의점 입장에서는 특히나 신경을 써야하는 것이다. 즉 술을 마시다가 떨어지면 다시 매장으로 들어와서 또 구매를 하는 상황이 반복되고, 술뿐만이 아니라 각종 다양한 상품을 구매하는데 단가가 높은 상품들이 대부분이다. 이러한 상품에는 마른안주(오징어, 육포), 냉장안주(족발, 닭다리), 감자칩, 프리미엄 아이스크림(하겐다즈) 등 마진이 좋고 값비싼 상품들이 많으니, 품질이 좋고 가격이 높은 상품 위주로 진열대를 채운다면 높은 매출을 올릴 수 있을 것이다.

⑧ 대학가 기말고사 대응

6월은 대학가 주변의 점포에 기말고사 기간이라는 중대한 행사가 준비되어 있는 시기이기도 하다. 대학가 점포는 학기 중에 많은 매출을 올려야 방학 기간에 임차료와 인건비를 감당할 수 있으므로 특히나 상품을 제대로 세팅해야 한다. 몇 가지 카테고리의 상품들만 잘 챙긴다면 그다지 어렵지 않은데, 우선 시험 기간의 대표적인 고매출 상품인 몬스터, 레드불, 핫식스 등 에너지 음료를 준비해야 한다. 이 상품들은 평소에도 대학가 점포들에서 판매량이 높지만 시험 기간에는 밤늦게까지 졸음을 이겨내면서 공부를 해야 하는 학생들이 특히 많이 찾다. 그러므로 고가의 에너지음료 위주로 음료 냉장고 골든존에 확대해서 진열하면 매출에 도움이 될 것이다. 다음으로는 커피류로 시험 기간에는 다양한 커피의 판매량이 증가하는데 캔커피보다는 컵커피가 좀 더 잘 팔리는 추세이다. 그러니 유제품 냉장고 골든존에 저가형보다는 스타벅스나 바리스타 같은 2,000원 이상의 고가형 상품 위주로 재고를 많이 확보하여 넓은 범위에 진열하면 좋다. 그리고 저녁까지 공부하는 학생들의 출출함을 달래줄 컵라면과 도시락, 당 충전에 필요한 초콜릿, 초코

바 등도 판매량이 많아지니 상품별로 결품이 생기지 않도록 챙겨야 할 것이다.

⑨ 해변가 점포 대응

여름철에는 해변가 위치 점포들이 특히 준비해야 할 것들이 많고, 한정된 시기에 매출을 끌어올려야 하는 정도가 대학가보다 심한 편이다. 성수기 약 두 달 동안에 매출을 바짝 올려 1년의 월세와 생활비를 감당해야 하므로 더욱 철저히 준비해야 하는 것이다. 그리고 이를 위해 가장 기본적인 사항은 첫째도 재고 확보, 둘째로 재고 확보이다. 공간이 허락하는 범위 내에서 상품을 무조건 받아 놓아야 하는데 기왕이면 판매가 좋고, 마진율이 높은 것들 위주로 챙겨두면 좋다. 대표적으로 맥주, 생수, 얼음물, 아이스크림, 아이스드링크, 양주, 선크림, 해변 용품 같은 품목들이다. 하나씩 좀 더 구체적으로 살펴보면 맥주는 수입맥주 위주로 아이템을 다양하게 운영하면 되고, 아이스크림은 저가형은 빼고 하겐다즈를 포함하여 가격대가 높은 상품들로 채운다. 또한 아이스드링크는 다양한 종류로, 컵 얼음은 비상시를 대비해 사이즈가 작아 보관하기 쉬운 봉지형 얼음까지 꽉꽉 채워놓고, 양주는 섞어 먹을 수 있는 토닉 워터, 에너지 음료 등과 함께 구비해 놓으면 추가적인 매출을 올릴 수 있다. 또한 일정 기간이 지나면 행사 반품이 되는 선크림 등은 종류별로 최소 20~30개씩 다양하게 구비하여 충동구매를 유도하면 준비가 완벽하다고 할 수 있다.

7~8월에는 무더위에 매출이 계속 오르네

입지별로 약간씩의 차이는 있겠지만(특히 학원가는 비수기) 편의점에서 일년 중 매출이 가장 많이 발생하는 시기는 바로 7,8월이다. 날씨가 무더워 음료 및 주류의 판매가 급격히 상승하고, 방학이나 휴가철에 여행객이 늘어 먹거리 매출이 늘어나는 것이 주요 원인이라 할 수 있겠다. 그리고 매출이 상승하는 이러한 음료, 주류, 컵얼음 등의 특징은 회전율이 상당히 빠르다는 것이다. 또한 이러한 이유로 매출은 더욱 상승하기 마련이다. 다시 말해, 한 번 구매하면 그 상품이 다시 필요할 때까지 많은 시간이 걸리는 비식품이나 조미료, 소스류 등에 비해 음료나 주류 같은 물로 된 상품들은 구매 후 바로 마시는 것이라 재구매가 이루어지는 시점이 굉장히 빠르다. 결국 무더위가 한창 시작되는 7, 8월에는 고객들의 반복 구매가 증가하게 되고 매출은 상승하기 때문에, 점포에서는 재고를 포함해 일년 중 가장 신경을 많이 써야 하는 시즌이라 할 수 있겠다.

① 폭염을 대비한 쉼터 제공(에어컨 가동)

여름철에는 날씨가 무더워 계곡이나 바닷가 등 휴양지로의 이동하는 사람들은 많으나 길거리를 돌아다니는 사람은 줄어든다. 특히 가장 무더운 8월 초에는 이러한 현상이 더욱 심해지는데, 예전에는 어르신들이 은행이나 공공기관에서 무더위를 식혀야 할 정도였다. 그러나 이제는 그럴 필요가 없어졌다. 왜냐하면 우리 주변 어디에든 편의점들이 수두룩하기 때문이다. 즉 무더위를 피할 수 있는 시원한 공간이 바로 편의점인 것이다. 음식점이나 영화관이 아무리 시원하더라도 일부러 방문하기는 부담스러운 반면, 편의점은 음료수나 아이스크림 하나만 먹으면서도 편하게 쉴 수 있기 때문이다. 이런 이유로 여름철 편의점 실내는 항시 시원하고 쾌적한 상태로 유지해야 함에도 불구하고 가끔은 카운터 쪽에만 선풍기를 틀어 근무자만 시원하게 하는 등 고객에 대한 배려가 부족한 점포가 있는데 매우 아쉬운 모습이다. 앞서 수차례 언급했듯 객단가보다 방문객 수를 늘리는 것이 몇 배는 더 힘들다. 이럴 때 에어컨을 틀어서 매장을 시원하고 청결하게 하여 고객들의 방문을 유도하는 것은 상당히 중요하다고 할 수 있다. 그리고 비용적인 측면에서도 에어컨을 많이 켜는 점포와 불쾌감을 줄 정도로 안 켜는 점포는 전기요금 차이가 한달에 10만원도 나지 않으니 이에 대한 걱정은 내려놓아도 좋을 것이다.

② 즉석 밥류의 확대(햇반, 컵반 등)

여름철에는 특히 간편하게 식사할 수 있는 햇반이나 컵반 등 휴대용 밥의 매출이 증가하는데, 그 이유는 휴가철에 나들이를 가는 사람들이 많기 때문이다. 이들은 예전처럼 집에서 음식이나 먹거리를 준비하지 않고 간편하게 식사를 할 수 있는 즉석밥을 구매한다. 특히 코로나19의 영향으로 해외 여행객들이 급격히 줄어든 반면에 거리를 두면서 여행을 즐길 수 있는 캠핑족들이 폭발적으로 늘어남에 따라 마트나 편의점에서 즉석밥류의 매출은 더욱 상승하게 되었다. 더욱이 캠핑족들의 경우 고기나 라면, 찌개 같은 음식들은 만들어서 먹지만 밥을 직접 지어서 먹는 사람들은 거의 없기 때문으로 앞으로도 이쪽 시장은 더욱더 확장되리라 생각한다. 또한 7월에는 가족 또는 친구끼리 계곡이나 산, 바다 등으로 나들이를 가는 경우도 많기 때문에 반드시 햇반이나 컵반은 가장 잘 보이는 곳에 대량으로 진열하면 매출에 큰 도움이 될 것이다.

③ 소용량 과일, 샌드위치류 강화

편의점에서 과일 판매는 아직 인지도나 매출 면에서 시기상조인 것은 사실이나 점점 매출이 상승하고 있으며, 특히 여름철에 판매가 잘 되는 편이다. 요즘에는 편의점도 다양한 과일을 구비하고 있는데, 바나나는 가격도 2,000원 미만으로 상당히 저렴하여 마트에서보다도 많은 인기를 얻고 있다. 또한 편의점 과일만의 장점이라고 할 수 있는 소용량의 키위, 참외, 체리 등 1인 가구 시대에 혼자서도 부담없이 즐길 수 있는 상품이 많이 출시되어 고객의 니즈를 맞추어 가고 있는 현실이다. 그리고 간편식사에서는 샌드위치와 김밥이 특히 여름에 인기가 좋은데, 더운 날씨 탓에 도시락이나 햄버거 등보다 먹기가 수월하기 때문이 아닌가 싶다. 더욱이 샌드위치는 전자레인지가 필요 없고, 나들이를 갈 때에도 음료수와 함께 가볍게 즐길 수 있으며 구입 후 시간이 약간 지나 차갑게 먹어도 괜찮아서 더운 날씨일수록 인기가 높다. 그러므로 7월에는 소용량 과일을 조금씩 다양하게 구비하고, 도시락이나 햄버거를 좀 줄이는 대신 샌드위치와 김밥을 늘려 고객의 니즈에 대응하면 된다.

④ 선크림, 쿨 토시, 물총 등 계절상품 준비

여름철에는 다양한 여행지와 놀거리를 즐길 수 있는데, 그 중에서도 물놀이가 단연코 인기일 것이다. 바다나 계곡, 워터파크부터 시작해서 소규모 물놀이 시설까지, 여름에는 물이 빠지면 서운할 지경이다. 이런 상황에서 우리 편의점이 준비해야 할 상품은 바로 선크림과 쿨토시, 물총 등의 계절용 상품이다. 특히, 썬크림이나 쿨토시는 시즌이 모두 종료되면 일괄 반품을 처리해 주는 경우가 많으므로 부담없이 대량으로 발주한 후 잘 보이는 곳에 진열하여 고객의 충동구매를 유도하면 더욱 좋다. 또한 물놀이를 갈 때는 물총과 비누방울 총이 필수이므로 이들 역시 종류별로 구비하여 카운터 인근에 비치하면 충동구매가 이루어질 것이다. 다만 주의할 점은 편의점에서는 이러한 장난감류의 경우 다른 상품들에 비해 고객이 느끼는 가격 한계치가 있으므로 무조건 비싼 제품보다는 중저가 정도의 가볍게 살 수 있는 상품들 위주로 채워두면 판매가 한층 상승할 것이니 참고하길 바란다.

⑤ 고급 아이스크림(나뚜루, 하겐다즈) 확대

여름철에 매출이 폭발하는 카테고리가 또 하나 있는데, 바로 프리미엄 아이스크림이다. 대표적인 상품 브랜드로는 나뚜루와 하겐다즈로 특히 하겐다즈의 인기가 좋은 편이다. 하겐다즈는 날씨가 더워지기 시작하는 6월부터 모든 상품에 대해 '2+1' 행사를 하는 경우가 많은데, 매출이 올라가는 성수기에 맞춰 자사 제품의 매출을 극대화하려는 적극적인 마케팅이 아닌가 싶다. 그리고 이러한 '+1' 행사는 점주와 고객 모두에게 이득이 되는 마케팅인 만큼 점포에서 보다 적극적으로 진행할 필요가 있다. 그러니 매장 내 하겐다즈 진열 공간을 좀 더 확대하고 아이템을 다양하게 발주하여 하겐다즈 상품의 시계성을 좋게 하며, 쇼카드 등을 부착하여 고객의 충동구매를 유도하면 많은 판매를 유도할 수 있을 것이다. 특히, 하겐다즈는 친구들끼리 술을 마시고 해장을 하기 위해 구매하는 경우도 많아 매출 상승에 도움되는 경우가 상당히 많으니 반드시 재고가 없어서 못 파는 상황은 방지해야 할 것이다.

⑥ 유통기한 관리 철저

7, 8월부터는 급격히 기온이 올라가고 먹거리들의 판매량이 늘어나므로 특히 유통기한에 신경을 써야 한다. 물론 평소에도 주의를 잘 해야겠지만, 여름철에는 특히나 내용물이 쉽게 변질될 수 있으므로 더욱

철저히 살펴야하는 것이다. 그 중에서도 주의해야 할 카테고리가 있는데, 바로 도시락, 김밥과 같은 간편식사와 우유, 요구르트 등의 유제품이다. 이러한 상품들은 유통기한이 짧고 상태가 금방 나빠지기 때문으로 편의점 고객들의 유통기한 관련 클레임 중에서 병원 진료를 요하는 등의 심각한 사례는 대부분 위의 상품들에서 발생한다. 그나마 도시락이나 김밥 등 간편식사의 경우 유통기한이 초과되면 자동으로 판매가 불가능하게 되기 때문에 괜찮지만 우유나 요구르트 등의 상품들은 그렇지 않다. 반드시 시간대별로 상품을 확인하고, 유통기한 임박 상품들은 관리대장에 미리 기재하여 다음 스태프로 하여금 빼낼 수 있도록 하는 등 많은 노력을 해야할 것이다.

⑦ 폭염·열대야 대비 상품 준비

다른 계절과 7, 8월의 가장 큰 차이점이라고 하면 폭염과 열대야를 들 수 있겠다. 아침부터 더워지기 시작하여 열기가 펄펄 끓고 습도까지 더해져 끈적이는 날씨에 편의점에서 가장 많이 팔리는 상품들은 과연 무엇일까? 단연코 음료수나 맥주, 아이스크림, 얼음 등 하절기 상품일 것이다. 특히 이러한 상품들은 개봉하여 먹기까지 시간이 상당히 짧고, 반복구매가 자주 일어나 고객 수 증가에도 많은 도움이 된다. 즉 재고를 많이 확보하면 할수록 매출이 늘어날 수밖에 없는 상품들인 것이다. 그러니 8월에는 1년 중에서도 가장 많은 재고를 운영해야 하며 마시는 상품인 음료 및 생수, 맥주 등에 대한 재고량은 특히나 신경을 써야 한다. 또한 이 기간에는 밤에도 더워서 잠을 못 이루는 사람들이 많으므로 맥주와 함께 냉장안주나 마른안주 등 단가가 높은 상품을 함께 구비해 놓는다면 객단가 상승에도 큰 도움이 될 것이니 활용하기 바란다.

⑧ 장바구니 추가 운영

위에서도 언급했듯이 이 시기에는 시원한 얼음을 포함해 생수나 맥주, 커피 등 마실 것들의 판매가 특히 상승한다. 이러한 상품의 가장 큰 특징은 회전이 빠르다는 점과 부피와 무게가 꽤 나간다는 것이다. 생수는 동절기에는 판매가 부진하던 큰 사이즈 상품이 판매되기 시작한다. 게다가 얼린 물을 찾는다면 무게가 상당해진다. 맥주도 마찬가지이다. 편의점에선 이미 오래전부터 수입맥주 '4캔 만원' 행사를 해 왔는데, 이제는 고객들에게 익숙해져 대부분 4개씩 구매하고 있다(22년부터 4캔 만천원으로 가격 인상). 또한 요즘에는 테라나 카스처럼 국산맥주도 '4캔 만천원' 행사를 하고 있어서 맥주를 1개씩 구매하는 것이 오히려 이상하게 보일 정도이다. 더욱이 회전율도 빠르니 낱개로 구매하는 것보다 여러 개를 한 번에 사는 게 편리하고 효율적이다. 이때 매장 내 입구에 장바구니를 여러개 구비해 놓으면 고객에게 편의를 제공할 수 있고, 상품을 좀 더 구매하도록 유도할 수 있다. 실제로 장바구니를 들고 쇼핑을 할 때 바구니 안에 상품이 얼마 없으면 사람들은 심리적으로 불안함을 느낀다고 한다. 그러니 반드시 점포 입구에 장바구니를 넉넉히 비치하도록 해야 한다.

⑨ 대량구매 대비 '+1' 행사상품 준비

편의점의 상품은 좀 비싸다는 인식이 있는데 이런 이유로 '+1'행사상품을 준비하는 것은 아주 중요하고, 그 중에서도 특히 8월에는 좀 더 신경을 써야 한다. 왜냐하면 더운 날씨에는 음료가 잘 팔리는데 이들 품목은 특히 '+1' 행사상품의 판매율이 높기 때문이다. 우유나 과자, 컵라면 등도 인기가 많지만 여럿이 같이 먹거나 혼자서 여러 개를 먹기에는 음료만한 게 없기 때문이다. 여름 휴가철 친구들과 놀러 갈 때에 고기나 과자, 술 등은 미리 준비해서 떠나지만 음료수는 대개 편의점에 들러 구매하는데, 이때도 한두 개만 구입하지는 않다. 또한 현장에서 일을 하는 분들은 더울 때 음료수를 구매하는 경우가 많은데 이때 자신이 마실것 한 개만 구매하는 경우는 거의 없다. 그러므로 여름철 극성수기에는 특히 행사가 중요하므로 음료수나 칫솔 등 여행용 상품에 최대한 다양한 행사와 재고를 확보하여 박리다매 식의 매출 상승을 노려야 할 것이다.

⑩ 묶음판매 상품 준비

7, 8월은 본격적인 휴가철로 가족들 또는 친구들과 여행을 많이 떠나는 시즌이기도 하다. 다시 말해, 이동하는 사람들이 많아지고 여럿이 함께 움직인다는 것이다. 그런 이유로 이때에는 묶음상품 판매가 늘어가기 시작한다. 특히 이러한 상품 중에는 봉지면이나 즉석밥 등의 판매가 많은데, 그 이유는 여름에 캠핑을 할 때 필수적인 것이기 때문이다. 그래서 편의점별로 상품 구성은 약간씩 다르지만 비빔면, 햇반의 경우 묶음 구매 시 할인을 해주는 행사를 많이 하면 좋다. 그러므로 각 점포에서는 이 시기에 맞춰 비빔면 5입 상품과 햇반 6입 상품을 좀 더 구비하여 전면에 진열해 놓는다면 좋은 효과를 볼 수 있을 것이다. 그리고 이러한 상품들은 추후 (한도)반품도 가능하니 점주가 크게 손해를 보는 일도 생기지 않을 것이니 부담없이 운영해보길 추천한다.

9~10월에는 쌀쌀해지니 따뜻한 상품을 준비하자

1년 중 매출이 가장 많이 오르는 극성수기 8월을 지나 9~10월은 방문하는 고객의 수와 객단가 모두 조금씩 하락하는 시기이다. 또한 무덥고 습한 날씨가 쌀쌀해져 사람들의 복장이 달라지는 계절로, 앞서 몇번 언급했듯이 편의점에서 가장 중요한 시즌은 매출이 본격적으로 상승하기 시작하는 3월에서 8월까지와 날씨의 변화를 사람들이 직접 체감하여 복장이 슬슬 바뀌는 3, 6, 9월이라 할 수 있겠다. 전자의 경우는 매출이 상승하는 시기이니 당연히 중요한데, 그럼 후자는 어떠한 이유에서일까? 복장이 바뀌고 체감 기온이 달라지면 먹을 것, 즉 편의점에서 구매하는 상품이 달라지기 때문이다. 따뜻한 먹을거리에서 시원한 음료로, 시원한 음료에서 다시 뜨거운 국물로. 결국 9월에는 고객들의 요구가 변화하는 것에 맞춰 상품을 재구성해야 한다는 뜻이다. 그래야 매출의 하락을 최소화하여 12월까지 일정 수준의 수입을 유지할 수 있는 것이다. 즉 6월부터 8월까지 일반상품의 재고 확보에 집중했다면 9월에는 다시 상품 아이템을 동절기용으로 바꾸는 준비를 해야한다는걸 잊지 마라.

① 8월 대비 상승하는 상품 카테고리

1년 중에서 매출이 정점을 기록하는 8월에 비해 9, 10월에 오히려 판매가 늘어나는 카테고리가 몇 가지 있는데 바로 가공유와 용기면, 소주 등이 그것이다. 그중에 대표적인 매출 상승 상품인 가공유에는 초코·딸기·바나나 우유 등이 있다. 보통 더운 날씨가 지속되면 음료 냉장고에 있는 탄산이나 이온, 맥주, 생수 등의 음료 판매가 상승하고, 기온이 하락하기 시작하면 우유나 두유 등 유제품 냉장고에 있는 유제품의 매출이 올라가는게 일반적이다. 즉 가을로 접어드는 9월부터는 고객들이 무더위를 식히기 위한 청량감 있는 음료보다는 갈증을 해소할 수 있을 정도의 마실 것을 선호한다는 얘기이다. 비슷한 상품으로 아이스크림을 들 수 있는데 여름에는 폴라포나 탱크보이가 잘 나가고, 겨울에는 빵또아나 콘종류의 매출이 높은 것도 같은 이유이다. 다음으로는 컵라면이 많이 팔리는데, 이것은 기온이 하락하고 학교가 개학을 하기 때문으로 9월부터 조금씩 쌀쌀해지고 2학기가 시작되면 학생들이 점포를 방문하여 따뜻한 국물의 컵라면을 자주 찾는다. 또한 시원한 맛에 즐기는 맥주보다는 몸의 열을 올려주는 소주나 열량이 높은 초콜릿 매출이 높아지므로 이에 따른 계절상품을 잘 준비해야 할 것이다.

② 추석 연휴 대응 상품

보통 9, 10월에는 우리나라 최대 명절인 추석이 있다. 코로나 이후 예전에 비해 이동하는 사람들도 적고, 선물 세트 판매량도 상당히 줄어들었지만 명절을 맞아 사람들이 유입되는 지방의 점포에서는 아직도 상당한 매출이 나오는 시기이기도 하다. 그러므로 점포에서는 고향에 방문하여 머무는 사람들을 위해 사전에 상품을 준비해야 하는데, 그 중에서도 가장 큰 부분을 차지하는 것은 역시 술이다. 여기에는 다양한 종류가 있겠지만 가족들이 모여서 수다를 떨며 마시기에는 역시나 맥주가 최고이다. 예전에는 큰 사이즈 피처(pitcher)가 많이 팔렸으나, 요즘에는 4캔에 만천원하는 500ml 캔맥주가 매출의 대부분을 차지하니 재고를 넉넉히 준비해 놓아야 한다. 또한 명절 전날 모여서 과음을 하고 술에서 깨기 위해 숙취 음료를 사서 마시는 사람들도 많다. 그리고 마지막으로 콘이나 고가의 하겐다즈 같은 프리미엄 아이스크림과 연휴 기간에 과식을 한 사람들이 소화제를 찾는 경우도 많으니(약국은 문을 닫으므로) 사전에 재고를 확보하면 매출에 큰 도움이 될 것이다.

③ 즉석조리 상품 운영 강화

이 시기에는 기온이 갑작스럽게 하락하여 쌀쌀함을 체감한 사람들이 따뜻한 상품들을 찾기 시작한다. 편의점에서 따뜻한 상품이라고 하면 대체로 온장고 안에 들어있는 캔커피, 두유 등을 꼽을 수 있지만 이런 것들은 대부분 음료이기 때문에 배고픔을 달래기에는 역부족이라 할 수 있다. 이럴때는 튀김(치킨)과 고구마를 도입하는 것을 적극 추천한다. 특히 요즘 튀김기는 편의점 브랜드에 상관없이 신규점에 거의 90% 이상 도입되는 집기이며, 조리하는데 약간의 수고가 들기는 하지만 매출을 많이 올릴 수 있는 좋은 아이템이기도 하다. 또한 튀김은 매장에 따뜻한 분위기를 만들어 주기도 하여 일석이조의 효과를 만들어낸다. 그러니 이 시기에는 반드시 튀김을 운영해야 하며 조리 시간을 슬기롭게 조정하여 대량으로 운영해볼 만하다. 그리고 군고구마도 오뎅과 함께 따뜻함을 느끼며 즐길 수 있는 최고의 먹거리로 다이어트를 할 때, 건강을 챙길 수 있어서 고구마를 찾는 고객들이 요즘 점점 증가하고 있는 추세이니 참고하길 바란다.

④ 국물 상품의 확대 및 음료수 진열 위치 변경

무더운 여름철인 8월까지는 시원하게 먹을 수 있는 비빔면 위주로 판매가 높았다면, 기온이 하락하는 9월부터는 주로 국물이 있는 상품들의 매출이 높아진다. 따뜻한 우동류나 얼큰한 국물이 있는 컵라면과 봉지면의 수요가 많아지는 것이다. 그러므로 진열 방법도 변화가 필요한데, 기존에 불닭볶음면이나 팔도비빔면 등이 골든존에 넓게 자리잡고 있었다면 이제는 따뜻한 국물이 있는 상품들을 골든존으로 이동시키고 페이스를 확대해야 한다. 또한 그동안 날씨가 더워서 골든존인 음료 냉장고 문쪽에 이온음료나 생수가 넓게 자리 잡고 있었다면 9월에는 포카리스웨트 등의 음료를 안쪽으로 집어넣고, 골든존에는 콜라나 사이다 같은 탄산음료를 진열하면 된다. 마찬가지로 더위를 식혀주던 생수는 안쪽으로 넣고 대신 옥수수수염차, 비타민 음료 등을 문쪽의 골든존으로 이동시키면 가을과 겨울을 위한 진열은 거의 마무리되었다고 할 수 있겠다.

11~12월에는 연말연시 분위기로 기분도 UP

11, 12월은 본격적인 겨울철로 사람들의 옷차림이 한층 두꺼워지고, 먹거리 역시 따뜻하고 얼큰한 상품을 선호하기 시작한다. 그리고 이에 따라 편의점에서도 판매되는 상품이 하절기와는 확연히 달라짐에 따라 점포에서는 고객의 니즈에 맞게 상품을 잘 구비해 놓아야 할 것이다. 특히 성수기인 7, 8월을 지나서 동절기가 되면 일매출이 지속적으로 하락하므로 적극적으로 상품의 구색을 변화시켜 매출의 감소 폭을 최소화해야 한다. 다행히 12월이 되면 연말연시의 설레는 분위기에 각종 이벤트가 많이 열리므로 이에 어울리는 상품을 제대로 구비한다면 방문하는 고객의 수는 조금 줄어들 수 있어도 높은 객단가로 인해 오히려 매출을 올릴 수 있는 기회라 할 수 있다. 그러므로 이 시기에는 따뜻한 먹거리를 세팅하고 일반상품의 재고 확보보다는 그때그때 어울리는 상품을 좀 더 잘 진열하여 고객의 충동구매를 유도하는 방향으로 전략을 짜는 것이 좀 더 효과적이라 할 수 있겠다.

① 핫푸드 상품 정비

겨울철이 시작되는 11월에 가장 먼저 해야 하는 필수 업무 중 하나가 바로 핫푸드 상품의 정비이다. 그리고 이러한 핫푸드 상품의 대표적인 카테고리로는 온장고 상품(커피, 두유 등), 원컵류, 호빵, 면류(국물), 핫바를 포함한 냉장안주 등이다. 온장고란 따뜻한 커피와 두유, 꿀물, 쌍화탕이 진열되어 있는 조그만 집기로, 보통 더운 여름철에는 철수하거나 최소한 수량으로 운영하지만 11월부터는 집기를 다시 카운터쪽으로 옮겨 수량도 늘리고 아이템도 다양하게 운영해야 한다. 또한 11월에는 호빵도 출시되는데 사람들이 일반적으로 호빵을 아주 추울때 찾는 먹거리로 생각하는데 실제로는 그렇지 않고, 날씨가 급격하게 바뀌어 추위를 체감하게 되는 11월에 반짝 판매되니 이 시기에 운영하는 것이 효율적이다. 그리고 컵라면도 우동류나 매운 국물 위주로 확대를 하고, 데워먹는 핫바와 곱창 등 따뜻한 안주도 늘리면 매출에 많은 도움이 될 것이니 참고하길 바란다.

② 즉석조리 상품 운영 강화

편의점마다 그리고 브랜드마다 매장 안에서 즉석으로 조리하여 판매하는 상품들은 다양하다. 베이커리, 튀김(치킨), 오뎅, 고구마, 도넛 등 여러가지 먹거리들을 구비해 놓고 고객의 구매를 유도하는데, 그 중에서도 요즘 트렌드라고 할 수 있는 상품은 바로 튀김과 고구마이다. 한때 매장마다 베이커리를 운영하며 빵을 판매한 적도 있지만, 생지를 숙성해야 하는 과정이 번거롭고 시간이 오래 걸리는데다 매출까지 저조하여 편의점에서 사라진지 오래이다. 그러나 치킨 같은 튀김류와 고구마의 경우는 오히려 그 반대이다. 특히 치킨은 코로나 이후 홈술 문화가 확대되고 주로 낱개를 구매하는 1인 가구가 늘어나면서 매출이 지속적으로 상승하고 있는 현실이다. 더욱이 냉동 상태의 튀김을 꺼내 튀김기에 넣고 15~20분만 기다렸다 꺼내면 되기 때문에 그다지 번거롭지 않으니 튀김은 반드시 운영하기를 추천한다. 고구마 역시 현재는 길거리에서 군고구마를 파는 모습이 거의 사라져서 추억의 맛을 느끼고 싶어하거나 건강을 위한 다이어트 식품을 원하는 고객들이 종종 구입하고 있다. 게다가 고구마 집기는 공간도 별로 차지하지 않고, 고구마를 넣고 십여분간 기다리기만 하면 되니 일석이조라고 할 수 있겠다. 그리고 이렇게 따뜻하게 해서 먹는 즉석조리 상품들은 추운 겨울에 매출이 상승하므로 이때는 되도록 많이 구비해 놓는 것이 좋다.

③ 빼빼로데이, 크리스마스 대응

11월, 12월은 설레이는 이벤트 행사의 달이다. 11월엔 남녀 모두 선물을 주고받는 빼빼로데이가 있고, 12월에는 모두가 즐기는 크리스마스가 있다. 물론 예전에 비해서 매출은 많이 줄었지만, 그래도 일반적인 행사에 비해서는 규모가 큰 편이기 때문에 반드시 준비를 잘 해야한다. 예전에는 빼빼로데이 때 페레로로쉐나 초콜릿 바구니 등 비싼 상품들이 주로 판매되었지만, 요즘에는 낱개로 된 빼빼로나 중저가의 하트 페레로로쉐 등 실속있는 상품 위주로 판매되고 있는 추세이다. 그러므로 점포에서는 이런 상황에 맞춰 사전에 낱개 빼빼로를 확대 및 진열하고 당일에는 페레로로쉐와 중저가의 초콜릿 바구니를 바깥에 진열하면 매출에 많은 도움이 될 것이다. 다음으로 크리스마스에는 분위기를 낼 수 있는 상품들을 위주로 정비해야 한다. 특히 주류가 가장 중요한데 그 중에서도 와인, 맥주의 아이템을 늘려야 한다. 그리고 홈 파티용 안주류로 치즈, 과일 등과 전자레인지에 바로 돌려먹는 곱창, 순대볶음과 같은 냉장안주도 기존 대비 많은 재고가 필요하다. 또한 연말연시인 만큼 연인들을 위한 콘돔이나 풍선, (아이스크림)케이크 등의 이벤트 상품들도 구비해 놓는다면 추가 매출에 많은 도움이 될 것이다.

④ 와인 아이템 확대

코로나로 인한 홈술족들이 증가하여 편의점에서 와인 매출이 폭발적으로 늘었지만, 이전에도 와인은 조금씩 판매되고 있었다. 특히 연말연시에 새해를 맞이하는 설레는 분위기가 고조되는 12월에 가장 많이 판매되었는데, 코로나 이후에도 역시 11, 12월은 와인의 시즌이라 할 수 있겠다. 이러한 이유로 일부 점포에서는 빼빼로데이 행사를 할 때 빼빼로와 와인을 함께 진열하거나 크리스마스에 인기있는 와인을 대량으로 발주하여 판매하는 경우도 종종 있었지만, 현재는 점포마다 와인의 종류와 수량이 기존 대비 월등히 많아졌기 때문에 그렇게까지 할 필요는 없다. 다만 기존의 상품에 더해 잘 나가는 특정 상품을 골라 이벤트 할인하는 방식으로 모음 진열하도록 하고 위치가 잘 보이지 않는다면 조정하여 시계성을 강화하면 된다. 여기에 더해 와인은 분위기 상품인 만큼 와인잔이나 포도 모형과 함께 꾸며서 진열한다면 고객의 구매 의욕을 한층 자극하여 충동구매를 유도할 수 있을 것이다.

⑤ 숙취 음료 재고 및 진열 확대

연말연시 판매가 가장 많이 늘어나는 상품 중 하나가 바로 술과 숙취 음료이다. 코로나 이후로 예전에 비해 함께 모여서 술을 마시는 모임이 많이 줄었지만, 그래도 집에서 오붓하게 가족끼리 술을 마시는 횟수가 늘어난 만큼 숙취 음료의 판매량은 여전히 높다. 숙취 음료는 과음을 사전에 방지하거나 술을 마신 다음 날 숙취를 해소하기 위해 마시기도 하지만, 연인이나 가족을 위해 미리 준비해 놓기도 하므로 일반 고객을 위해서도 반드시 구비해 놓아야 하는 상품이다. 그리고 숙취 음료는 점포마다 대부분 음료 냉장고에 시원하게 진열하고 있지만, 특성상 시원하게 해서 마시지 않는 고객들도 많기 때문에 굳이 음료 냉장고에만 진열해 놓을 필요는 없다. 즉 판매가 상승하는 연말에 맞추어 카운터의 빈 공간을 활용하여 추가 진열을 한다면 술을 마신 고객이나 마시려는 고객 모두에게 충동구매를 유도할 수 있고, 단가도 비싸기 때문에 객단가를 상승시키는 데 매우 큰 도움을 줄 수 있을 것이다.